教育部人才培养模式改革和开放教育试点法学教材

消费者权益保护法

（第三版）

吴景明　著

中国政法大学出版社

2021·北京

图书在版编目（ＣＩＰ）数据

消费者权益保护法/吴景明著. —3版. —北京：中国政法大学出版社，2021.8
ISBN 978-7-5764-0089-2

Ⅰ.①消…　Ⅱ.①吴…　Ⅲ.①消费者权益保护法－中国　Ⅳ.①D923.8

中国版本图书馆CIP数据核字(2021)第178504号

出　版　者	中国政法大学出版社
地　　　址	北京市海淀区西土城路 25 号
邮　　　箱	fadapress@163.com
网　　　址	http://www.cuplpress.com (网络实名：中国政法大学出版社)
电　　　话	010-58908435(第一编辑部) 58908334(邮购部)
承　　　印	保定市中画美凯印刷有限公司
开　　　本	787mm×1092mm　1/16
印　　　张	14
字　　　数	265 千字
版　　　次	2021 年 8 月第 3 版
印　　　次	2021 年 8 月第 1 次印刷
印　　　数	1~5000 册
定　　　价	46.00 元

作者简介

吴景明 1961年生，辽宁省凌源市人。1986年本科毕业于辽宁大学，1991年研究生毕业于中国政法大学。曾任中国政法大学经济法系副主任，现为中国政法大学副教授，中国消费者协会专家顾问。主要著作：《〈中华人民共和国消费者权益保护法〉修改建议——第三法域理论之视角》、《〈中华人民共和国电子商务法〉消费者权益保护法律制度——规则与案例》、《脱胎换骨的中国企业——现代企业法人制度》、《公司法学》（法学e系列教材）、《知识产权法律理论与实践》、《快通消费者权益保护法》。发表论文：论企业法人《破产清算与普通清算的关系》、《替代国制度不合理性法理探析》、《中德消费领域格式条款规制比较研究》、《"三包"何时变"多包"》、《产品质量法的利弊分析》、《消费者权益保护法的利弊分析》、《论网络交易消费者权益保护制度构建及争议解决》、《惩罚性赔偿在消费民事争议案件中的司法适用》等。

出 版 说 明

　　广播电视大学自 1979 年创建至今已有二十多年，为国家培养了几十万法律专业高等专门人才。为适应我国社会经济发展和建设社会主义法治国家的需要，教育部现代远程教育工程——中央广播电视大学"人才培养模式改革与开放教育试点"项目，作为国家重点科研课题于 1999 年正式启动，法学专业本科人才培养模式改革与开放教育试点是该项目的重要组成部分。为了实现教育资源的优化配置，中央广播电视大学和中国政法大学合作推出了法律专业专科起点的本科教育，同时邀请了北京大学、中国人民大学等部分高等院校的专家参加教学资源的建设。

　　为了更好地探索现代远程开放教育规律，充分体现学生自主学习的特点，中央广播电视大学结合二十多年办学经验，在教材体例以及版式设计上进行了改革，以适合学生的学习；在教材内容上力求反映应用性的特点，使学生掌握本学科的基本概念和理论体系，培养其分析问题和解决问题的能力，提高其自学能力和认识事物的创新能力，以满足人才培养模式改革和开放教育的需求。在建设文字教材的同时，我们还根据远程开放教育的特点，辅之以录音、录像、CAI、网络软件等学习材料为学习者提供学习支持服务。

　　本教材为中央广播电视大学实施教育部"人才培养模式改革和开放教育试点"项目法学专业系列教材。该系列教材分别由中央广播电视大学出版社和中国政法大学出版社等出版。在教材建设过程中，我们得到了中央广播电视大学、中国政法大学、北京大学、中国人民大学、清华大学、中国人民公安大学、中央民族大学、对外经济贸易大学、中国社会科学院法学研究所、国家法官学院等十几家高等院校、法学研究机构、国家司法机关的有关专家、学者的大力支持，在此表示衷心的感谢。

法学教材编委会

第三版说明

  这本教材面市 18 年来，受到了广大学生和法律工作者的积极评价，取得了良好的市场反应和社会反应。原本在 2013 年《消费者权益保护法》修订颁布时就应该及时修改本教材，但鉴于我国法制建设的深入和立法活跃程度的增加，本人并没有急于对本教材进行修改，而是想等一等再说，可这一等就是 7 年过去了。在这 7 年中，我国新颁布实施了《电子商务法》，同时也修改了与消费者权益保护有关的一系列法律，如《反不正当竞争法》《广告法》等，最为关键的是今年发生了我国法制建设史上的大事——颁布了中华人民共和国首部《民法典》。上述这些法律的颁布和修改涉及消费者权益保护的众多内容，本次修改会将这些法律的相关内容纳入本教材当中，使该教材内容更新也更完善。尽管本人尽了最大努力，但本教材仍不可避免地存在众多问题和不足，希望广大读者批评指正，以便使本教材进一步完善。

吴景明

2020 年 8 月

第二版说明

　　作为教育部人才培养模式改革与开放试点法学类教材，本教材本着既通俗易懂，又不乏理论深度，既全面、系统介绍基本知识，又注重理论与实际相结合，使学员看得懂，学得会的宗旨撰写而成。自推向市场的 5 年来，本教材在各个层次的教学中，包括大专升本科、在校本科生和普招研究生、在职研究生、高校教师进修生都被普遍使用，获得了广泛好评。但是，随着我国市场经济的发展和完善，随着消费主导时代的到来，作为市场经济支柱的城乡居民消费获得了极大的发展。随之而来的是一系列原来不曾有过的消费问题不断出现，发生频率越来越高。为了使这些问题得到逐步解决，我国通过发布司法解释、颁布行政规章等进一步完善《消费者权益保护法》首开先河的一些制度的同时，也在扩展更深、更广的领域，如精神损害赔偿制度、惩罚性赔偿制度、"三包"制度等。另外，随着产品缺陷问题危害性的加大，原有制度的救济有些无能为力，因此我国借鉴别国经验确立了缺陷汽车产品的召回制度，并筹划向食品、药品等更多领域、更大范围扩展这一制度。但因受到当时大环境的局限这些制度在本教材初期编写时并没有突出出来，所以本次修改将列专章对这些制度加以介绍和阐述，以便学生对这些制度有更全面、更深入地了解和掌握。另外，在大中华范围内，两岸都承袭了中国传统文化的精髓，只不过由于历史原因四个地区在法制发展和法律文化的演进过程中形成了截然不同的法律制度，但不妨碍它们之间相互学习、借鉴，特别是关于消费者组织的建立与运作方面，它们都各有特色。所以在消费者组织部分对比作了全面地介绍，在原来只有内地和香港消费者组织的基础上增加了澳门和台湾地区消费者组织的内容，使中国消费者组织的内容更全面、更完善了。由于中国的《消费者权益保护法》颁布十几年来未曾修改过，所以本次教材修订对其他部分基本未作改动，这也是本次修订的一大缺憾。但退一步讲，一本好的教材不会一劳永逸，必要时及时的修改是必不可少的，所以本次未修订也为未来更好地完善留下了足够的空间。尽管本人在本次修订中尽了相当地努力，但因水平所限，不可避免地有些疏漏，欢迎广大教师、同学及同仁们批评指正。

吴景明

2007 年 7 月

第一版说明

本教材是在中央广播电视大学文法部和中国政法大学经济法系的推动下，在中央广播电视大学教务处、中国政法大学教务处和法律系以及中国政法大学出版社支持下出版的。

本教材编写者中国政法大学吴景明教授在时间非常紧张的情况下，仍完成了编写工作，为教材的出版付出了大量的心血。中国政法大学出版社社长李传敢先生也给予了大力支持。在本教材的建设过程中，中国政法大学管晓峰教授、刘亚天教授、中国社会科学院法学研究所刘俊海副研究员对《消费者权益保护法》教学大纲及书稿进行了审定，并提出了宝贵的意见。参加大纲和书稿审定工作的还有中国政法大学吴景明教授、中央广播电视大学文法部叶志宏副主任、王志远老师、中国政法大学出版社副编审杜娟、编辑韩思艺。

本教材不足之处，请读者批评指正，以便修正和提高。

《消费者权益保护法》课程组
2002 年 11 月

目　　录

第一章　绪　　论

第二章　消费者权益保护法概述

第三章　消费者权利

第四章　经营者及其义务

第五章　国家对消费者权益的保护

第六章　消费者组织

第七章　消费争议的解决

第八章　侵犯消费者权益的法律责任

第九章　消费者权益保护的特殊制度

第十章　《消费者权益保护法》与其他法律规范的关系

第一章

绪 论

■学习目的和要求

通过本章学习，要求学生
- 重点掌握：消费、消费者及消费者运动；消费者保护立法。
- 掌握：消费、消费者的概念及消费、消费者的特征；消费者运动的概念、兴起的原因、发展规律。
- 一般了解：外国消费者运动发展的概况及其规律；我国消费者运动的兴起及其特点；消费者立法产生的背景，发展规律及演进过程，消费者保护立法发展的特点；外国消费者保护立法的发展规律及演进过程，国际消费者保护立法的基本内容。

第一节 消费与消费者

一、消费

消费是社会再生产的一个重要环节，与生产相辅相成。生产是社会生产过程的起点和前提，其目的是满足人们不断增长的物质文化需要；有生产就有消费，消费是社会生产过程的终点和归宿，它反过来又折射出生产力发展水平的高低。消费有广义和狭义之分。广义的消费包括生产消费和生活消费。生产消费是为商品的再生产而消费物质资料和劳动力的行为和过程，其结果是创造出新产品，实际上生产消费属于生产过程本身。生活消费是人们为了生存和发展的需要而消耗物质产品和精神产品的行为和过程，其结果是劳动力的生产和再生产，它与生产消费有本质区别。狭义的消费就是生活消费，人们通常所指的消费除了有特别说明的以外，都是指生活消费。

生活消费与生产消费相比较具有以下特征：

1. 生活消费的主体是自然人。生产消费的主体具有广泛性，可以是自然人，可以是法人，还可以是其他非法人组织。而生活消费的主体却只能是自然人，具有唯一性。除自然人之外，任何组织、单位都不可能成为生活消费的主体。马克思在《政治经济学批判导言》中，在将社会再生产划分为生产、分配、交换、消费四个相互联系的环节后指出："生产创造出适合需要的对象；分配依照社会规律把它分配；交换依照个人需要把已经分配的东西再分配；最后，在消费中，产品脱离这种社会运动，直接变成个人需要的对象和仆役，被享受而满足个人需要。"从马克思的这一论述中可以看出，马克思在这里不仅将消费明确为生活消费，而且以"满足个人需要"为标准，将消费主体确定为"个人"，即自然人。因此，生活消费的主体为自然人，这不仅符合马克思主义消费观，而且具有客观规定性。

2. 生活消费的消费客体是商品和服务（与 4. 生活消费的内容之间的区别？）。这里的商品和服务不是指所有的商品和服务，而是指那些可以用于生活消费的任何种类的商品和服务。专门用于生产消费的商品和服务，除法律有特别规定的以外，不在此列。关于商品和服务，由于其种类复杂繁多，有的国家的消费者权益保护法律规范对其不加区分，例如《芬兰消费者保护法》规定，商品包括消费性商品及消费性服务。现行《消费者权益保护法》[1]在第 2 条、第 3 条有关适用范围的规定中，将"商品"与"服务"并列，虽未将二者明确加以区分，但从其规范表述可以看出，该法所指的商品不包括服务。

（1）用于生活消费的商品是多种多样的，它涵盖了用于生活消费的所有物品。它可以是经过加工制作的产品及拣选的产品，也可以是未附加任何劳动的天然物品；它可以是成品、半成品，也可以是原材料；可以是动产，也可以是不动产。但是，这里所称的商品必须具备以下三个基本特征：①除法律另有规定以外，必须与生活消费有关；②必须是经

生活消费的定义

消费的四个特征

---

[1] 《消费者权益保护法》，即《中华人民共和国消费者权益保护法》，为表述方便，本书中涉及的我国法律直接使用简称，省去"中华人民共和国"字样，全书统一，不再赘述。

流通领域推出的，未进入流通领域的任何产品都不能视为这里所称的商品；③该商品必须有偿取得。

（2）用于生活消费的服务也是一个难以明确界定但使用非常广泛的概念。一些国家在其法律中以列举的方式对服务作了规定，但各国的表述都不一样。从世界各国相关法律规范及我国《消费者权益保护法》的规定中可以概括出，这里所称的服务包括与生活消费有关的、有偿提供的、可供潜在消费者接受的、任何种类的服务。因此，这里的服务应当具备以下三个方面的特征：①与生活消费有关；②可供潜在消费者接受，即任何一个自然人只要付出相应代价都可以获得这种服务，而不是只为特定的人提供的特定的服务；③具有有偿性，即消费者只有支付相应对价才能接受服务。当然，这里的有偿性不能理解得过于狭窄，不要认为只要取得商品或接受服务就无一例外地要支付对价。有偿取得商品或接受服务不是市场交易的单一表象，在消费领域，消费者取得、使用商品或者接受服务可能并不支付或不需要支付对价，但不能以此否定这些行为的消费性质。例如，经营者向消费者以免费试用、免费品尝等方式实行免费式营销，或者以提供赠品、无偿服务、少量供应免费配件等方式实行附赠式销售等。这些商品或服务经营者除履行必要的合同义务外，还应当以《消费者权益保护法》的规定履行安全保障、质量担保、提供真实信息、"三包"以及召回等义务。而免费接受这些商品或服务的消费者，其行为仍然是生活消费行为。

综上所述，作为生活消费客体的商品和服务，其范围极为广泛，并且随着生产力的发展和社会的进步，其外延将会进一步扩大。它包括人们生活中的衣、食、住、行、用等方方面面。但是，法律禁止消费的商品（如淫秽物品、毒品、赌博用品等）和服务（如色情服务等）不在其内。

3. 生活消费的消费方式包括购买、使用和接受。商品的购买和使用以及服务的接受是消费者进行生活消费的确定方式，这几种方式囊括了消费者全部的消费行为和过程。购买是消费者直接取得商品的手段，使用是消费者将其取得的商品进行消耗的过程，二者都是生活消费的具体体现。在现实生活中，大多数情况下商品的购买及商品的使用是同一个消费者所为的连续行为，即购买的人就是使用的人，这时生活消费的主体为同一人；但有的时候购买和使用是分离的，即购买者和使用者不是同一个主体，如一个消费者购买了商品以后赠与他人使用，这时购买的人和使用的人都是消费者，二者以不同的方式所实施的行为都是生活消费。因此，在这里，为生活消费需要而购买并使用商品是生活消费，不为生产经营目的而为生活消费需要而购买但不使用商品也是生活消费，使用他人购买的商品同样是生活消费。这是我国《消费者权益保护法》明确规定的。

同时，《消费者权益保护法》规定关于服务的消费以"接受"作为其消费方式。当然，关于服务也存在自己付费自己接受、自己付费他人接受或者他人付费自己接受等情况。同样，付费行为和接受行为只要为生活消费所需要，就都是生活消费。

判断人们的行为是不是法律意义上的生活消费要看其消费性质。只要其购买的商品或接受的服务用于满足物质和文化生活需要，那么不论商品是自己购买自己使用还是自己购买供他人使用，服务是自己付费自己接受还是自己付费他人接受，商品的购买行为、使用行为以及服务的接受行为都是法律意义上的生活消费。

需要注意的是，不论是商品还是服务，其原始取得必须是合法的，并且是有偿的。如果购买、使用的商品或者接受的服务不是为生活需要，或者商品或服务的来源不合法，或者是无偿的，那么，这种行为就不是《消费者权益保护法》中所称的生活消费。

4. 生活消费的内容包括物质产品和精神产品。（与2：生活消费作为一个法律行为观察时，必然包含主体、客体和内容，但是第2点中的客体指出是商品和服务，第4点的内容指出是物质产品和精神产品，阐述中也提出物质产品主要是商品、精神产品是各种服务，那么这二者的区别何在？如果一定要谈及内容，我认为主体利用何种方式支配或使用客体可以成为生活消费这一法律行为的内容，即自然人购买、使用商品或接受服务或省去主体，即购买、使用商品或接受服务，更宜作为生活消费的内容。）也可以说是对生活消费支付的另一种表述，物质产品是人们消耗在衣、食、住、行中的物质资料，主要是商品。精神产品是人们为了获得身心健康和愉悦而有偿接受的各种服务，包括旅游、欣赏影视音乐作品、美容、医疗、体育文娱活动等。精神产品随生产力的发展和社会的进步将越发多样化，永无穷尽的可能。人们消耗物质产品和精神产品的结果是劳动力的生产和再生产。

二、消费者

"消费者"已成为法律上的一个专有名词，在全世界范围内早已被广泛运用。有关国际组织及世界各国在其消费者权益保护立法中都对消费者作了明确的界定，但对其界定的范围宽窄不一，表述也不统一。就有关立法例来看，国际标准化组织消费者政策委员会于1978年在日内瓦召开的第一次会上，将消费者定义为："为了个人目的购买商品、使用商品及服务的个体社会成员。"《泰国消费者保护法》将消费者定义为："买主及从事业者那里接受服务的人，包括为了购进商品和享受服务而接受事业者的提议和说明的人。"《俄罗斯消费者权利保护法》给消费者下的定义是："使用、取得、定作或者具有取得或定作商品（工作、劳务）的意图以供个人生活需要的公民。"英国1979年的《货物买卖法》第12

条规定，作为消费者的交易是指当事人一方在与另一方从事交易时，非从事商业并且也不能使人认为其专门从事商事活动。美国权威的《布莱克法律词典》（Black's Law Dictionary）对消费者下的定义为："所谓消费者，是指从事消费的人，亦即购买（purchase）、使用（use）、持有（maintain）以及处理（dispose）物品或服务的人""消费者是指最终产品或服务的使用人（user of the final product or service）。因此，消费者的地位有别于生产者（manufacturer）、批发商（wholesaler）、零售商（retailer）""任何商品或服务的购买者（有别于以再贩卖为目的的购买者），在默示或明示的担保期间（duration of implied or written warranty），使用、受让该商品或服务者，均该当为消费者"。从这些立法例和辞书定义中可以看出，一般的国家立法都将消费者定义为公民个人，这说明各国立法在消费者主体问题上基本上已取得了共识。

我国《消费者权益保护法》对消费者作了明确的界定，《消费者权益保护法》第2条规定："消费者为生活消费需要购买、使用商品或者接受服务，其权益受本法保护……"这一规定虽然没有明确指出消费者是否是公民个人，但通过"为生活消费需要"可知这里将消费者的范围仅限定为公民个人。因此，按我国《消费者权益保护法》的这一规定，消费者是指为生活消费需要而购买、使用商品或者接受服务的自然人。我国《消费者权益保护法》将消费者规定为"为生活消费需要"而进行消费的人，但不能将"为生活消费需要"理解得过于狭窄。在实际生活中，生活消费行为不仅包括为自己生活消费需要而购买、使用商品和接受服务，也包括为了储存、欣赏、收藏、赠人等需要而购买商品，还包括代理他人购买生活用品，如代替家人、亲戚、朋友购物等行为。另外，为了购物、接受服务而从经营者处获得信息也是消费行为。所以，从这些角度看，消费者应当是非以营利为目的购买、使用商品或者接受服务的人。这一定义同其他国家关于消费者的定义相比，其内涵是一致的。从消费者的定义可以看出，消费者有以下法律特征：

消费者的定义

消费者四大特征

1. 消费者是自然人。消费者的消费是生活消费，前面已经阐述过，生活消费的主体只能是自然人，其他任何机关团体、企业事业单位都不能成为法律意义上的消费者。

2. 消费者的消费性质是生活消费。进行生产消费的主体不是《消费者权益保护法》所规定的消费者。这一问题前面已有阐述，这里不再赘述。

3. 消费者的行为是不以营利为目的的购买、使用商品或者接受服务。这是消费者区别于经营者的重要特征。经营者同消费者在购买商品时其表现并无本质区别，但本质区别在于购买的目的和购买以后的行为。经营者购买商品不是用于消费而将其消耗掉，即商品到他这里还没有流转到终点，商品还要通过进一步交易继续流通，从而使其获得经济利益。而消费者购买商品的目的却不是用于继续交易，即使他要继续转让于人，也不是为了获利。也就是说，消费者购买商品后，该商品已经走到最后环节而退出流通领域，最终该商品将被消耗掉。总之，消费者购买、使用商品或者接受服务是不以营利为目的的。

4. 消费者是众多的、广泛的、处于弱者地位的、分散的个体。生活消费本身的性质决定了消费是消费者的个人行为。在消费过程中，消费者面对的是经营者，而经营者无论在组织形式、经济实力还是在产品知识方面相对于消费者都占有绝对的优势。这就使这两个法律主体处于实质上的不平等地位，处于弱者地位的当然就是消费者。这就使消费者在消费过程中一旦与经营者发生消费权益争议即处于劣势，甚至孤立无援的境地。这也是各国为什么都十分重视消费者权益保护立法的重要原因所在。

第二节　消费者运动

一、消费者运动的概念和特征

消费者运动的概念

消费者运动是在现代市场经济条件下，以保护消费者利益为目的，从消费者的立场出发，向经营者提出批评和要求，并对其进行社会监督，同时对消费者采取相应的保护措施与行动以维护社会公正的有组织的社会运动。消费者运动的兴起与发展，对社会各个领域，诸如生产、流通、文化教育等领域乃至对人们的消费观、价值观等都产生了积极的影响和作用。消费者运动从其产生和发展的全过程看，突出表现了以下几个方面的特征：

1. 消费者运动以保护消费者自身合法权益为出发点和根本目的。消费者运动虽然是一种社会运动，但其是因消费者维护自身合法权益而引发的，是因消费者在同经营者进行交换的过程中，为改善自身地位而与经营者进行长期的斗争并不断深入发展的。因此，保护消费者合法权益是其原始出发点，也是其永远的直接目的。

2. 消费者运动经历了从自发到自觉，从分散到有组织的发展过程。最初消费者只有当遇到自己权益受侵害时，才会去与加害人——经营者进行交涉，而且大多是以单个人的身份出现。这是一种被动的行为，并且由于消费者固有的弱者和劣势地位，其受到侵害的权益很难得到补救。这就促使消费者自发地组织起来，通过集体的力量达到维权的目的，进而通过自己的组织对经营者进行监督和批评，从而实现了重要的历史转变。

3. 消费者运动引起了各国政府的高度重视。从单个消费者与经营者的交易来看，其产生的权益属于私权范围。但就这种交易的社会群体而言，它却是公权范畴。因此，各国政府既从保护消费者利益角度，也从保障本国经济正常发展角度对消费者运动给予了高度重视。主要体现在通过行政手段实施了大量有利于消费者保护的措施，扩大、充实了保护消费者利益的政府部门，有的还设立了专司消费者权利保护的机构。政府的这些作为对消费者运动产生了直接的、积极的影响。为了进一步协调和促进各国政府对消费者运动的重视和引导，1985 年 4 月 9 日，联合国大会未经投票通过了《保护消费者准则》，敦促各国政府采取切实措施保护消费者利益，为各国政府更好地保护消费者权利确立了国际法准则。

4. 消费者运动得到了社会各界的广泛支持。对于生活消费，任何人都不可能是绝对的旁观者，因为生活在社会上的人都是消费者。正因为如此，消费者权益保护自然就得到了社会各界的理解和支持。在消费者运动中，舆论界的参与和支持起了特殊的作用。它及时、广泛、深入地报道、评说消费侵权事件及消费者权益争议事件，宣传政府的消费者权益保护政策、措施和国家法律、法规，反映消费者的呼声和要求，启发消费者觉悟，促进政府部门采取措施对违法经营者给予制裁，从而使消费者运动更为广泛、深入地开展，并更加深入人心。

二、消费者运动产生的原因

消费者运动的兴起是以消费者问题的出现为直接诱因的。消费者问题简单地说就是消费者因生活消费致权益受到侵害所产生的社会问题。它是在商品经济条件下随着商品交换的范围不断扩大、频率不断提高而产生并加深的问题。

人类社会生产力的发展使产品有了剩余，生产者除了自给之外将剩余产品拿到市场上去交换。第三次社会大分工出现了商人阶层，形成了不同于生产者的另一类经营者——销售者，生产者、销售者与消费者通过市场联系起来。但是，生产者、销售者同消费者之间在市场交换中存在利益冲突：生产者、销售者通过市场将商品卖给消费者，总想得到更多利润；而消费者则希望用尽量少的钱买到尽可能多的质优价廉的消费品。商品的生产者和销售者为了更快地收回投资并赚取利润，往往不惜采取任何手段，如偷工减料、掺杂使假、投机诈骗、缺斤少两等，从而达到自己的目的。其结果是严重地损害了消费者的利益，由此导致消费者问题的产生。

进入 20 世纪，在资本主义世界由于商品经济的高度发展和垄断资本主义的出现，社会主要产品的生产和销售被大大小小的垄断集团所控制和垄断。它们通过垄断价格、囤积居奇、投机取巧或者利用消费者的某些特殊的心理需求来明目张胆地或者巧妙地损害消费者的利益。第二次世界大战以后，以科学技术为先导的生产力的发展突飞猛进，生产技术水平日新月异，随着生产领域机械化、自动化、电子化、数字化的推广、普及和规模化的发展，商品的科技含量及制造工艺的难度日趋提高，使人们在购买商品前不能较全面地了解其用途和性能。非该行业的专门技术人员也不可能及时发现其瑕疵。加之交通发达、信息传递迅速、商品流通快捷，消费者仅凭传统经验和直观感觉不足以准确判断商品品质、性能等因素，进而导致消费事故大量出现，严重损害消费者切身利益的重大事件不断发生。这些事故或事件分布广泛，使人防不胜防。随着市场经济的进一步成熟和完善，国内逐步形成了统一市场，经济全球化又加速了国际统一市场的形成，使生活消费品及服务的产、供、销各环节多层次化，不但拉大了经营者与消费者之间时间及空间上的距离，同时使经营者与消费者之间的关系越来越复杂。这不但使消费者无法判断商品的缺陷到底出现在哪一环节，而且使消费者的维权行动因空间距离远、耗时多、法律制度上存在差异、语言文字上存在障碍等因素难以如愿。加上消费者的分散性和经验与信息的不足以及经济上的弱势地位，更使其维权能力微弱。这就迫使消费者团结起来，共同为捍卫其消费者权益而斗争，由此而引发了消费者运动的兴起。

消费者运动最早兴起于美国，后来逐步蔓延到各个发达的资本主义国家和地区，目前已有九十多个国家和地区开展了维护消费者权益的运动。消费者运动经过几十年的发展，早已成为一种国际性潮流，各国的消费者运动的发展历程，大致都经历了以下三个阶段：

1. 消费者自我保护阶段。这一阶段主要表现为分散的消费者自发地实施自我保护，继而发展到有组织的群众性活动。

2. 政府行政干预和国家立法保护阶段。随着消费者运动的深入发展，政府及其所属部门开始介入。它们通过行政措施对消费者权益加以保护，并通过行政制裁惩治经营者的违法行为。在这一过程中，国家出台专门保护消费者的立法，使消费者权益保护步入法制化轨道。

3. 经营者自律及积极参与消费者权益保护阶段。消费者运动的进一步深入，使消费者的言论和行动直接或间接地影响了经营者利润的多少乃至影响其生存，这时，经营者对消费者的呼声和要求再也不能漠视不管了。那种只顾不择手段地攫取利润的情形有所改变。经营者这时感受到了来自消费者和政府方面的切实压力，加之从自己加害消费者的行为所付出的代价中得到的实际教训，使经营者充分认识到只有与消费者运动进行合作，严格自律，才能获得更大的经济利益和竞争优势。

三、外国消费者运动概况

（一）美国消费者运动

美国是消费者运动的发源地，故美国消费者运动的发展历史相对于其他国家更长。可以说，美国消费者运动从最初到现在一直领导着世界消费者运动的潮流，是最具有代表性的消费者运动。从其发展历史看，可以将美国消费者运动概括为以下几个阶段：

1. 以争取食品、药品安全为目标的阶段。消费者运动在早期，主要针对与消费者的健康、人身安全最为密切，也是存在问题最多的食品和药品领域。19 世纪末 20 世纪初，垄断资本家——经营者为了追求高额的利润，无视消费者的健康与生命安全，不仅食品、药品制作过程中的卫生条件极其恶劣，而且掺杂使假、偷工减料、使用发霉变质甚至有毒原料的现象极为普遍，食品中毒事件时有发生。尼普敦·辛克来在其 1906 年出版的纪实小说《屠场》中的一段描述即足以说明当时的情况，他写道："这些耗子们是讨厌的东西，包装工人扔出染毒的面包让它们吃，毒死它们，然后，死耗子、面包和肉一起被放置到生产线上的料斗内……"同一时期，美国药品生产状况也极为恶劣，各种假药、劣药及有毒药物泛滥成灾。美国曾经有一种"磺胺特效药"致使一百多名服用者丧生，该药的发明者也因此自杀身亡。这些触目惊心的事件在当时促使美国国会迅速通过了《洁净食品和药品法修正案》。

2. 指导和教育消费者实施自我保护的阶段。这一阶段以 1929 年至 1933 年资本主义经济危机为起点，至第二次世界大战结束。这一阶段因受经济危机影响，商品匮乏，劣质商品充斥市场，消费者急需获得相关的指导和帮助，因此，在美国诞生了世界上第一个消费者研究所，并出版了专刊——《消费者纪要》。1936 年，美国消费者联盟出版发行了自己的刊物——《消费者月刊》。这些刊物一方面呼吁政府对消费品的生产和流通进行适度干预，同时通过提供情报信息对消费者的消费行为进行指导，以提高消费者的自我保护意识，这在当时对促使消费者觉醒，增强其自我保护能力发挥了重要的作用。

3. 对消费者的全面保护阶段。进入 20 世纪 60 年代，美国消费者运动进入了一个新的发展阶段，其范围和规模都进一步扩大，由原来的注重食品、药品消费问题，扩展到更多生活消费品的消费问题。美国从过去到现在一直都是汽车王国，围绕汽车安全问题展开的活动自 20 世纪 60 年代起就一直是美国消费者运动的核心问题。关于汽车安全的争论持续了很长时间，制造商认为，汽车安全责任在于驾车者，与制造商无关；后来成为美国消费者运动著名领袖的拉尔夫·纳德在其《任何速度均不

介绍了美国消费者运动的发展过程

安全》一书中详细地阐述了汽车设计、制造本身固有的缺陷是造成汽车各种伤亡事故的重要原因，并列举了很多事实。拉尔夫·纳德的主张对1966 年美国国会通过专门解决汽车安全问题的法律——《国家交通及机动车安全法》起了重要的推动作用。这标志着美国消费者运动从一般消费品开始向高档耐用消费品拓展，同时得到了美国政府及立法机关的重视与支持。不仅如此，在这一时期消费者权利诸如安全权、知情权、选择权以及受尊重权已经得到确认，而且官方机构及民间组织对消费者权益保护的程度和对案件受理的态度、生活消费性服务等都已经纳入了消费者运动之中。这一时期是美国消费者运动发展的一个重要时期。

4. 法律趋于完善与健全，加重对侵害消费者行为的惩罚力度与加大对消费者权益保护力度阶段。美国消费者运动经过长期的发展，20 世纪80 年代，特别是进入 90 年代，在消费者权益保护方面的法律制度已十分完善。由于法律制度的差异，同其他国家相比较，美国至今没有一部全国性的消费者权益保护的基本法，但众多的包含消费者权益保护内容的各类法律规范和大量司法判例填补了这一空白。美国宪法规定联邦和各州都有立法权。联邦立法涉及生活消费领域的范围很广，包括食品、药品、信贷、产品说明、经营欺诈等，其中较重要的有《联邦食品、药品和化妆品法》《消费品安全法》《联邦贸易委员会法》《哈特－斯科特－罗迪诺反垄断改进法案》等 20 余部。此外，与保护消费者有关的政府机构，如联邦贸易委员会等，也制定了大量保护消费者权益的规范性文件，作为联邦法律的补充，构成联邦消费者保护法律体系的重要组成部分。另外，美国是一个判例法国家，联邦法院关于消费者权益的判例同样具有立法效力，也是联邦消费者权益保护法律体系中非常重要的构成部分。美国各州也都有众多的法律及判例，并且较联邦法律更为严格和具体，为消费者提供的保护措施也更为全面。

美国在进一步完善消费者权益保护法体系的同时，司法判例不断加大对经营者的惩罚力度和对消费者的保护力度，是其消费者运动发展的又一重要特征。20 世纪 90 年代的两个著名判例最具有代表性：一个判例是 1999 年 7 月 9 日美国加州洛杉矶法院作出的一宗判决，判决美国通用汽车公司赔偿受害者 1.07 亿美元的补偿性赔偿金和 48 亿美元的惩罚性赔偿金；另一个判例是同年 7 月 13 日同一法院作出的一宗判决，判处福特汽车厂赔偿受害者 500 万美元，另付 2.95 亿美元的惩罚性赔偿金。这两起巨额赔偿案代表了美国消费者运动当前发展的特点。

（二）日本的消费者运动

世界经济强国日本，其消费者运动兴起于第二次世界大战以后。作为战败国，日本在第二次世界大战后经济陷入全面瘫痪，消费品奇缺，物价飞涨，假冒伪劣商品泛滥成灾。1948 年 9 月，日本一些家庭主妇针对劣质火柴召开了一次"清除劣质火柴大会"，会后成立了日本主妇协会，这次大会拉开了日本消费者运动的序幕。

介绍了日本消费者运动的发展过程

日本的消费者运动主要表现在针对劣质产品展开的抵制和驱逐有害消费品方面。20 世纪五六十年代，日本发生了多起严重的中毒事件：1955 年，日本森永乳业德岛工厂生产的奶粉因混有砒霜致使 1.2 万名婴儿中毒，其中 130 人死亡；1962 年，日本某药厂生产的一种治疗孕妇恶心的名为酞胺哌啶酮的药物造成了婴儿畸形，结果因服用此药导致 1000 余名新生儿畸形；1963 年，日本九州大牟田市一家粮油加工厂因管理不善，在生产米糠油时将一种有毒的多氯联苯液体混进了米糠油，结果导致 1.4 万余名食用者中毒，53 人死亡。

这些重大事件的发生，引起了广大消费者的极大震动，消费品的安全性成为人们注意的焦点，围绕这一问题的消费者运动随后在日本全国展开。

1. 驱逐糖精运动。20 世纪 60 年代，糖精占日本国内使用的人工甜味剂的 80%，其被广泛用于制作糕点、果汁和冰激凌等。1970 年美国研究发现糖精对人体有致癌性，这一消息一公布，在日本即引起了消费者的极度恐慌，由此引发了驱逐糖精运动。最后，日本厚生省发布了停止销售糖精的禁令。

2. 驱逐含多氯联苯化学材料运动。继"米糠油"事件后，人们发现导致上万人中毒并致使几十人死亡的罪魁祸首——多氯联苯被广泛使用于电器制品、塑料制品、印刷品及油墨当中，如果人们长期接触这类制品，多氯联苯就会进入人体并引起病变。于是，在日本又引发了一场驱逐多氯联苯的运动，促使日本通产省下令禁止在家电制品中使用这种原料。

3. 驱逐 AF2 合成杀菌剂运动。AF2 作为一种强杀菌剂，在日本曾被广泛用于生产豆腐、火腿、鱼糕等食品当中。1974 年，日本国立遗传研究所经实验证实，AF2 是能够引起基因突变的有害物质。这一结论一经公布，当时日本 36 个消费者团体联合召开驱逐 AF2 总动员大会，最后，厚生省下令全面禁止使用 AF2。

4. 抵制合成洗涤剂运动。合成洗涤剂大多含有磷及其他对人体有害的物质，其对水体的污染和对人体的危害早已引起人们的注意。1975 年，东京都内的 45 个消费者团体作出了开展抵制合成洗涤剂运动的决议。从此，许多学校和医院停止了合成洗涤剂的使用。

5. 抵制 OPP 防腐剂运动。1977 年，日本厚生省准许一种被称为 OPP 的化学物质当作防止柠檬、葡萄柚、柑橘霉变的食品添加剂，在当时，虽然其对人体的危害未经证实，但一些学者对其安全性持怀疑态度。日本 452 个消费者团体为此发表了抵制 OPP 的宣言。

从以上消费者运动的发展来看，日本消费者运动一直以人的健康和安全为中心而不断向广度和深度发展。特别是进入 70 年代以后，日本消费者运动的目标进一步扩大，它已不仅局限于食品及日用品的安全方面，而且开始涉及价格、广告宣传、营销手段等方面。在这一时期，一些商贩为了推销商品，采取上门兜售骗取消费者信任的方式以销售劣质商品，一些商店利用分期付款的方式对消费者附加不合理条件以牟取暴利，还有一些厂商利用邮购销售的方式以劣质商品欺骗消费者等，以各种花样翻新、违反商业道德的手段损害消费者利益的现象不胜枚举。1975 年，"老鼠商法对等委员会"要求取消恶德商业手段，从而促使政府颁布法令，限制上门推销、连锁销售、通信销售、分期付款等销售方式。

日本消费者运动的发展，消费者组织在其中起了极为重要的作用。继 1948 年主妇联合会成立，1952 年又成立了全国地域妇人团体联络协议会，1955 年成立新生活运动协会，1961 年成立日本消费者协会。截至 2013 年，日本仅全国性的消费者团体就有 29 个，其中，纯女性团体有 13 个，主妇联合会是日本规模最大、影响最广的民间消费者团体。另外，日本还有各类民间消费者团体四千余个。各消费者团体通过接受消费者投诉、进行市场调查、举办展示会、开展消费者教育等活动将消费者运动不断推向深入。

消费者运动的发展一方面促使日本政府及国会颁布了大量的消费者权益保护法律、法规，另一方面还促使日本政府从上到下设立了专司消费者权益保护的机构——国民生活中心和消费生活中心。国民生活中心隶属日本经济企划厅，独立行使职权，其活动包括提供有关改善国民生活的情报，举办各种与生活消费有关的展示和消费讲座，出版发行消费者保护刊物，进行产品检验，接受消费者投诉，负责消费者行政人员的培训及情报交流等。消费生活中心则是设于全国各都、道、府、县的消费者保护的行政机构。

美国和日本的消费者运动是最具有代表性的消费者运动，除此之外，其他西方国家的消费者运动在 20 世纪中期也广泛兴起，英国、法国、荷兰、比利时、澳大利亚等国家都先后成立了全国性和地方性的各类消费者组织，截至 1984 年，消费者运动遍布九十多个国家和地区。

四、我国消费者运动

20 世纪消费者运动的发展是一种世界潮流，引起各国人民及政府的广泛关注。但是，由于各国文化传统、政治体制、经济发展水平的差异，各国消费者运动体现出不同的特点和多样的表现形式。我国的消费者运动是国际消费者运动不可分割的组成部分，因此，它既具备各国消费者运动所共有的特征，又具备与别国消费者运动不同的鲜明的中国特色。我国消费者运动同世界各国消费者运动产生的原因一样，是现代科学技术的发展同商品经济的发展共同作用的结果，这就是我国消费者运动之所以产生于 20 世纪 80 年代之后，而不是产生于这之前的原因所在。

在改革开放之前，我国实行的是高度集中的计划经济体制，同市场经济相比较属于短缺经济。在这种情况下，消费品由国家按计划实行定额供应，消费者凭票购买。国家是消费品的主要生产者和提供者，没有形成典型的商品经济关系。同时，经营者没有自身的经济利益，也就没有损害消费者的利益而获取暴利的内在动因，消费者受损害现象也不普遍。另外，在计划经济体制下长期没能处理好生产与消费的关系，获得尽可能满足生活需要的生活消费品是消费者的最高愿望，因此，这一时期的消费者问题并没有成为一个社会问题。

介绍了我国消费者运动的发展过程

1978 年十一届三中全会以后，我国开始以经济建设为中心，实行改革开放的经济政策，通过采取扩大企业经营自主权、放权让利、依法确立企业的法人资格等措施，逐步使企业具备了独立的经济地位，成为独立的商品经营者。随着企业独立利益的形成和消费品市场的发展，以获取更高经济利益为目的的各种损害消费者权益的行为大量出现。随着改革的深入和经济的进一步发展，我国人民的消费需求及其实现方式也逐步由温饱型向小康型、由抑制型向疏导型、由配给型向自理型、由雷同型向多元型、由自给自足型向商品型转化。加之我国经济体制处于由计划经济向商品经济、由商品经济向市场经济转轨过程中，新的经济关系、社会上层建筑、经济秩序、法律制度尚未完善，商品经济、市场经济所固有的弊端得不到有效的控制，损害消费者利益的行为层出不穷。诸如粗制滥造、伪造仿造、以假充真、缺斤少两、哄抬物价、强制交易、蒙骗欺诈、侮辱谩骂消费者的现象极为普遍，引起了广大消费者的强烈不满，要求保护消费者合法权益的呼声不断高涨。在这种背景下，我国的消费者运动逐步兴起并得到了迅猛发展。

我国消费者运动的兴起和发展同其他发达国家相比在时间上要晚得多，但它是同我国的商品经济的产生和市场经济体制的确立同步进行的，这是我国消费者运动的一个突出特点。除此之外，我国的消费者运动还表现出以下明显的特征：

1. 消费者运动一开始即得到国家和政府的高度重视和大力支持。消费者运动产生和发展的过程也是消费者权益保护的过程，因此消费者权益保护在我国消费者运动中更为突出。

我国消费者运动同其他国家消费者运动相比有不同的特征

国家对消费者运动的重视首先表现在加强消费者权益保护立法上，即法律、法规及行政规章的制定。改革开放四十多年来，我国不仅有了

《消费者权益保护法》这一有关消费者权益保护的基本法，而且还先后出台了《民法通则》（已失效）、《产品质量法》、《食品安全法》、《标准化法》、《计量法》、《反不正当竞争法》、《民法典》等，另外，各省、自治区、直辖市人民代表大会及其常务委员会也制定了一些针对消费者权益保护的地方性法规。这些法律、法规在各自调整的范围内对保护消费者的合法权益都发挥了积极的作用，已基本形成了较为完整的消费者权益保护法律体系。

其次表现在我国各级政府加强对消费者权益的行政保护上。各级政府的相关职能部门如工商行政管理、技术监督、商检、物价、食品卫生、药品管理等部门在其法定职责范围内，依法采取多种行政措施，对消费者权益施以有效的保护。

再次表现为国家和政府对消费者组织的建立和消费者组织工作的大力支持。早在改革开放之初的 1980 年，国家工商行政管理局即为解决当时出现的损害消费者权益问题考察了香港消费者委员会的运行情况，回来后即向国务院提出建立消费者协会的建议。1981 年 6 月，联合国亚太经济及社会理事会在泰国召开亚太区域性保护消费者问题磋商会，我国参加会议的代表回国后再次提出此项建议，当时几位国务院副总理在报告上作出了同意的批示。后经原国家工商行政管理局、原国家标准局、原国家进出口商品检验局共同努力，于 1984 年 12 月 26 日正式成立中国消费者协会。消费者协会成立后，其经费、人员和办公条件等方面都得到了国务院有关职能部门的大力支持，随后成立的地方各级消费者协会也都同样地得到了当地人民政府的大力支持。各级消费者协会成立后，即开展了卓有成效的工作，既得到了广大消费者的赞扬和社会各界人士的关注，也得到各级政府及领导的重视和支持。

我国消费者运动因国家和政府的介入和支持，其发展没有经历发达国家消费者运动三个阶段的过程，一开始即采取了自下而上和自上而下相结合的形式，也就是消费者提出权利要求与国家和政府建立和支持消费者组织相结合。这使我国消费者运动从兴起之日即处于高起点之上。

2. 中国消费者协会的成立和《消费者权益保护法》的颁布实施是我国消费者运动走向规范化、法制化的重要标志。

中国消费者协会的成立标志着我国有组织的消费者运动的开始，使我国消费者运动进入了一个崭新阶段。中国消费者协会和地方各级消费者协会作为维护消费者权益的专门机构，肩负起全国范围内或各地辖区内的消费者权益保护的重任。其以"对商品和服务进行社会监督，保护消费者利益，指导群众消费，促进社会主义市场经济发展"为宗旨，积极开展保护消费者权益的工作。

（1）认真受理消费者投诉，调解消费纠纷，积极为消费者排忧解难。受理消费者投诉是消费者协会最重要的日常工作，它是各级消费者协会密切联系广大消费者并赢得消费者信任的重要方式；通过受理消费者的投诉，在充分了解争议原因、查清事实的基础上，居间对消费者和经营者的争议进行调解，促使争议双方在平等自愿、互谅互让的基础上达成协议，这样可以及时化解矛盾，减少诉案的发生；消费者协会在受理投诉过程中，对一些消费者投诉集中、反映强烈的热点和难点问题，各级消费者协会通过各种方式及时提醒消费者，并及时向政府有关部门提出建议。

（2）积极配合政府职能部门开展对商品和服务的监督和检查工作，以促进全社会范围内商品和服务质量的提高。我国各级消费者协会在开展对商品和服务的社会监督活动中，对一些高档耐用消费品，与人们的生命、财产安全密切相关的生活必需品以及消费者反映问题较多的商品和服务，有针对性地分别开展商品检验、质量跟踪、专题调查等活动，并将获得的信息通过新闻媒介等多种渠道传播给消费者，反馈给企业，提供给政府有关部门。在《消费者权益保护法》实施后，还可以依法向消费者推荐真正优质的商品和服务，这些活动对指导消费者消费，维护消费者的合法权益发挥了巨大的作用。

3. 发动全社会的力量，广泛开展宣传教育活动，普及商品和服务的基本知识及消费者权益保护的法律知识，提高消费者的自我保护意识。中国消费者协会自 1988 年以来，每年都同原国家工商行政管理局、原国家技术监督局和新闻机构一起组织"3·15"国际消费者权益日的纪念活动。中国消费者协会还充分利用各种大众传播媒介向全社会提供消费信息、传播商品知识，通过自己主办的《中国消费者报》，以及《消费者》《中国消费者通讯》等专门性刊物报道消费者侵权案件，宣传消费者的权利及消费者权益保护的法律知识，还开通了消费者咨询窗口，并举办消费知识讲座和消费知识竞赛等活动。这些活动为消费者运动的发展提供了很好的组织基础。

1993 年 10 月 31 日，第八届全国人民代表大会常务委员会通过了我国第一部消费者保护法《消费者权益保护法》，这是我国消费者运动发展的一个里程碑，标志着我国消费者运动开始走上法制化轨道，并完成了从消费者自我保护到法律保护的过渡。

我国消费者运动起步晚，无论在消费者的素质方面还是在消费者保护方面同其他发达国家相比都存在很大的差距，但是，我国消费者运动仅经过十几年的发展就完成了资本主义国家几十年甚至更长时间才做出的事情。这是因为我国消费者运动的产生和发展是伴随我国对内实行改革，对外实行开放同步进行的，国外消费者运动几十年的发展所积累起来的成功经验和失败教训供我国借鉴和汲取，这就使我国消费者运动相对其他国家少走了许多弯路。特别是进入 20 世纪 90 年代后，随着我国经济的迅速腾飞，人们的生活水平迅速提高，我国的消费者运动快速向更深、更广的领域发展。旅游、电信、信贷、汽车、商品房等领域成为消费者运动关注的新热点。

第三节　消费者权益保护立法

一、消费者权益保护立法的产生和发展

在中国几千年的封建社会时期，自给自足的自然经济模式在封建生产关系中一直处于主导地位。因此，除了简单的以物易物的交换形式外，虽然也存在以货币作为价值尺度的商品买卖关系，但是具有现代意义的商品交换关系几乎不存在。所以，调整这种社会经济关系的主要手段除了集宗法伦理于一体的"礼"之外，涉及法律调整的就是刑事制裁。将交易双方作为地位平等的当事人加以法律保护的可能性是不存在的，将处于弱者地位的买方加以特殊保护更是不可能的。在这种情况下，有权有势的官府、财大气粗的商贾在交易中仗势欺人、巧取豪夺的现象极为普遍。由不平等的交易行为所产生的损害后果应赔偿损失的民事责任观念根本不存在，有关消费者权益保护的立法问题更无从谈起。

公元前 1 世纪至公元 4 世纪的古罗马时期，地中海沿岸的贸易和手工业十分发达。但罗马帝国幅员辽阔，不能有效地依靠行政权力来控制全国的商业活动，使价值规律在国内不同民族间的商业活动中开始体现出来。罗马的市政官员对"万民"，即一切进行商品交易的人，不分种族、民族和身份，在公平和诚信原则的基础上一视同仁。罗马的裁判官在审理商品纠纷案件时更是创立了一整套完备的法律制度，由此奠定了影响深远的现代民法的基础。欧洲进入封建社会以后，在商人之间处理民事纠纷时，罗马法的基本原则仍得到广泛适用，各国政府在对日常生活消费品的价格、质量等管理过程中也都有了侧重消费者保护的意识。

综上所述，纵观中外人类的发展史，在商品经济不发达的封建社会都根本没有出现过，或没有出现真正有关消费者权益保护的立法。消费者权益保护立法是随着社会生产力的发展与进步，人类历史进入现代社会而诞生的新事物。

现代意义上的消费者权益保护立法，开始于 19 世纪末 20 世纪初。

即从资本主义由自由竞争阶段过渡到垄断阶段以后，伴随世界范围内的消费者运动的蓬勃兴起，传统民法在调整商品交换过程中已不适应，需要对处于弱者地位的消费者给予特殊保护的情况下，消费者权益保护立法应运而生。

消费者权益保护立法产生的历史背景

在资本主义的自由竞争阶段，以亚当·斯密为代表的西方古典市场经济学理论对经济活动乃至法学理论产生了深刻的影响，特别是亚当·斯密在其《国民财富的性质和原因的研究》（被后人称为《国富论》）中提出的"看不见的手"的理论对这一时期的所有经济活动、商品交换及其纠纷处理都产生了巨大的影响。在这种理论的影响下，人们通常认为自由的市场活动可以自然地优化配置和利用社会资源和财富，市场机制可以自然地平衡市场主体的利益关系，并在混乱的个人活动中保持社会生活所需要的秩序。这种理论同样反映在法学理论当中，其原则即是每个人在市场交换过程中谋取最大利益是合理的、自然的，作为买方的消费者只要不是因为交易对方故意欺诈或其他不正当行为而在交易中受到损失，那么只能是责任自负。也就是说，只要当事人签订的合同是建立在意思自治的基础上，就应该得到法律的充分维护，否则，商品交换活动就不能正常进行，市场经济的发展就会受到严重阻碍。因此，当时法律所维护的市场交易规则是"货物一旦售出，则概不退换"。但在形式上，消费者与经营者仍能做到在"讨价还价"的基础上进行商品交换活动。

当垄断资本主义取代自由资本主义以后，情况发生了根本变化。垄断资本家取代了众多的个体经营者，少数垄断寡头几乎控制、支配了整个国民经济，消费者在交易过程中丧失了与垄断资本家进行讨价还价的能力和资格。垄断资本家利用其事先拟定好的标准化合同，一方面规定对自己有利的价格条款，另一方面对其应当承担的责任通过"免责条款"的规定予以免除。消费者在垄断资本家面前无权选择缔约相对人，无权主动决定是否签约，更不能变更格式合同的内容。这种不平等的地位导致消费者的权益不可避免地遭受损害。由此引发了广大消费者奋起为保护自己的权益而斗争的消费者运动，促成了消费者权益保护立法的产生和发展。

最早的消费者权益保护法是美国国会于1890年通过的《保护贸易和商业不受非法限制和垄断损害法》，即《谢尔曼法》（Sherman Act）。这部法律从严格意义上讲是一部竞争法律规范，其宗旨是限制市场垄断行为。但是，任何垄断行为不仅会破坏市场的公平竞争秩序，而且会严重损害消费者的利益，因此，很多人认为它既是第一部反垄断法，又是第一部消费者权益保护法。此后，在欧洲大陆，在业已存在的民法平等原则基础上，德国、奥地利、法国通过立法的形式给予消费者权益不同于一般民事权益的特殊保护。如德国1894年颁布实施的《分期付款买卖法》、1896年颁布的《反不正当竞争法》，奥地利、法国分别于1896年和1900年颁布的《分期付款买卖法》。这些法律规范在立法上，对传统民法一贯遵循的基于当事人地位平等原则而在交易中一视同仁的做法做出了重大的改变，开始注重从交易一方，即消费者的利益出发，通过限制交易另一方，即经营者权利的行使，而间接地对消费者的权益进行更为充分的保护。如德国《分期付款买卖法》明确规定：消费者必须有连续两次以上的给付迟延并且迟延金额已达到全部货款的一定比例，如从1/10到1/5不等，垄断公司方可立即请求支付全部价款；垄断公司解除合同时，其扣留消费者已经支付的货款不得超过消费者对合同标的物的折旧以及使用代价等。这一时期的消费者保护立法由于受自由经济学理论的影响，对消费者利益的保护大多表现为间接的形式，因为资产阶级政府深恐国家干预过度会影响经济的发展。但是，由《法国民法典》最先确立的，并由近代民法所公认的契约自由原则在这些法律中已经受到了挑战。

进入20世纪，经济发展导致的消费者问题日益突出，消费者权利保护的呼声鹊起，消费者运动也在各发达国家蓬勃兴起，资产阶级政府越发感到消费者权益保护问题的严重性并采取了一定的措施：一方面，通过对传统民法原则的修正来对消费领域的社会关系重新进行调整；另一方面，通过国家对经济的直接干预，制定各种行政法律规范，并以行政手段直接介入消费者领域的管理，即将消费者的保护纳入公权力调整的范畴。继1906年美国颁布《联邦食品和药品法》之后，一些发达国家先后颁布了大量的旨在保护消费者权益的法律规范，从开始直接涉及人身安全的食品和药品，扩展到化妆品等一般消费品，继而又进一步扩展到家用电器、汽车、电脑等科技含量越来越高的耐用消费品以及各种服务。到了第二次世界大战以后，尤其是进入六七十年代以后，各发达国家在消费者运动的推动和政府的重视下，都已形成了结构严密健全、内容丰富完善的消费者保护法律体系。与此同时，发展中国家也在其消费者运动的推动下开展了消费者权益保护的立法工作。

消费者保护立法的特征 现代消费者保护立法同传统消费者保护法律规范相比具有以下特点：

1. 现代消费者保护立法是商品经济发展到一定阶段的产物。人类社会的发展，经历了简单商品经济阶段、自由竞争的市场经济阶段和垄断市场经济阶段。在简单商品经济阶段，市场对社会资源的配置作用是极为有限的，当时由于消费者问题并不突出，虽然存在一些消费者保护的法律规范，但也只是存在于其他法律规范之中。如在我国古代，消费者保护法律存在于刑法之中；在古罗马则散见于其公法和私法之中。从消费者权益保护角度讲，这些法律规范并不具有独立价值。17世纪的工业革命将社会带入资本主义，简单的商品经济为自由竞争的市场经济所取代，市场在社会资源的配置中开始取得支配地位，国家对经济的管理职能极度萎缩，社会经济关系仅仅依靠体现平等、诚信等基本原则的民商法律规范进行调整，需要对消费者权益给予特殊保护的法律规范遇到了难以逾越的制度障碍，前述提到的极少量的消费者保护法律规范也只是从限制经营者的角度对消费者给予间接保护。随着资本主义进入垄断阶段直至今天，传统的民商法及其理论已无助于日益复杂而突出的消费者问题的解决，伴随资产阶级国家以行政手段对经济的干预，制定了各种专门保护消费者利益的法律。这些法律规范不仅数量多，而且涉及领域广泛，同时其性质同传统用于调整私权利的民商法律规范相比也发生了性质上的变化，即它体现了国家对微观经济的干预，是对市场在配置社会资源过程中固有的盲目性所产生的负面效应的有效救济。

2. 现代消费者保护立法首先认识到消费者是不同于一般民事主体的"弱者"，然后对其加以特殊保护。传统的民法从其诞生之日直到今天，在调整社会经济关系时，都是将交易当事人的各方作为平等的主体并置于平等的地位上加以保护。由于在消费法律关系中消费者与经营者所固有的性质差别，它们所处的地位实质上是不平等的，如果按传统民法理论只从形式上追求消费者同经营者的平等对消费者来说是不公平的。现代消费者保护立法基于这种对消费者的认知，在确定消费者处于弱者地位的前提下，站在消费者的立场上，对消费者给予特殊的保护。因此，综观各国消费者保护立法，在规定消费者和经营者权利、义务时并没有贯彻民法所通用的平等原则，一般都赋予消费者更多的权利，而对经营者则设定更多的义务。这是现代消费者保护立法所特有的，有别于民法乃至传统法律中的消费者保护规定的价值取向。

二、外国及国际消费者保护立法概况

在世界各国的消费者保护立法中，美国和日本的消费者保护立法最具有代表性，为了帮助大家对这些国家的相关立法有一个基本了解，这里就上述两个国家及国际消费者保护立法的一般情况做一简要介绍。

（一）美国消费者保护立法

作为典型的普通法系国家，美国在传统上一般适用判例法中所确定的原则来解决涉及消费者权益保护问题。但是，由于新的交易方式和新的消费形式的出现，原有的普通法原则已不适应消费者保护的实际需要。因此，19世纪末20世纪初，美国在消费者保护方面即出现了大量的由联邦和州的立法机构颁布的成文法，这使美国消费者保护法的法律渊源出现了判例法和成文法并存的局面。

与消费者运动的发展和消费者保护的内容相一致，美国的消费者保护立法经历了几个各具侧重点的阶段：19 世纪末 20 世纪初为反垄断阶段，20 世纪上半叶开始侧重于消费品的安全、卫生、标识和产品质量责任阶段，60 年代以后在进一步完善产品责任、强调消费品安全和卫生的同时，开始侧重于信贷交易过程中对消费者的保护。

1. 早期立法。美国最早的，同时也是世界上最早的消费者保护立法，是 1890 年颁布的《保护贸易和商业不受非法限制和垄断损害法》，即《谢尔曼法》，1914 年又通过了《克莱顿法》（Clayton Act）和《联邦贸易委员会法》（Federal Trade Commission Act）。当时，制定这些法律规范的主要目的是限制垄断和维护公平竞争，但实现这些目的的同时，客观上又直接或间接地起到了保护消费者的作用。例如，《谢尔曼法》第 1 条、第 2 条规定，任何以托拉斯或共谋达成的契约和垄断或企图垄断贸易的行为来限制州际贸易或对外贸易均为犯罪，对行为人要处以罚款或监禁。《克莱顿法》第 2 条规定，商人推销同样等级和质量的商品，却对不同的买主实行不同的价格，以及支付或收取佣金或回扣，故意诱导或接受价格歧视等均为违法。《克莱顿法》还规定，禁止商人以操纵买主不购买或不使用其竞争者的商品为条件而销售商品，禁止商人搭售买主不需要或不愿意接受的商品。

《联邦贸易委员会法》规定设立联邦贸易委员会，并由该委员会负责调查及制止上述两法中规定的妨碍竞争的行为。该法还明确规定联邦贸易委员会下设消费者保护局，负责受理消费者投诉及消费者分期付款事项，负责消费者教育、消费指导等事务。联邦贸易委员会依该法规定有权颁布交易规则和禁令、有权禁止某种商品进入市场、有权对限制竞争和损害消费者的行为进行调查。其颁布的交易规则，如《商品广告规则》《上门推销规则》《邮购规则》《纺织品洗涤法标示规则》等。

2. 消费品安全、卫生和商品标识立法。20 世纪上半叶，美国的消费者保护立法开始由通过反垄断法间接对消费者实施保护的阶段，向通过直接制定消费者保护立法阶段转变。1906 年，美国国会颁布了《联邦食品和药品法》，该法于 1938 年进行了修订，增加了有关化妆品的内容。该法对重要的食品、药品和化妆品的质量标准作了明确的规定，还规定禁止对食品、药品掺杂使假和对其使用不真实的说明。《联邦食品和药品法》规定设立食品和药品管理局，专门负责对食品、药品和化妆品的管理工作。1958 年，美国国会通过《食品添加剂修正法》，规定食品添加剂的使用必须以保证食品安全为前提。1962 年又颁布了《药品修正法案》，规定任何新药在进入市场之前，都必须向食品和药品管理局提出报告、接受检查。1967 年制定了《联邦肉类检验法》，规定了肉类食品的检疫制度，要求各州改进肉食品检疫。1973 年颁布了《化妆品真实法》，要求化妆品的生产商必须标明化妆品的配料及主要成分。1972 年，美国还颁布了《消费品安全法》，该法规定了统一的消费品安全标准，同时规定设立"消费品安全委员会"，负责对具有潜在危险消费品的生产及销售的管理，并协助消费者对消费品的安全性进行鉴定。此外，关于消费品安全、卫生方面的成文法还有：《国家交通及机动车安全法》《儿童玩具安全法》《联邦危险品法》《电冰箱安全法》《食品安全法》《毒品包装法》《天然气、管道煤气安全法》以及《消费品安全法》等。

在商品标识管理方面，其立法有 1965 年的《商品包装和标识法》、1966 年的《香烟标识法》以及《绒毛产品标识法》《汽车信息披露法》等。这些成文法都明确地规定了消费品包装和标识的标准，对香烟和酒类等特殊商品还必须按政府的要求标明健康忠告的商品标识。

3. 产品侵权责任法。美国的侵权法一直属于判例法的范畴，随着社会的发展，从 19 世纪中期至 20 世纪中期，美国的产品侵权责任制度经历了相对性原则—过错责任原则—过错推定原则—严格责任原则的复杂的演变过程。这一演变过程从美国各个时期的司法判例中即可清楚地感觉到。早期，根据美国传统普通法的精神，受害人只有在与产品的提供者之间存在契约关系时，其所受到的损害才能依法获得赔偿，即加害人才需承担产品责任，这一原则一直为美国法院在处理产品缺陷致人损害案件时所遵守。至 1852 年，美国纽约最高法院在审理托马斯诉温切斯特一案时动摇了这一原则，开始将存在特殊危险的产品作为合同关系原则即"相对性原则"的例外，要求加害人在存在疏忽的情况下承担责任。1916 年，对麦克弗森诉布伊克汽车公司一案的处理便彻底摆脱了相对性原则的束缚，正式将产品责任确定为侵权责任，并正式确立了产品责任的过错责任原则，即商品的提供者不仅因故意致人损害要承担产品责任，而且因疏忽致人损害也应承担产品责任。这一判例虽然将"疏忽"作为承担产品责任的要件，但受害人举证往往遇到诸多困难。为了克服这一困难，1944 年在埃斯科拉诉可口可乐瓶装公司一案中，法院适用了"案情自证"原则。这一原则允许法官在一定情况下直接推定产品提供者有过错，并依此承担产品质量责任，从而免除了受害人的举证义务。1963 年，格林曼诉尤巴电力公司一案的处理使产品责任的归责原则又前进了一步，该案确立了产品制造者对缺陷产品造成消费者损害的严格责任原则。严格责任原则理论经过充分地发展，已成为美国在产品责任方面一项十分完善的法律制度。目前，严格责任制度又与保险制度相结合，使消费者因产品缺陷而遭受的损害能够得到更快捷、更充分的补救。

4. 信贷消费保护法。从 20 世纪 60 年代开始，随着信贷消费的普及和发展，美国国会开始加强信贷消费交易规则方面的立法，并于 1968 年颁布了《消费信贷保护法》（Consumer Credit Protection Act）。该法生效后，经过了多次修改，增加了很多内容，其中包括：《公平信用报告法》（1970 年）、《公平信贷结账法》（1974 年）、《信贷机会均等法》（1974 年）、《消费者租借法》（1976 年）、《正当收债行为法》（1977 年）、《电子资金转账法》（1978 年）、《公平信用和付款卡公开法》（1988 年）、《房屋信贷消费者保护法》（1988 年）、《异地交易及消费者欺诈预防法》（1994 年）、《信用恢复组织法》（1996 年）等，在 1970 年和 1974 年《消费信贷保护法》的修改中还增补了信用卡条款。

作为《消费信贷保护法》主要部分的第一编，要求向消费者提供信贷的债权人在提供信贷以前，应当公开信贷的主要条件和交易条件，特别是信贷费用。《消费信贷保护法》第二编是关于"欺诈性信贷交易"的规定，其主要是针对有组织的"高利贷者"的犯罪活动而规定的。该法第四编规定了成立民主、共和两党全国消费金融委员会的内容，该委员会的职责是对消费金融企业进行监督，对利率调控提出建议。该法在修改后增加的《公平信用报告法》对信用报告机构提供信用报告的内容、规则和违反规则的法律责任作了规定。《信贷机会均等法》规定提供信贷时不得因消费者的性别及婚姻状况而予以歧视。

综上所述，美国在消费者保护方面颁布的大量成文法和判例法已形成了非常完备的消费者权益保护法律体系。由于美国是联邦制国家，依其宪法规定，各州都有立法权，因此，除了上述联邦法外，从 20 世纪 60 年代开始，各州也制定了大量的消费者保护法律规范，但各州制定的消费者保护法律差异很大。为了协调各州有关消费者权益保护立法，在美国"统一州法全国专员会议"的推动下，于 1968 年通过了《统一消费信贷法典》（*Uniform Consumer Credit Code*）。

（二）日本消费者保护立法

相对于欧美发达国家，日本的消费者保护立法起步较晚。在第二次世界大战以后，作为战败国的日本，一直将发展经济置于优先地位，在 20 世纪 60 年代之前，消费者的利益是被忽视的。进入 20 世纪 60 年代以后，日本经济飞速发展，随之而来的是侵害消费者权益的现象也日益突出，导致消费者运动在日本全国蓬勃兴起，要求保护消费者合法权益的呼声不断高涨。日本政府在这种压力下开始意识到消费者权益保护的重要性，并开始从消费者的立场出发，展开了以加强立法为主要手段的消费者保护运动。由于消费者保护立法自始就得到了官方的高度重视，完备的消费者保护法律体系很快地在日本形成了。关于日本的消费者保护法律体系，法学界公认由四个部分构成：消费者保护基本法、消费者保护行政立法、消费者保护民事特别法和禁止垄断与竞争法。

日本消费者权益保护立法概况

1. 消费者保护基本法。1968 年 5 月 30 日，日本公布并实施了《保护消费者基本法》，该法共有 4 章 20 条，是一部宣言性的消费者保护法律总纲。其内容规定得比较原则、简单，但确立了日本消费者保护的基本方针，不过其本身不具有可以直接适用于消费法律关系的功能。第一章"总则"规定了立法目的，即明确了国家、地方公共团体、生产经营者和消费者在消费者保护方面的职责及作用。第二章"消费者保护的措施"规定国家为保障消费者利益免受损害，应制定并推广商品和服务的标准与规格，以保证商品和服务的公正计量；对商品和服务的品质及内容的标识和说明应准确、恰当，并应有必要的管理对策；为确保商品和服务价格的公正及维护公平竞争所必须采取的对策；应在充分考虑对消费者的生活所产生的影响的前提下，对商品和服务的价格形成给予适当干预；国家应通过加强消费者教育、普及消费者知识来提高消费者的自我保护能力；国家应尊重消费者的意见，设立各种试验和调查机构，及时公布各种试验及调查结果。第三章"行政机关"规定国家应设立专司消费者保护的行政机关，以此鼓励、推动消费者组织的工作。第四章"消费者保护会议和国民生活审议会"规定设立消费者保护会议，其隶属于总理府，负责审议并推动实施消费者保护政策；在经济企划厅设立国民生活审议会，负责消费者保护相关事项的调查和审议。

2. 消费者保护行政立法。根据日本学者的观点，日本的消费者行政是国家变消极、被动维护消费者利益为积极、主动、有组织地介入消费者利益的保护，以谋求商品的安全，价格、规格及说明的合理化，对消费者进行启发教育，提供商品及服务信息，处理消费者投诉等活动。日本的消费者行政立法主要包括以下内容：国家对各种生活消费品及其安全卫生、计量、规格、标识、价格的管理，消费者教育及受理消费者投诉等。

（1）消费品安全、卫生管理方面的法律。日本 1973 年颁布实施的《消费生活用产品安全法》《关于规制化学物品审核及制造等的法律》以及《化学物质审查规制法》即所谓的"安全三法"，是日本影响较大的消费安全法律规范。《消费生活用产品安全法》规定，国家规定的特定产品必须符合安全要求，并附上国家统一颁行的"S"标志，方可销售；国家规定的特定产品以外的产品，由民间的"制品安全协会"负责检查，合格的应附有"SG"标志才能销售。除这三部法律外，涉及安全、卫生方面的法律还包括：1947 年的《食品卫生法》、1948 年的《农药管理法》、1950 年的《毒物及剧毒物取缔法》、1951 年的《关于汽车安全的道路运输车辆法》、1952 年的《煤气事业法》、1960 年的《药事法》等。

（2）计量和标准方面的法律。1949 年，日本颁布了《工业标准化法》，该法的立法目的是改进工矿产品的质量，推行产品的标准化。1951 年，日本颁布了《计量法》，该法的主要内容是：确定法定计量单位，在交易中禁止使用非法定计量单位，对计量器具企业实行严格的登记制，对特殊计量器具实行严格的逐个检验制度，禁止销售不合格或者没有检验标志的计量器具，建立计量器具的证明制度和对计量器具的定期检查制度等。

（3）商品标识及说明方面的法律。日本在这方面的立法主要有：1962 年的《家庭用品质量表示法》《不当赠品及不当表示防止法》和 1963 年的《纤维制品质量表示法》。

《家庭用品质量表示法》规定，对家庭日常生活中使用的纤维制品、合成树脂产品、家电机械产品及其他工业品，其成分、性能、用途、贮存方法等事项的表示标准，由通商产业大臣进行规定，制造业者、销售业者或者表示业者应当遵守该规定。因对上述内容表示不当而受到损害的消费者有权向通商产业大臣提出申诉并请求采取措施，如果查证属实，则必须采取适当的措施进行处理。

《不当赠品和不当表示防止法》规定，为了防止不正当地引诱消费者，对经营者在交易过程中附带向消费者提供的物品、金钱或其他经济上的利益的价格、种类、提供的方式以及其他相关事项，公平交易委员会必要时有权加以限制，对违反限制者可处以 3 万日元以下的罚金。

（4）物价管理和控制方面的法律。这方面的立法主要有：1942 年的《粮食管理法》、1946 年的《物价统制令》、1948 年的《农产品价格稳定法》、1973 年的《国民生活安定紧急措施法》及《关于与生活有关的物资等囤积居奇的紧急措施法》等。

《物价统制令》是日本价格管理的基本法，其调整的对象包括：商品的价格、运费、保管费、租金、修理费、加工费等其他对价支付。该法对商品的公定价格即主管大臣或政令规定的最高限价作出了明确的规定；同时规定禁止不当高价和暴利行为，对不当高价及暴利行为的认定不以当事人是否获利为条件，无论是获微利或者未获利，都属禁止之列。

《国民生活安定紧急措施法》及《关于与生活有关的物资等囤积居奇的紧急措施法》都是在 70 年代石油危机的背景下出台的，二者都是为稳定人民生活和保持国民经济发展而制定的防范"经济非常状态"的法律规范。

（5）消费者教育方面的法律。1970 年日本颁布了《国民生活中心法》，依该法规定，成立"国民生活中心"这一非政府机构。其任务是提供"以国民生活为中心"的各类消费服务，包括受理消费者的投诉，对商品进行检验，向消费者提供消费信息及对消费者开展教育活动等内容。

3. 保护消费者的民事特别法。为对消费领域的民事活动进行干预而制定相关的民事特别法律规范，是日本消费者保护立法的一个重要特征，消费者保护民事特别法是日本消费者保护法律体系不可分割的组成部分。相关的立法主要包括：1954 年的《关于管理存款利率和收受出资的法律》、1957 年的《关于取缔存款手续中非法合同的法律》、1961 年的《分期付款销售法》、1973 年的《关于贷款业务规则的法律》、1976 年的《关于访问销售等的法律》、1994 年的《制造物责任法》等。这些立法同一般的民事立法明显的不同之处在于，传统民法所追求的一些诸如"权利、义务平等""意思自治""契约自由"等原则几乎不被采用。

《分期付款销售法》是一部在分期付款交易方式中典型的向消费者倾斜的法律，这种倾斜体现在对消费者的"庇护"和对经营者权利限制的规定上。从消费者角度，该法规定，消费者有权在 2 个月或 2 个月以上的期间分 3 次或 3 次以上付款来购买某种商品。为了使消费者在作出购买决定后反悔或在分期付款过程中不能按时付款时免于承担比义务更重的责任，该法确立了"冷却期"制度和"催付期"制度。即消费者在接受分期付款销售合同的提议或者缔结该合同后的 4 日内，可以撤回自己的承诺或者解除该合同而不需承担违约责任；缔约后消费者未能按期付款的，该法规定了 20 日的催付期，只有催付期届满，经营者才能解除合同。另外，该法对消费者支付的损害赔偿最高额作出了限制性规定，即消费者应支付的损害赔偿最高额不得超过分期付款销售价格加上法定利息之和。从经营者角度，该法为了防止消费者分期付款后得不到商品也不能收回预付金的损害，对采取收预付款或者分期付款销售方式的销售商作出了严格的限制性规定，主要体现在对采取这两种销售方式的经营者规定了核准制度和保证金制度。该法规定，采取预付款或分期付款经营的业主，必须按法定程序经通商产业大臣批准，获批准后，业主应当到其主营业所附近的寄托所交存营业保证金。如果不按该规定交存保证金的，将被处以 2 年的惩役或者 20 万日元的罚金。

《关于访问销售等的法律》规定，业主进行访问销售[1]时，必须向对方通报自己的姓名、企业名称和商品的种类；进行现金即时交易的访问销售，必须根据通商产业省的规定，直接将记载销售价格和其他规定事项的文件交给消费者；缔结书面合同的访问销售，如果消费者感到不合适，则有权在 4 日的"冷却期"内解除该合同，消费者超过"冷却期"解除合同的，即使原已约定了损害赔偿额及违约金额，业主要求消费者支付的金额也不得超过通常数额与法定利息之和，违者处以最高为 1 年的惩役或者 30 万日元的罚金。

---

〔1〕 访问销售即上门推销，是日本比较普遍的一种销售方式，消费者也比较能接受，因为没有了中间环节，价格比较便宜——作者注。

4. 限制垄断和竞争法。日本于 1934 年颁布了《不正当竞争防止法》，该法经多次修改，形成目前的反不正当竞争法律。该法对商业活动中的商号、商标、商品包装、营业标记等混淆行为，虚假宣传及虚假表示等不正当竞争行为作出了禁止性规定。1947 年，日本颁布了《关于禁止私人垄断和确保公平交易法》，该法除经 1953 年和 1977 年两次重大修改外，还经历了 10 余次不同程度的修改。该法对不正当限制交易的卡特尔、交易活动中的歧视性待遇、不等价交易、强制交易、附加不合理条件交易、在交易中滥用优势地位以及利用其他限制性交易手段作出了禁止性规定，同时对企业相互持股以及干部兼任等都作出了限制性规定。

从日本消费者保护立法的总体来看，由于其注重国家对市场的介入，相应地，消费者保护方面的立法不仅数量多，而且体系完善。注重商品和服务质量的提高是日本消费者保护立法的主旨，但是，由于日本战后一直将经济发展置于最优先地位，政府唯恐对企业限制过多会影响国民经济的发展，所以在企业产品责任方面的立法较为薄弱，如 1994 年其颁布的《制造物责任法》仅有短短的 6 条。

（三）国际消费者保护立法

随着国际贸易的发展和国际统一市场的形成，消费者立法也逐步呈现出国际化的发展趋势，特别是 20 世纪 70 年代以后，各国消费者保护立法在内容和形式及所确定的基本原则等方面日益趋同。同时又出现了众多国际规范和区域性规范，如 1985 年的联合国《保护消费者准则》和欧洲理事会的《消费者保护宪章》。另外还有 1972 年海牙国际私法会议通过的《关于产品责任法律适用的公约》、1976 年欧洲理事会通过的《关于人身伤亡产品责任的欧洲公约》、1980 年联合国《关于控制限制性商业惯例的公平原则和规划的多边协议》、1985 年欧洲共同体《使成员国产品责任法相互接近的指令》等。

这里只就联合国《保护消费者准则》和欧洲理事会的《消费者保护宪章》的基本内容作一介绍。

1. 联合国《保护消费者准则》的背景及内容。

《保护消费者准则》的产生背景

（1）《保护消费者准则》的背景。为了所有国家消费者，特别是第三世界国家消费者的利益，保护其在商品交易活动中取得无害产品和优质服务，同时促进社会和经济能够按公平、公正原则持续发展，国际消费者联盟组织（International Organization of Consumers Unions），简称 IOCU，后改称为国际消费者联合会（CI）[1]，很早就拟定了一部对世界各国都具有指导意义的《保护消费者准则》，并长期力促该规范性文件

---

[1] 该组织的具体情况在后面"消费者组织"一章中予以介绍。

在联合国获得通过。1981 年 7 月 23 日，联合国经济及社会理事会 1981/62 号决议，请联合国秘书长继续就保护消费者问题进行磋商，以期拟定一套特别照顾发展中国家需要的保护消费者的一般准则。1983 年 12 月 19 日，联合国大会通过了有关保护消费者准则的 38/147 号决议。1984 年 7 月 26 日，联合国经济及社会理事会以 1984/63 号决议再次申明了通过这个准则的主张。1985 年 4 月 9 日，联合国大会未经投票通过了第 39/248 号决议，在该决议中，大会终于核准了《保护消费者准则》。《保护消费者准则》是唯一一部具有国际私法性质的、对世界各国均有指导意义的国际性消费者保护规范。

（2）《保护消费者准则》的内容。《保护消费者准则》有 4 部分，共 46 条。

第一部分为《保护消费者准则》的目标。其所确定的目标为：①协助各国政府为本国消费者争取或保持适当的保护政策；②使生产和分配形式适应消费者的需要和愿望；③鼓励为消费者生产及销售商品和提供服务的经营者遵守道德行为准则；④协助各国限制所有企业在国家一级及国际上采用对消费者有不利影响的商业陋习；⑤鼓励发展独立的消费者团体；⑥推进关于保护消费者的国际合作；⑦鼓励发展市场条件，以较低价格向消费者提供更多的选择机会。

第二部分为一般原则。该部分规定了各国政府应制定保护消费者的有力政策，同时规定了企业应遵守经所在国家同意的保护消费者的国际标准。《保护消费者准则》规定，各国政府应根据本国的经济、社会发展情况及本国人民的需要，拟定、加强或保持有力的消费者保护政策，并使下列需要得到满足：①保护消费者的健康和安全不受危害；②促进和保护消费者的经济利益，使消费者得到充足信息，并使其能够按照个人愿望和需要作出消费选择；③进行消费者教育；④提供有效的消费者损害赔偿办法；⑤有组织消费者团体及组织的自由，同时这些组织对该国有影响的决策过程有表达意见的机会。

第三部分是《保护消费者准则》的核心部分，规定了以下七个方面的内容：

第一，人身安全。要求各国政府应当许可或鼓励采取适当措施，包括法律制度、安全条例、国内或国际标准、自愿标准或保存完整记录，确保产品在指定用途或通常可以预见到的用途方面安全可靠。以适当政策确保制造商生产的产品在指定用途或通常可以预见到的用途方面安全可靠。经销商（包括供应商、进口商、出口商、零售商等）应确保其经销的商品不至于因为不适当的处理或贮存而变得不安全或危险；应向消费者说明正确使用商品的方法，并使其知道在指定用途或通常可以预见到的用途方面会有何种危险；可能的话，应以国际通用的标记向消费者

《保护消费者准则》的四部分具体内容

传达重要的安全信息。产品进入流通领域后，制造商或经销商如果发现未曾预见的危险，就应当立即通知有关当局并对消费民众广而告之，政府也应保证消费者有获悉危险信息的必要途径。

各国政府应当规定，一旦发现产品有严重缺陷，即使正确使用仍有重大危险，制造商、经销商应负责替换该产品或改换另一种产品，如果不能采取这些措施，就应对消费者的损害予以赔偿。

第二，促进和保护消费者的经济利益。各国政府应设法使消费者从其经济资源中获取最大的利益，确保最令人满意的生产和经销标准、适当的经销方式、公平的商业习惯、资料公开的销售方法，以有效地保护消费者在市场上的自由选择权，使其不至于因不良的商业习惯而导致经济利益受到损害。

各国政府应努力规范生产、经销商品或提供服务的人遵守有关法律和各种强制标准，防止侵害消费者利益的行为给消费者造成经济损失。应鼓励和支持消费者组织监督诸如掺假、虚假及欺骗性宣传以及提供欺诈性服务等不良行为。

各国政府应采取有效措施或制定相关政策明确制造商的责任，确保其制造的商品达到耐用、经济实惠的合理要求并适合指定的用途。

各国政府应鼓励公平竞争，以便能有更多品种的商品和服务供消费者以最低费用选用。经销商应公平地对待消费者，销售或推销商品应当提供必要的信息并保证其真实可靠，以使消费者在充分了解情况的前提下作出决定。

各国政府应保证正确的商品信息的自由流通，并应在自己国家范围内鼓励企业同消费者组织合作，制定并实施关于销售及其他商业习惯的守则，以充分保护消费者利益。各国政府应定期审查有关度量衡的法律，并评估负责执法的机构是否尽职。

第三，消费品和服务的安全及质量标准。各国政府应制定或促使拟定国家一级或国际关于货物和服务的安全和质量的自愿的标准以及其他标准，并加以适当宣传。应当时常审查关于产品安全和质量的国家标准和条例，以期确保于可能时，使其符合普遍接受的国际标准。如果因当地特殊情况而必须采用一项比普遍接受的国际标准稍低的标准，则应竭力尽快提高该标准。各国政府应确保有检验设施，并证明基本消费品和服务的安全、质量和实用。

第四，基本消费品和服务的分配政策和设施。各国政府应在适当情形下考虑制定或维持保护消费者有效分配货物和服务的政策。在基本货物和服务分配有断绝之虞的地区，特别是在可能有此情形的农村地区保证有此种分配，应考虑特别政策。这项政策包括：提供援助，以便在各农村中心设立适当的贮存和零售设施，鼓励消费者进行自助，并加强控制基本货物和服务在农村地区的分配。

各国政府应鼓励设立消费者合作社和有关的贸易活动，以及涉及这方面的宣传，特别是在农村地区要进行此类鼓励。

第五，使消费者获得赔偿的措施。各国政府应制定或维持法律及行政措施，使消费者及有关组织能够通过迅速、公平、花费不多和容易进行的正式或非正式程序取得赔偿。这类程序必须特别照顾到低收入消费者的需要。

各国政府应鼓励所有企业以公平、迅速和非正式的方式解决消费者的争端，并设立向消费者提供解决争端措施的志愿机构，其中包括咨询服务和非正式控诉程序。同时，应向消费者提供现有赔偿和其他解决争端程序的资料。

第六，教育和宣传方案。各国政府应考虑到本国人民的文化传统，制定或鼓励制定全面的教育和宣传方案，其目的是使人民成为有鉴别力的消费者，能对商品和服务在掌握情况的前提下进行选择，并能认识到自身的权利和责任。在制定这类方案时应特别注意到农村和城市贫困消费者的需要，包括低收入消费者和文化程度低及文盲消费者的需要。在适当情况下，消费者教育应成为教育制度基本课程的组成部分，最好成为现有科目的一部分。

消费者的宣传教育应包括以下重要方面：①保健、营养、防止食物致病和食物掺假；②产品意外；③产品标签；④有关的立法、获得赔偿的途径以及保护消费者的机构和组织；⑤关于度量衡制度、价格、质量、信贷条件和有关基本必需品的资料。

各国政府应鼓励消费者组织、其他社会团体及大众传播媒介执行消费者的教育及宣传方案，并鼓励将信息传播到农村消费者和不识字消费者之中，通过对大众传播媒介专业人员和消费者顾问的培训，这些人员从而能够参加执行消费者宣传及教育方案。商界在适当情况下应从事和参与消费者教育及宣传方案。

第七，具体领域的措施。为了促进消费者利益的保护，特别是在发展中国家，各国财政应在适当情形下优先照顾到关系消费者健康的方面诸如粮食、饮水和药品等商品或服务。

粮食方面，各国政府在制定国家粮食政策和计划时，应考虑到所有消费者的粮食安全需要，应支持并尽量采用联合国粮农组织及世界卫生组织食品标准法典所订的标准，如果没有这种标准，则采用其他普遍接受的国际粮食标准。各国政府应保持、拟定或改善粮食安全措施，其中包括安全标准、粮食标准和营养需要及有效的监测、检查和评价办法。

饮水方面，各国政府应在国际饮水供应和卫生 10 年的目标和指标范围内，制定、维持和加强改善饮用水的供应、分配和质量的国家政策。

应充分注意选用适当的服务、质量和技术标准，并注意教育方案的必要性和社区参与的重要性。

药品方面，各国政府应制定或维持适当的标准，规定适当的管理办法，以通过统一全国药品政策从而保证药品的质量和恰当使用。这些政策可以涉及药品购买、分配、生产、许可证授予办法、登记制度和提供药品的可靠资料。各国政府在进行这些工作时应特别注意世界卫生组织的工作和建议，对有关药品应鼓励使用世界卫生组织在国际商业中通用的药品质量的检定办法以及其他药品的介绍制度；还应采取适当措施，根据世界卫生组织的工作经验，鼓励使用关于药品的国际非专有商标名称。

除上述优先方面外，各国政府应在杀虫剂和化学品等领域采取关于其使用、生产和储存的适当措施，同时应考虑到各国政府可能需要制造商提供和载入产品标记的有关健康和环境的资料。

第四部分为消费者保护的国际合作。在这一部分，《保护消费者准则》规定了各国政府在资料交换，执行保护消费者政策和改善向消费者提供必需品的条件等方面合作的方式和途径。同时规定各国政府应建立或加强关于禁止、收回或受严格限制的产品的资料网，以便其他进口国能够适当保护本国不受该种产品之害。各国政府应致力于确保产品质量和关于这种产品的资料不至于因国而异而对消费者造成有害影响。各国政府应致力于确保，在执行保护消费者的政策和措施时注意不使其妨碍国际贸易。

2. 欧洲理事会的《消费者保护宪章》。《消费者保护宪章》是由欧洲理事会于 1985 年通过的，共分为五个部分。

《消费者保护宪章》的具体内容

第一部分为消费者要求获得保护和援助的权利。《消费者保护宪章》规定，各国政府应制定商品和劳务的安全标准，禁止销售或提供可能危害消费者的商品或服务。必须保护消费者免受经营者滥用优势地位的损害，包括滥用格式合同、上门推销等方式损害消费者的经济利益。应当允许消费者就耐用消费品提出售后服务的要求，各国政府应对经营者间实行的限制性商业行为进行立法和检查。各国立法应规定经营者不得利用广告欺骗消费者，标志和广告必须说明商品和服务的准确、真实的信息。对不合理的法律、法规应进行修改。

第二部分为消费者的损害赔偿权。《消费者保护宪章》规定，各国政府应保证消费者能够方便且无代价地利用有关法律程序及小额索赔仲裁方式；在因产品及服务的错误说明而导致消费者损害的表面证据确凿的情况下，应由经营者负举证责任。

第三部分为消费者获得消费信息的权利。《消费者保护宪章》规定，商品的购买者及服务的接受者有权获得包括经营者身份在内的足够信息，以便消费者对众多的商品和服务作出适当的选择；商品的购买者及服务的接受者有权获得保证其安全、满意地使用商品和服务的各种信息和通知；对商品及服务的质量、价格及使用方法政府必须制定强制性规范。

第四部分为消费者成立代表机构和获得咨询的权利。《消费者保护宪章》规定，各国政府应支持、赞助消费者的自愿组织，并在立法、司法和消费者的管理和咨询服务等方面征求其意见；各国政府应建立独立、有效、能够代表消费者利益的权力机构，对商品的成分、性能、标识、用途和服务效能等事项进行调查研究并公布结果；各国政府应尽可能多地向消费者提供咨询服务，并促使有关消费者保护法律规范的实施。

最后一部分内容是要求西欧各国应共同促使行业团体制定高标准的行为规则，并提交给国内的消费者保护权力机构批准。

三、我国消费者权益保护立法

我国消费者保护立法相对于发达国家的消费者保护立法起步较晚，它是在20世纪80年代初，随着我国改革开放政策的实施，经济体制由计划经济向有计划的商品经济转轨的过程中，在全面建设中国特色的社会主义法治的过程中产生并发展起来的。在改革开放之前，我国长期处于短缺经济状态下，生活必需品得不到满足是这一时期的主要问题。随着改革开放政策的实施和深入，商品短缺的状况逐步改变，随之而来的侵害消费者权益的现象也越来越普遍，这就促使国家各级立法机关将消费者权益保护立法纳入到整个法治建设之中，并提上了议事日程。我国消费者保护的专门立法走的是从地方到中央的发展历程，即先有众多的地方立法，后有国家消费者保护基本法。

1987年9月4日福建省人民代表大会常务委员会通过了我国第一个消费者权益保护的地方性法规，开消费者权益保护地方立法的先河。至1990年的4年中，我国有21个省、自治区、直辖市及15个国务院确定的较大市（根据2015年3月15日第十二届全国人民代表大会第三次会议《关于修改〈中华人民共和国立法法〉的决定》，新《立法法》第72条之规定，"较大的市"的说法应改为"设区的市"。但是若是时间截点是1990年，那么仍然可以用"较大的市"这一概念。）和计划单列市，先后制定并通过了36个有关消费者权益保护的实体性及程序性规范性文件。这些地方性法规及政府规章的制定，为我国制定国家消费者保护基本法积累了丰富的立法经验，创造了良好的立法环境。

综合各地的消费者保护法规和规章，虽然当时的立法技术还不够成熟，立法用语还不十分规范，但在众多核心问题上都基本取得了一致，主要体现在以下方面：

1. 在对法规的称谓上取得了一致。各省、自治区、直辖市颁布的法

我国消费者保护立法的发展过程

规都统一称为"保护消费者权益条例",而各省会城市及计划单列市的法规都称为"保护消费者权益的规定"。这里"保护消费者权益"表明各地已将立法的着眼点和重心放在了消费者权益的保护上了,这与国际上消费者保护立法的规律基本吻合。同时"条例"和"规定"的统一使用也表明地方的立法者注意到了这些规范性文件的效力等级。

2. 各条例中总则内容的规定基本相同。除了少数几个省、市在总则里还另外规定了行政、司法机关及有关社会团体有保护消费者权益职责的内容外,各地的条例都将立法宗旨、立法依据、适用范围和消费者及经营者的定义等内容写入总则。

3. 各条例具体内容的规定和顺序的安排基本一致。各地的条例在总则之后一般都依次规定了消费者的权利、生产经营者的义务(还有的条例顺便规定了经营者的责任)、消费者组织及其职责、对生产经营者的监督管理、违法责任以及对消费者投诉的受理或争议的处理等。

4. 在突破一般国际通例的基础上,各地条例对消费者的定义的规定基本一致。国际上把消费者都定义为自然人,而我国地方消费者保护条例将消费者范围扩大到"单位"。这与当时我国因长期"机关办社会""企业办社会"而大量存在的诸如食堂、浴池、托儿所、幼儿园、学校等福利机构进行团体生活消费,以及很多单位购买生活消费品对其成员进行实物分配这一普遍的社会现象是分不开的。在市场经济条件下,我国消费者保护法已基于条件的变化在立法中对此作了规范,即将消费者只定义为自然人。另外,虽然农民的农业活动属于生产消费的范畴,但是,其分散的生产活动使其在购买农业生产资料时明显处于弱者地位。因此,各地的条例大多将农民直接用于农业生产的生产资料的购买和使用也纳入了其调整范围,这一做法后来被国家立法所采纳。

5. 关于消费者权利的规定基本趋于一致。各地的条例关于消费者权利的规定虽然在用语上不很规范,如"劳务"和"服务"的使用较乱,但是,都包括了知情权、自由选择权、安全卫生权、凭证单据索取权、损害赔偿请求权、投诉权、起诉权和监督权等。

6. 各地的条例对经营者的义务都设专章作了规定。各地的消费者保护法规定的经营者的义务多少不一,但基本都包括遵守法律法规、保证商品质量安全、执行物价法规政策、出具发票收据、不得强制交易、不得缺斤少两、履行"三包"等义务。

另外,各地的消费者保护法对经营者的法律责任、消费者协会或消费者委员会的法律地位及其职责、消费争议的处理程序及时效也都作出了规定。地方性消费者保护立法的出现,为我国统一的消费者保护法的出台进行了充分的准备并奠定了坚实的基础。

1993年10月31日第八届全国人民代表大会常务委员会第四次会议

以全票通过了《消费者权益保护法》，该法于 1994 年 1 月 1 日生效。[1]
这部法律的颁布和实施，标志着我国消费者权益保护法治化阶段的开始。
从此，我国在调整消费法律关系方面有了一部统一的、效力等级最高的、
全国性的法律规范。《消费者权益保护法》是我国消费者权益保护的基
本法。

除了消费者权益保护基本法之外，我国还先后颁布实施了众多与消
费者权益保护有关的法律规范，主要包括：1984 年通过，经 2001 年、
2013 年、2015 年和 2019 年四次修订的《药品管理法》；1985 年通过，经
2009 年、2013 年、2015 年、2017 年和 2018 年五次修订的《计量法》；
1988 年通过，2017 年修订的《标准化法》；1989 年通过，经 2002 年、
2013 年、2018 年 4 月和 2018 年 12 月四次修订的《进出口商品检验法》；
1982 年通过，经 1993 年、2001 年、2013 年、2019 年四次修订的《商标
法》；1993 年通过，经 2000 年、2009 年和 2018 年三次修订的《产品质
量法》；1993 年通过，经 2017 年、2019 年两次修订的《反不正当竞争
法》；2009 年通过，经 2015 年、2018 年两次修订的《食品安全法》；
1997 年通过，1998 年生效的《价格法》以及 2012 年公布、2019 年修订
的《缺陷汽车产品召回管理条例》等。此外，最高人民法院颁布了关于
商品房买卖合同纠纷的司法解释。

□小　　结

作为《消费者权益保护法》这部教材的第一章，为了使学生在接触
消费者权益保护法的具体内容之前，即能对消费者保护的基本问题形成
一个较完整的感性认识，了解消费者问题及消费者权益保护问题的产生、
发展，认识到消费者保护及消费者权益问题并不是一般的民事权益问题。
本章系统地介绍了消费、消费者、消费者运动、消费者运动的起因、部
分发达国家消费者运动的发展概况，并较为详尽地介绍了美国、日本这
两个消费者运动起源最早、发展最充分的国家消费者立法的发展概况，
较为详细地介绍了《保护消费者准则》的产生背景及具体内容，以便学
生更充分、全面地掌握消费者权益保护法的基本精神，为更好地学习这
门课程打下良好的基础。

---

[1]　根据 2009 年 8 月 27 日第十一届全国人民代表大会常务委员会第十次会议《关于修改部分
　　法律的决定》第一次修改。根据 2013 年 10 月 25 日第十二届全国人民代表大会常务委员会
　　第五次会议《关于修改〈中华人民共和国消费者权益保护法〉的决定》第二次修改。

□练习与思考

一、名词解释

1. 消费
2. 消费者
3. 消费者运动

二、简答题

1. 如何理解"消费"?
2. 消费者运动的主要特征有哪些?
3. 消费者运动的起因是什么?
4. 简述我国消费者运动产生的背景及其特征。
5. 简述消费者立法产生的背景及其特点。

三、思考题

《保护消费者准则》对各国消费者立法有何指导作用?

第二章

消费者权益保护法概述

■**学习目的和要求**

通过本章学习，要求学生
- 重点掌握：消费者权益保护法的概念；消费者权益保护法的基本原则。
- 掌握：消费者权益保护法的概念、特征及基本原则。
- 一般了解：我国消费者权益保护法的制定过程及其基本内容。

第一节 消费者权益保护法的概念及特征

一、消费者权益保护法的概念

消费者权益保护法通常有广义和狭义之分，狭义的消费者权益保护法一般是指消费者权益保护基本法，即 1993 年 10 月 31 日第八届全国人民代表大会常务委员会第四次会议通过的，1994 年 1 月 1 日生效的《消费者权益保护法》；广义的消费者权益保护法是指所有由全国人民代表大会及其常务委员会、国务院、地方省一级人民代表大会、有立法权的经济特区人民代表大会、设区的市一级人民代表大会[1]颁布的与消费者权益保护有关的法律、行政法规和地方性法规，及由国务院各部门颁布的相关的部门规章等规范性文件的总称。本书除专门使用"《消费者权益保护法》"外，所称的消费者权益保护法均是指广义的消费者权益保护法。

关于消费者权益保护法的概念，我国法学界有不同的认识。由于学者们思考问题的角度不同，对消费者权益保护法所下的定义也存在差异。综合起来，主要有以下几种观点：

第一种观点从消费者权益保护法所调整的社会关系的角度来定义消费者权益保护法，即有的学者所称的"三方关系说"[2]。这种观点认为，消费者权益保护法是调整为保护消费者合法权益而产生的消费者与经营者之间、消费者与国家之间以及经营者与国家之间的社会关系的法律规范的总称。

第二种观点从消费者权益保护法所具有的法律功能角度来定义消费者权益保护法，即部分学者所称的"双方关系说"[3]。这种观点认为，消费者权益保护法是指通过调整消费者与经营者之间的关系，以保障消费者合法权益的法律规范的总称。[4] 由于学者个人对消费者权益保护法的基本法律功能的理解不同，从这个角度对消费者权益保护法下定义时又有三种不同的表述：第一种表述为，消费者权益保护法是有关保护消费者在购买、使用商品或接受服务时应享有的合法权益的法律规范的总称。第二种表述为，消费者权益保护法是保护消费者权利的法律规范的总和，凡是以保护消费者权利为内容的法律规范都可以称为消费者保护法。[5] 第三种表述为，消费者权益保护法是国家基于消费者的弱者地位而制定、颁布的对消费者给予特别保护的各种法律规范的总称。[6]

笔者认为"三方关系说"或"双方关系说"都有其不足之处。消费者权益保护法调整的社会关系是消费法律关系最主要的主体——消费者

有关消费者权益保护法的几种观点

[1] 《立法法》第72条第2款规定："设区的市的人民代表大会及其常务委员会根据本市的具体情况和实际需要，在不同宪法、法律、行政法规和本省、自治区的地方性法规相抵触的前提下，可以对城乡建设与管理、环境保护、历史文化保护等方面的事项制定地方性法规，法律对设区的市制定地方性法规的事项另有规定的，从其规定。设区的市的地方性法规须报省、自治区的人民代表大会常务委员会批准后施行。省、自治区的人民代表大会常务委员会对报请批准的地方性法规，应当对其合法性进行审查，同宪法、法律、行政法规和本省、自治区的地方性法规不抵触的，应当在四个月内予以批准。"
[2] 李昌麒、许明月：《消费者保护法》，法律出版社1997年版，第45页。
[3] 李昌麒、许明月：《消费者保护法》，法律出版社1997年版，第45页。
[4] 戚天常主编：《消费者权益保护法教程》，中国政法大学出版社1994年版，第1页。
[5] 工商行政管理法律理解与适用丛书编委会编：《消费者权益保护法律理解与适用》，工商出版社1998年版，第8页。
[6] 李昌麒、许明月：《消费者保护法》，法律出版社1997年版，第47页。

与经营者之间的关系，但是远远不止这一关系，也不止消费者、经营者及国家三方关系。既然从广义的角度理解消费者权益保护法，那么，它调整的社会关系还应包括消费者与消费者组织（如消费者协会）、消费者与社会中介机构（如检验、鉴定机构）以及经营者与经营者之间的关系，我国有关的消费者保护法律规范对这些内容也都有具体的规定。因此，无论"三方关系说"还是"双方关系说"，从内容来看都有挂一漏万之嫌，从形式逻辑角度讲也都有不周延之处。有鉴于此，笔者认为，其概念应当是：消费者权益保护法是指调整因消费者在购买、使用商品或者接受服务过程中而产生的社会关系的法律规范的总称。

消费者权益保护法的概念

二、消费者权益保护法的特征

同其他法律规范相比较，消费者权益保护法具有以下明显的法律特征：

消费者权益保护法的特征

（一）消费者权益保护法是一系列法律规范的综合体

作为一个独特法律类别的消费者权益保护法，其法律渊源十分广泛。从纵向效力等级来看，它既包括宪法有关消费者权益保护的内容，也包括国家最高权力机关及其常设机构颁布的基本法，还包括国务院制定的行政法规和最高人民法院、最高人民检察院的司法解释以及地方省一级人民代表大会通过的规范性文件，另外，还包括国务院各部门制定的行政规章；从横向来看，消费者权益保护法既有单行法，又不同程度地存在于其他法律规范之中，如《消费者权益保护法》《部分商品修理更换退货责任规定》《侵害消费者权益行为处罚办法》《缺陷汽车产品召回管理条例》等，有些法律规范只是部分涉及消费者保护问题，如《反不正当竞争法》，有些法律规范只是个别条款涉及消费者保护问题，如《广告法》《价格法》等。因此，消费者权益保护法广泛地存在于众多法律规范之中，凡具有消费者权益保护内容的所有现行有效的法律规范，都是消费者权益保护法的构成部分。

（二）消费者权益保护法具有突出的综合性

首先，从消费者权益保护法调整的社会关系看，其除了调整消费者与经营者的消费法律关系外，还调整平等的交易主体——经营者与经营者之间的竞争关系，还调整不平等主体——国家机关与经营者之间的经济管理与被管理关系。从这些社会关系的内容看，既包括合同关系，如实际提供的商品和服务与宣传的不符产生的违约关系，也包括侵权关系，如对消费者进行侮辱、诽谤、非法搜查、限制人身自由产生的损害赔偿等关系。其次，从消费者权益保护法规定的内容看，既包括消费者的权利、经营者的义务、有关行政机关及消费者组织保护消费者的职责等实体性内容，也包括消费争议的解决途径等程序性内容。因此，消费者权益保护法既是实体法，又是程序法。最后，从对违法经营者的法律制裁的规定看，经营者不履行法定义务给消费者造成损害的，不仅要追究其民事责任，而且还要对其给予行政制裁，情节严重、构成犯罪的，还要追究其刑事责任。

（三）消费者权益保护法是事先预防和事后补救相统一的法律

消费者权益保护法对消费者合法权益的保护是通过两种途径实现的。其一，消费者权益保护法以规定经营者必须履行法定义务的方式，对经营者生产的商品和提供的服务的质量标准、安全、卫生标准等都作出了明确的规定，同时规定对商品和服务必须通过正确标示、明确警示等方式向消费者提供真实信息，使消费者能够正确、安全地进行消费，以避免因商品或服务的不安全或消费者的不正当消费而给消费者造成损害。其二，一旦因经营者不履行法定义务给消费者造成损害，消费者权益保护法规定消费者有权通过消费者组织、有关国家行政机关、仲裁机构和司法机关以调解、申诉、仲裁和诉讼等方式来获得及时、充分的补救。

（四）消费者权益保护法保护的对象是消费者的权益

这是消费者权益保护法区别于其他法律规范的根本特征。消费者权益保护法首先明确地赋予消费者各项权利，然后通过规定经营者的义务，国家立法机关、行政机关、司法机关以及仲裁机构和消费者组织在保护消费者合法权益方面的职责，以及规定对侵害消费者合法权益的行为的制裁手段和惩罚措施达到保护消费者合法权益的目的。消费者权益包括消费者的人身权、财产权、受教育权以及政治权利。人身权指包括生命健康权、人格权等在消费过程中不受非法侵害的权利；财产权指消费者在消费过程中其合法的财产权利不受侵害的权利；受教育权是消费者依法享有获得有关消费知识和消费保护知识的权利；这里的政治权利是指批评、建议权和检举、控告权以及结社权。因此，凡以消费者权益作为保护对象的法律规范都属于消费者权益保护法的范畴，相反，与消费者权益保护无关的法律规范则不属于消费者权益保护法的范畴。

第二节　消费者权益保护法的基本原则

消费者权益保护法的基本原则是在市场经济条件下，国家必须将消费者作为特殊主体从而对其权益加以保护的客观要求在法律上的反映。

它是集中体现消费者权益保护法的基本价值和调整方法，并对消费者权益保护法的制定、执行、适用以及解释具有普遍指导意义，贯穿于消费者权益保护法始终的基本准则和基本精神。概括起来，我国消费者权益保护法的基本原则包括以下四个方面：

消费者权益保护法基本原则的概念

一、对消费者给予特殊保护的原则

对法律关系的一方主体给予比另一方主体更优越的特殊保护，这是消费者权益保护法特有的也是最重要的原则，它是由消费者权益保护法固有的价值取向和消费者所处的特殊地位决定的。确定这一原则的依据是：

对消费者给予特殊保护的依据

1. 在消费法律关系中，双方当事人的地位是不平等的。从民事法律关系角度讲，消费者和经营者作为交易双方当事人，其地位是平等的。但是，为满足个人生活需要而以购买、使用商品或接受服务等方式进行消费的消费者，通常都是以自然人个体的形式出现的，可是其所面对的一般都是具有健全组织机构、雄厚经济实力、丰富产品知识并掌握更多交易主动权的经营者。在这种情况下，消费者赖以消费的各种信息，诸如商品、服务的基本知识、价值、使用方式、防止危险的方式等大多需要经营者提供，因此，在消费信息的占有上，经营者是优于消费者的。此外，随着社会化大生产的发展及行业垄断的形成，消费者自主选择和讨价还价余地的丧失，使消费者的劣势地位更加突出，在消费过程中受经营者侵害的可能性更大。所以，在市场经济条件下，对消费者给予特别保护是十分必要的。

2. 消费者与经营者追求的利益形态不同。消费者对商品或服务的消费是商品或服务在整个流通过程中的最后环节。因此，消费者消费的目的并不是追求经济利益，而是为了维持自身的生存和发展，其消费过程就是劳动力的生产和再生产过程。消费者所追求的最高利益就是在消费过程中充分享有生命健康权，生命健康权一旦受到损害，对消费者本人来说是无法补救的。而经营者从事经营活动是为了营利，即以尽可能少的劳动和物质消耗获取尽可能大的经济效益。因此，经营者所追求的最高目标是经济利益。经济利益受损虽然也会间接影响经营者的生存，但其完全可以通过参加保险、获得社会救济或者通过其自己的再创造得到补救。由此看来，消费者与经营者所追求的利益形态差异巨大，所以，对消费者应给予特别保护。

基于上述原因，客观上就要求消费者权益保护法在立法时不能因片面追求消费者和经营者地位的绝对平等而忽视消费者的弱者地位与特殊的利益要求。消费者权益保护立法应当站在消费者的立场上，赋予消费者更多、更充分的权利，并为这些权利提供严密的保障措施；对经营者则应设定更多的义务，并规定对经营者违反法定义务应采取的包括民事、行政和刑事在内的制裁措施。在规定消费者的权利和经营者的义务时，无须更多地考虑权利与义务的对等，而应更明确地体现权利向消费者的倾斜。否则，因消费者所处的与经营者不平等的弱者地位，消费者的权益不可避免地会受到经营者的严重侵害。

值得注意的是，强调以向消费者倾斜而保护消费者的权益，并不是否定对经营者权益的保护。经营者的权益同样应受到法律的充分保护，如果因忽视经营者权益的保护而导致经营者丧失利益的驱动，整个社会经济的发展就会受到影响，消费者的根本利益也就无法实现。因此，在强调消费者权益应得到充分保护的同时，也不能忽视经营者权益的保护，但是不应体现在以保护消费者权益为根本任务的消费者权益保护法之中，而应当体现在其他法律规范，如市场主体法（如公司法、企业法）及其他民商法规范当中。

消费者权益保护法的这一原则在我国消费者权益保护的基本法中得到了充分的体现，如《消费者权益保护法》第二章规定了消费者权利，但没有同时规定其义务，第三章规定经营者义务时也没有同时规定其权利；在规定经营者的民事责任时突破了传统民法一贯遵循的"赔偿实际损失"的原则，首创了惩罚性赔偿制度和精神赔偿制度。这些都体现了该法给予消费者特别保护的基本原则。

二、国家干预及社会参与的原则

因消费者都是自然人个体，其与经营者抗衡的能力极为有限。这就要求国家应当从消费者的立场出发，以国家强制力对消费领域进行适度干预，在预防消费者损害和消费者遭受侵害的补救方面提供各种支持。首先，国家立法机关及行政机关需要制定各种法律规范，使消费者保护有法可依。其次，国家需要设立各种一般的和专门的消费者保护行政机构，并支持消费者保护团体的组织与活动，受理消费者的申诉和投诉，维护消费者合法权益并支持消费者维护自身合法权益的行为，制裁违法经营行为，促使经营者合法经营。再次，国家需要加强消费者保护的行政执法和建立完善的消费者保护的诉讼制度，使消费者受到不法侵害时能够得到及时、有效的行政救济和司法救济。最后，国家需要通过各种途径和手段，传播、普及消费者信息和消费知识及消费者权益保护法律知识，提高消费者对商品和服务的识别能力，提高消费者的自我保护意识和自我保护能力。为了贯彻这一原则，我国《消费者权益保护法》第5条第1款、第2款明确规定，国家保护消费者的合法权益不受侵害。国家采取措施，保障消费者依法行使权利，维护消费者的合法权益。同时该法第四章以专章从立法、行政、司法三个方面规定了国家对消费者合法权益的保护。

国家干预与社会参与的内容

消费者权益保护除需要国家必要的适度干预外，也是全社会的共同职责。消费者权益从消费者本身看属私权范畴，但是从维护整个市场经济秩序正常运行的角度看，它属公权范畴。因此，无论从维护消费者个人利益还是维护全社会整体利益来看，消费者权益保护都离不开全社会的共同参与。各类社会团体，特别是消费者团体应当旗帜鲜明地站在消费者立场上，对与消费者利益密切相关的各类经济活动进行监督。各类新闻媒体更是宣传消费知识、消费者权益保护法律知识以及对经营者实施有效监督的主力军，通过传媒特有的优势，对不法经营行为和侵害消费者权益的行为进行揭露、曝光、批评。此既可以警示消费者加强警觉，使其免受侵害，又可以震慑不法经营者，使其规范经营，加强自律，为消费者提供更好的商品和服务。为此，我国《消费者权益保护法》第6条规定："保护消费者的合法权益是全社会的共同责任。国家鼓励、支持一切组织和个人对损害消费者合法权益的行为进行社会监督。大众传播媒介应当做好维护消费者合法权益的宣传，对损害消费者合法权益的行为进行舆论监督。"

三、加强消费者权益保护与促进市场经济发展相协调的原则

从世界各国消费者运动发展的历程来看，对消费者保护的程度是与当地、当时的生产力发展水平相适应的。如果不顾经济发展的客观要求而片面地、过度地强调消费者保护，不仅会严重阻碍经济的健康发展，而且也不可能使消费者的合法权益真正得到切实、有效地保护。一个国家经济越发达，其消费者的消费需求越能得到充分地满足；而在一个经济落后的国家里，消费者的各种消费需求是难以实现的。正因为如此，改善消费者的地位与发展生产是不可分割的。在市场经济条件下，消费者的利益和经营者的利益有些是对立的，过分强调一方利益的保护，必然会使另一方的利益受损。而消费者保护法之所以不惜牺牲经营者的部分利益，甚至放弃部分经济发展，强调对消费者的利益给予特别保护，是因为这种牺牲符合人类社会基本的价值观念——保护基本人权，因此是必要的。但经营者的利益和经济发展的牺牲应该被控制在一个合理的范围内。

消费者权益保护与市场经济的协调关系

从法经济学角度看，在法律制定时即应考虑该法律实施的成本。就消费者权益保护法而言，既要充分地维护消费者的利益，又要考虑到经营者的最大承受能力。如果过度强调消费者的保护，使经营者因负担过重无法从事经营，那么，经营者就会放弃经营。这时消费者应该正常得到的消费品及服务也无法满足；同时，对消费者过度保护还会加大经营者的成本和增加政府财政支出，增加的成本和加大的支出都将以消费品及服务价格的提高的方式，最终转嫁到消费者的身上。因此，对消费者

的过度保护不仅会挫伤经营者的积极性，影响经济的发展，而且也会反过来损害消费者的切身利益。

综上所述，对消费者的保护程度，不能超越经济发展水平这一客观现实。我国作为最大的发展中国家，与其他发达国家相比，在经济发展水平上还有很大的差距，所以，不要奢望我国的消费者保护一夜之间就能达到发达国家的水平。我国的消费者权益保护法律制度应当根据我国经济发展的状况，走一条确立—发展—完善—提高的道路。由于立法往往滞后于经济的发展，所以，在立法时不应拘泥于经济发展的现状，而应当有一定的超前性，这样才能保证消费者权益保护法肩负起保护消费者合法权益，促进市场经济发展的使命。我国《消费者权益保护法》在确定其立法宗旨时已充分考虑到了这一原则，《消费者权益保护法》第1条规定："为保护消费者的合法权益，维护社会经济秩序，促进社会主义市场经济健康发展，制定本法。"

四、自愿、平等、公平、诚实信用的原则

消费者权益保护法在强调对消费者给予特别保护的同时，仍注重民法所确定的自愿、平等、公平和诚实信用的原则。我国《消费者权益保护法》第4条明确规定："经营者与消费者进行交易，应当遵循自愿、平等、公平、诚实信用的原则。"关于这一原则这里不再予以详述。

第三节　我国《消费者权益保护法》概述

《消费者权益保护法》是我国第一部消费者权益保护基本法。它的颁布、实施是我国消费者运动的组成部分，是消费者运动走向成熟及法治化过程的重要体现。我国社会主义市场经济模式的确立，为消费者权益保护立法奠定了客观基础。由于消费领域的假冒伪劣行为屡禁不止、危害严重，对消费者权益损害突出，单依靠行政手段已不足以切实保护消费者的合法权益。从维护消费者利益出发，也为维护正常的市场经济秩序，我国迫切需要一部专门的法律对消费领域所产生的一系列社会关系加以调整。在这个前提下，我国的消费者权益保护立法活动开始了。

一、消费者权益保护立法过程

《消费者权益保护法》的立法过程

早在1985年，原国家工商行政管理局即开始组织起草《保护消费者权益条例》。该条例草案于1989年完成。与此同时，全国有10多个省、直辖市、自治区人民代表大会已先后颁布了本辖区内的保护消费者权益的地方性法规；同时，消费者权益保护问题在进入90年代后已成为具有

普遍性的社会问题。这两个因素决定了消费者权益保护法律规范以条例形式出现已不能满足我国在保护消费者权益方面的客观要求。消费者权益保护立法需要一个更高的层次，即应当采取法律形式。因此，已经制定的《保护消费者权益条例》被搁置。1992 年初，原国家工商行政管理局在全国人民代表大会法制工作委员会的指导下，着手起草《消费者权益保护法》。在起草过程中，草案借鉴了国外立法和我国地方立法的有益经验，广泛征求了各方意见，并经多次修改，于 1993 年 3 月报送国务院。国务院法制局于 1993 年 8 月报送第八届全国人民代表大会常务委员会第三次会议，会议进行了初步审议。后又印发给各省、自治区、直辖市及中央各部、委和部分消费者征求意见，经再次审议并修改，报送第八届全国人民代表大会常务委员会第四次会议审议，并于 1993 年 10 月 31 日全票通过了《消费者权益保护法》，我国的第一部《消费者权益保护法》诞生了。

《消费者权益保护法》具有以下特征：

1. 《消费者权益保护法》保护的对象具有特定性。我国《消费者权益保护法》的保护对象仅限于自然人，不包括集体和单位。这和各国消费者权益保护法所设定的任务是相同的，即通过对自然人消费权益的保护，来维护正常的经济秩序，促进和鼓励个人消费，以此来拉动经济的增长。因此，对特定对象即自然人的保护是消费者权益保护法的出发点和归宿。

2. 《消费者权益保护法》调整的社会关系具有特定性。消费者权益保护法调整的社会关系仅限于因公民购买、使用商品或接受服务过程中而产生的社会关系。这是因为消费者权益保护法的根本任务是保护消费者的消费权益。这一任务的实现是通过立法调整相应的社会关系，形成包括消费权利和经营义务的法律关系，由此来明确消费者权益保护法保护和制裁的行为来完成的。消费者权益保护法所调整的特定社会关系分为两个层次。一是消费者与经营者之间的关系，即消费者为生活消费需要而购买、使用商品或接受服务与经营者发生的关系。消费者权益保护法规定的消费者的权利、经营者的义务及法律责任等，都是用以调整这一层次社会关系的。二是消费者与国家的关系，消费者权益保护法规定的国家对消费者合法权益的立法、行政、司法保护，就是用以调整这一层次关系的。

3. 《消费者权益保护法》是一部向弱者倾斜的法律。这是专门针对《消费者权益保护法》这部法典本身而言的。由于消费者个体面对经营者而言，无论在组织上、经济地位与实力上，还是对商品和服务知识的了解、掌握上，都处于一个弱者的地位。尽管他们在法律上都是平等的市场主体，但消费者在消费领域中的弱者地位是十分明显的。因此，消费

《消费者权益保护法》的特征

者权益保护法在规定权利、设定义务方面如果不倾向于消费者，那么，消费者的消费权益就不可能得到切实的保护。正因为如此，消费者权益保护法在规定消费者的权利时，没有同时规定消费者的义务；在规定经营者的义务时，没有同时规定经营者的权利。另外，关于特殊情况下求偿主体的法律规定，如在展销会中购买商品发生争议时求偿主体的确定，关于消费者因购买、使用商品或接受服务时造成伤残、死亡等精神赔偿的规定，以及第 55 条关于惩罚性赔偿金的规定等，都充分体现了消费者权益保护法向弱者——消费者的倾斜。

二、《消费者权益保护法》的内容

《消费者权益保护法》共分 8 章，共 63 条。第一章总则；第二章消费者的权利；第三章经营者的义务；第四章国家对消费者合法权益的保护；第五章消费者组织；第六章争议的解决；第七章法律责任；第八章附则。

第一章总则部分确立了《消费者权益保护法》三条基本原则，即经营者与消费者进行交易，应当遵循自愿、平等、公平、诚实信用原则；国家保护消费者合法权益原则；保护消费者合法权益是全社会共同责任原则。

第二章规定了消费者享有的 11 项权利。

第三章规定了经营者的 14 项义务，同时规定了消费者在远程购物时享有 7 日无理由退货权。

第四章规定了国家对消费者保护的三种途径，即立法、行政和司法保护。

第五章规定了消费者组织，消费者协会及其职能。

第六章规定了 6 条争议解决途径，特别规定了在几种特殊情况下消费者要求赔偿的途径或对象。

第七章规定了违反《消费者权益保护法》所应承担的民事责任、行政责任和刑事责任。

第八章附则规定了《消费者权益保护法》适用的特殊范围。

三、《消费者权益保护法》的适用范围

根据《消费者权益保护法》的规定，该法的适用范围包括三个方面：

1. 《消费者权益保护法》第 2 条规定："消费者为生活消费需要购买、使用商品或者接受服务，其权益受本法保护；本法未作规定的，受其他有关法律、法规保护。"这一适用范围明确了《消费者权益保护法》只调整消费者为生活消费需要而产生的社会关系，为生产消费需要而产

《消费者权益保护法》的内容

《消费者权益保护法》的内容

生的社会关系不受该法调整。

2. 《消费者权益保护法》第 3 条规定："经营者为消费者提供其生产、销售的商品或者提供服务，应当遵守本法；本法未作规定的，应当遵守其他法律、法规。"这是从经营者角度规定《消费者权益保护法》的调整范围，也限于为生活消费需要而提供的商品或服务。

3. 《消费者权益保护法》第 62 条规定："农民购买、使用直接用于农业生产的生产资料，参照本法执行。"这一条规定的是《消费者权益保护法》特殊的适用范围。因为该法原则上只调整为生活消费需要而产生的社会关系，而本条规定的是生产消费，所以是特殊的适用范围。但是，因生产消费而产生的社会关系，《消费者权益保护法》并不全部调整，而是只调整特定的生产消费。这里只调整农民的生产消费，而且不调整农民的所有生产消费，只有直接用于农业生产的生产消费才受《消费者权益保护法》调整，农民购买、使用用于工业生产的生产资料而产生的社会关系同样不受《消费者权益保护法》调整。《消费者权益保护法》之所以将农民的农业生产消费纳入其调整范围，是由农业在我国的特殊地位决定的。我国是一个农业大国，农业是国民经济的基础和命脉。但是，由于我国农村生产力不发达、农民的经济承受能力还不强，因而国家对农业要提供特殊的法律保护，同时农民的农业生产与其自身的生活消费密切相关，农业生产不同于其他生产消费。因此，该法作出了这一特殊规定。

《消费者权益保护法》特殊适用范围

□ 小　　结

本章对消费者权益保护法的概念、特征及消费者权益保护法特有的基本原则进行了阐述，以便学生对消费者权益保护法的基本理论问题有更进一步的了解；介绍了我国消费者权益保护法的基本概况，明确了《消费者权益保护法》这部法律的特征和它的三个适用范围。

□ 练习与思考

一、名词解释

消费者权益保护法

二、简答题

1. 消费者权益保护法有哪些基本特征?
2. 消费者权益保护法有哪些基本原则?
3. 我国《消费者权益保护法》的特征有哪些?

三、思考题

如何理解我国《消费者权益保护法》的基本原则?

第三章

消费者权利

■**学习目的和要求**

通过本章学习，要求学生

● 重点掌握：消费者权利及我国消费者权利的具体内容。

● 掌握：我国 11 项消费者权利的具体内容。

● 一般了解：消费者权利的提出背景及其演变过程。

消费者是市场最基本的主体。健康正常的消费活动是社会经济发展的原动力。对消费权益的法律保护不仅是对私权的保护，同时也是对公权的维护。正因为如此，《消费者权益保护法》将消费者权利的赋予与保护作为该法的核心，对经营者义务及责任等内容的规定都是围绕这一核心而展开的。

第一节　消费者权利概述

消费者权利是伴随商品经济的发展和消费争议的产生而提出的一个新问题，它具体是指消费者在消费领域中依法享有的权利。消费者权利的特征表现在以下三个方面：①权利主体是消费者，即进行生活消费的自然人；②权利的内容表现为消费者有权自己做出或不做出一定行为，也可以表现为消费者有权要求他人做出或不做出一定行为；③消费者享有的权利必须由法律加以规定，消费者不能随意为自己创设权利。

消费者权利最早是由美国提出的。1962 年 3 月 15 日美国总统约翰·肯尼迪在美国国会发表的《关于保护消费者利益的总统特别咨文》中首次提出了消费者权利法案。该法案主张消费者享有 4 项权利：①获得消费安全的权利；②取得消费资讯的权利；③自由选择商品的权利；④合法申诉的权利。

为了纪念消费者权利的提出和扩大对消费者权益保护的宣传，使之在世界范围内得到重视，促进国家、地区消费者组织之间的合作和交往，更好地开展保护消费者权益工作，国际消费者联合会于 1983 年确定每年 3 月 15 日为"国际消费者权益日"。从这一年起，每年的 3 月 15 日世界各国的消费者组织都要举行大规模活动，通过各种形式，利用各种宣传媒体集中宣传消费者的权利和消费者组织的义务，显示消费者的强大力量。

1969 年美国总统尼克松又提出消费者的索赔权，即消费者在消费过程中其人身、财产遭受损害时有获得赔偿的权利。这使消费者的权利内容进一步得到了丰富。1968 年韩国颁布的《消费者保护法》赋予消费者 7 项权利：①消费者有要求免遭因物品及劳务产生的生命、身体及财产上的危害的权利；②有要求提供选择物品及劳务所需知识及情报的权利；③在使用或利用物品及劳务时自由选择交易对象、场所、价格、交易条件等的权利；④对影响消费生活的国家及地方自治团体的政策和事业者的事业活动等反映意见的权利；⑤对因使用或利用物品及劳务所受到的损害按照迅速而公正的程序得到及时补偿的权利；⑥得到为合理地维护消费生活而受到必要的教育的权利；⑦为消费者的自身利益组织团体并通过该团体进行活动的权利。1985 年联合国大会通过的《保护消费者准则》以示范法的形式规定了消费者的 6 项权利。国际消费者联合会提出了消费者享有 7 项权利：①消费者有获得为生存所必需的商品和服务的权利；②有获得公平价格和选择商品的权利；③有安全的权利；④有获得足够资料和信息的权利；⑤有获得公平的赔偿和获得法律援助的权利；⑥有受教育的权利；⑦有获得健康的生存环境的权利。

我国《消费者权益保护法》在广泛借鉴世界各国及国际组织立法关于消费者权利规定的基础上，充分结合我国国情，在《消费者权益保护法》立法及修订中确立了我国消费者的 11 项权利。《消费者权益保护法》从第 7 条至第 15 条以及第 25 条，具体规定了消费者享有的这 11 项权利：安全权、知情权、自主选择权、公平交易权、求偿权、结社权、受教育权、人格尊严和民族风俗习惯受尊重权、个人信息受保护权、监督权和无理由退货权。[1]

---

[1] 根据《消费者权益保护法》，消费者权利部分的修改，在第 14 条最后增加了"享有个人信息依法得到保护的权利"。第 25 条规定了网络、电视、电话购物等的无理由退货权。

2019年1月1日生效的《电子商务法》根据电子商务领域的特征，更加有针对性地对消费者权益进行了保护。《电子商务法》不仅规定电子商务经营者要全面、真实、准确、及时地披露商品或者服务信息，以保障消费者的知情权和选择权，并且要求电子商务经营者根据消费者的"用户画像"向其提供商品或者服务的搜索结果时，应当同时向该消费者提供不针对其个人特征的选项，尊重和平等保护消费者合法权益。电子商务经营者应当采取一定措施，保障消费者查询、更正、删除用户信息及用户注销的权利得以有效行使。在网络消费日益普遍的今天，《电子商务法》的出台和实施，增强了消费者权利在电子商务领域的可实施性，弥补了一定的制度空白。

第二节　消费者权利的具体内容

一、消费者享有安全权

《消费者权益保护法》第7条第1款规定："消费者在购买、使用商品和接受服务时享有人身、财产安全不受损害的权利。"这一规定赋予消费者的就是消费安全权。

安全权是消费者最重要、最基本的权利，是消费者享有其他权利的前提和基础，如果没有这一权利的保障，消费者的其他任何权利都无从谈起；同时，安全权也是我国《宪法》赋予公民的人身权、财产权在《消费者权益保护法》中的具体体现。消费者在消费时，首先要考虑的就是商品和服务是否安全。

消费者的安全权包括人身安全权和财产安全权。人身安全权是人身权的重要组成部分。它有两个方面的含义：一是健康不受损害；二是生命安全有保障。健康不受损害是指消费者在购买、使用商品或接受服务时，享有保持身体各器官及其机能完整的权利；生命安全有保障即消费者在购买、使用商品或接受服务时生命不受危害。财产安全权是消费者在购买、使用商品和接受服务时享有其财产不受损害的权利。这里的财产安全，不仅仅指消费者购买、使用的商品本身的安全，还包括其他财产的安全。所谓"其他财产"，是指与消费者购买、使用的商品无关的财产。如果消费者正常使用该商品或接受服务，致使其他财产受到损害，同样是损害了消费者的财产安全权。例如，A买了一盏台灯，因该台灯不合格导致在使用时短路着火，将A的窗帘引燃，那么，被烧的窗帘的损失同样由经营者承担赔偿责任。

关于如何保障消费者的安全权，《消费者权益保护法》第7条第2款

消费者安全权的具体内容

作了明确的规定，即消费者有权要求经营者提供的商品和服务，符合保障人身、财产安全的要求。符合保障人身、财产安全的要求包含两点：一是商品和服务有标准的必须符合标准。这里的标准依照《标准化法》的规定分为五级：国家标准（GB）、行业标准（HB）、地方标准（DB）、企业标准（QB）、团体标准（TB）。从一级到五级，团体标准和企业标准要严于国家标准、行业标准和地方标准。在标准中又分强制性标准和推荐性标准。如食品、药品、电器实行的都是强制性标准。二是商品和服务没有标准的，也应当符合社会普遍公认的安全要求。社会普遍公认的安全要求是指，对于一般不具备专业知识的、智力健全的人而言都能判定该商品和服务是安全的。这主要是针对服务和刚刚推向市场的新产品而言的。

商品和服务符合安全要求，不分价格、档次、费用高低，只要经营者认为是合格的，都应符合这一要求。

二、消费者享有知情权

消费者知情权的内容

《消费者权益保护法》第8条第1款规定："消费者享有知悉其购买、使用的商品或者接受的服务的真实情况的权利。"这一规定是对消费者知情权的法律确认。对商品和服务的真实情况进行全面和充分地了解，是消费者进行消费的前提。因为任何一个人都不会花钱购买自己毫无所知的商品，接受自己毫无所知的服务。在买方市场已形成的情况下，商品品种众多，每一种商品都有区别于其他商品的使用价值，即使同种商品，因产地、品牌及生产者的不同，在价格、性能、质量上亦有差异。同时，新产品不断出现，致使消费者在实施消费行为前只有对商品作较全面的了解，才能作出消费选择和决定，对服务也同样如此。因此，保证消费者对商品和服务的真实情况的了解，对消费者是非常重要的。消费者根据自身的文化程度、生活习惯、消费知识对不同种类的商品的价格、产地、生产者、用途、性能、规格、等级、主要成分、生产日期、有效期限、检验合格证明、使用说明书等有关情况以及对服务的内容、规格、费用等情况的了解，都是在行使自己的知情权，都是受《消费者权益保护法》保护的。

三、消费者享有自主选择权

消费者自主选择权的内容

《消费者权益保护法》第9条第1款规定："消费者享有自主选择商品或者服务的权利。"这是《消费者权益保护法》赋予消费者的自主选择权。具体地说，消费者有权根据自己的消费需求、意向和兴趣选择自己满意的商品或服务。自主选择权主要包括以下方面：①消费者有权自主选择提供商品或服务的经营者；②有权自主选择商品品种或服务方式；

③有权自主决定购买或不购买任何一种商品，接受或不接受任何一种服务；④在自主选择商品或服务时，有权进行比较、鉴别和挑选。另外，消费者还有权选择经营者提供商品和服务的地点、场所等。但自主选择权，不是可以任意行使的，它必须具备以下三个要件：

消费者自主选择权的构成要件

1. 消费者选择商品和服务的行为必须以自愿为前提。买与不买，买什么不买什么的决定权应完全掌握在消费者手里。例如，某市煤气公司规定，用户安装燃气热水器必须到它的公司购买，如果用户去市场购买哪怕是同煤气公司出售的品牌、生产者、价格都一样的热水器，也被视为"违法"，轻则拆掉，重则断绝供气。煤气公司内有十几个品牌可供用户挑选购买，并称充分尊重用户购买哪一品牌的选择权。在这起案例中，用户的自主选择权遭到了剥夺，而不是受到尊重，因为用户购买的前提不是自愿的，而是把选择强制限定在一个不合理的范围内。

2. 消费者的自主选择行为必须是合法行为。虽然消费者的自主选择行为是一种权利，但这一权利的行使必须合法，才能受法律的保护。消费者在自主选择商品时，应当尊重社会普遍的商业习惯，尊重经营者合法的经营方式、经营范围，遵守社会公德，不能因自己的自主选择而损害他人的利益。否则，其行为就不合法，其自主选择权也就失去了法律意义。

3. 自主选择权只能在购买商品或接受服务过程中行使，使用商品时没有选择权问题。权利的行使有时效的限制，自主选择权也一样。消费者在购买商品或接受服务时可以充分行使和处分这项权利。这时，经营者要充分尊重消费者的这项权利，并应为消费者行使这项权利创造充分的条件。但是，购买行为一旦完成，这种权利即自此终止，不能再延展。这有利于维护交易行为的正常进行和社会经济秩序的稳定，也有利于维护经营者的合法权益。

四、消费者享有公平交易权

《消费者权益保护法》第10条第1款规定："消费者享有公平交易的权利。"公平原则是我国《民法通则》（已失效）确定的平等的民事主体实施民事行为所必须遵循的一项最基本的原则，也是市场交易的基本原则。在消费法律关系中，从一般意义来讲，消费者和经营者是平等的民事主体，具有平等的法律地位。但交易活动中各种因素的影响使消费者处于事实上的弱者地位，法定的公平原则在消费者与经营者的交易中难以保障。因此，《消费者权益保护法》特别强调了消费者的公平交易权。如果经营者在交易时违背自愿、平等、公平、诚实信用原则，就侵犯了消费者的公平交易权，应当承担相应的法律后果。公平交易权表现在以下两个方面：

消费者公平交易权的具体内容

1. 消费者有权获得质量保障、价格合理、计量正确等公平交易条件。质量保障是指商品或服务有国家、行业、地方、团体、企业标准的要符合标准，没有标准的要符合社会普遍公认的安全及卫生要求。商品和服务有了质量保障才有其应有的使用价值。价格合理即商品或服务的价格要与其价值相符。有国家定价的必须依照执行，无国家定价的要由双方协商确定。但是，涉及广大社会公众切身利益的商品及服务价格的确定，必须严格按照我国确定的价格听证程序进行。计量正确要求计量数量正确，不能缺斤少两，缺尺短寸；计量器具要符合国家规定，不得使用国家明令淘汰的计量器具进行交易。另外，计量单位要正确，经营者同消费者进行交易要用法定计量单位，然后按双方都明了的示值结算价款或费用。

2. 消费者有权拒绝经营者的强制交易行为。强制交易行为是严重违背消费者意愿和自愿原则的交易行为，不论在什么情况下都可能发生，且表现形式也是多种多样的。我国强制交易行为发生最多的情形是垄断性突出的行业，如电信，煤气行业等；以及在商品及服务紧俏的情况下，如强行搭售商品，饭馆对顾客强制规定最低消费标准等。强制交易行为既侵犯了消费者的自主选择权，又侵犯了消费者的公平交易权。因此，消费者对此有权予以拒绝。

五、消费者享有求偿权

《消费者权益保护法》第 11 条规定："消费者因购买、使用商品或者接受服务受到人身、财产损害的，享有依法获得赔偿的权利。"消费者在购买、使用商品或接受服务时，人身可能受到损害，包括人格权的损害和生命健康权的损害。人格权受到损害，如姓名被贬损，名誉被毁坏、受侮辱，荣誉被剥夺，肖像被滥用、被歪曲等。生命健康权受到损害，如受伤、残疾、死亡等。财产损害即消费者遭受财产上的损失，包括：直接损失，即现实财产的减少；间接损失，如应得到的收益而未得到。不论人身损害还是财产损害，消费者都享有依法获得赔偿的权利。赔偿的方式包括修理、重作、更换、恢复原状、消除影响、恢复名誉、赔礼道歉、赔偿损失等，几种方式可能同时并用，也可能单一适用。如果因欺诈造成消费者损害，消费者可以主张加倍赔偿。

消费者受损情形

消费者受到人身、财产损害的情形有三种：①在购买商品过程中发生的，如在超市里被搜身，购物时遭欺诈等；②在使用商品过程中发生的，如使用电器时触电致伤，喝啤酒时酒瓶爆炸等；③在接受服务过程中发生的，如美容时遭毁容，随团旅游遭伤害或财物丢失。

主张权利主体的种类

享有求偿权的主体是因购买、使用商品或接受服务而受到损害的人，具体包括：商品的购买者、商品的使用者、服务的接受者、第三人。这里的第三人是指购买、使用商品或接受服务之外的人，因他人购买、使用商品或接受服务而遭受意外伤害的人。例如，甲买一液化气罐充满气后放于家中，因该罐不合格发生爆炸，邻居乙的房屋因此受到破坏，那么，乙即为第三人。第三人受到的损害虽然不是因自己购买、使用商品或接受服务引起的，但《消费者权益保护法》仍赋予其求偿权。

六、消费者享有结社权

《消费者权益保护法》第12条规定："消费者享有依法成立维护自身合法权益的社会组织的权利。"《消费者权益保护法》的这一规定是《宪法》第35条"中华人民共和国公民有言论、出版、集会、结社、游行、示威的自由"的具体化。但是，消费者成立维护自身合法权益的社会组织必须具备两个条件：①依法成立，要履行法定程序，具备法定条件；②宗旨是维护消费者的合法权益，不得利用该组织损害国家、社会、集体的利益和其他公民的合法权益。

《消费者权益保护法》之所以赋予消费者结社权，是从维护消费者权益需要的角度考虑的。消费者的弱者地位及其分散性，决定了消费者个人无力充分保障自己的消费权益。如果通过消费者社会组织将消费者组织起来，以社会力量对经营者进行监督，这样不仅能起到政府部门难以起到的作用，而且能够架起消费者与政府之间的桥梁，起到上传下达的作用。同时，消费者社会组织以集团的形式站在消费者立场上开展活动，充分发挥法律赋予消费者组织的职能，可以及时解决消费权益纠纷，减少争讼，促进经济秩序的稳定。

消费者结社权的作用

七、消费者享有知识获取权

《消费者权益保护法》第13条第1款规定："消费者享有获得有关消费和消费者权益保护方面的知识的权利。"这是《消费者权益保护法》赋予消费者的受教育的权利。从这一规定可以看出，消费者的这项权利包括以下两个方面：

1. 消费者有权获得有关消费方面的知识。所谓消费知识是指消费者在进行消费活动过程中应当掌握的与商品和服务有关的基本知识。主要包括以下三方面：

消费知识的内容

（1）关于消费观的知识。正确的消费观是消费者实现自我保护的前提。只有消费观正确，才能有科学、健康、合理、文明的消费行为。这就要求：①消费者的消费应量力而行。选择什么样的消费方式，进行哪些消费，要根据个人收入水平确定，切忌因赶时髦、讲排场、追高档而超前消费，以致入不敷出，进而负债，影响正常生活和工作。②个人消费结构比例应适当。在个人收入水平允许的前提下，应科学地确定消费目标。物质消费与精神消费比例要适当，不能只重物质消费而忽视精神消费，只重物质享受而忽视接受文化教育，要注意提高个人素质。③要抵制和拒绝不良消费行为和方式。不良消费行为和方式对个人、家庭和社会是有害的。因此，消费者要从行为上和思想上加以抑制，如远离毒品、拒绝性诱惑等。

（2）关于商品和服务的基本知识。商品和服务的基本知识是消费者能够买到称心商品或得到满意服务的关键。消费者要得到最佳消费效益，有必要事先了解关于商品和服务的基本知识，这样才能掌握交易中的主动权，才能进行正确的消费决策。

（3）关于市场的基本知识。市场是联系消费者与经营者并使消费行为得以实现的媒介及场所，消费离不开市场。因此，消费者有必要了解关于市场的基本知识，以正确指导消费行为，如通过必要的市场调查，了解商品及服务的品种、价格、质量等。

2. 消费者享有获取消费者权益保护方面的知识的权利。消费者在消费时，应对消费者权益保护方面的知识有足够的了解，以便消费时能防患于未然，或者在权益被损害时能利用法律武器捍卫自己的消费权利，补救已受到的损失。消费者保护方面的知识包括以下三个方面：

消费者权益保护知识的内容

（1）有关保护消费者合法权益的法律、法规与政策。目前我国直接涉及消费者权益保护的法律、法规及规章众多，如《民法典》《消费者权益保护法》《电子商务法》《产品质量法》《价格法》《标准化法》《计量法》《食品安全法》《药品管理法》《商标法》《广告法》等法律。此外，还有原国家工商行政管理总局颁布的《部分商品修理、更换、退货责任规定》《侵害消费者权益行为处罚办法》《市场监督管理投诉举报处理暂行办法》等规范性文件。为了更好地维护自身合法权益，消费者有必要了解上述各个法律规范的具体规定。

（2）与消费者权益保护有关的规定。如行政管理部门（市场监督、物价、技术监督、商检、卫生等）、消费者组织（国家和地方各级消费者协会及其他消费者组织）、司法部门（各级人民法院和人民检察院）发布的有关文件。

（3）消费者权益争议的解决途径。消费者在购买、使用商品或接受服务时权益受到损害，可以通过以下五个途径解决：①同经营者协商解决；②向政府有关部门申诉；③请求消费者组织调解；④根据双方的仲裁协议申请仲裁；⑤向人民法院起诉。这些知识是法治社会中的公民应该具备的。

八、消费者享有人格尊严及民族风俗习惯受尊重权

《消费者权益保护法》第 14 条规定，消费者在购买、使用商品和接受服务时，享有人格尊严、民族风俗习惯得到尊重的权利。这一权利包括以下两个方面的内容：

1. 消费者在购买、使用商品和接受服务时，享有人格尊严受到尊重的权利。人格尊严即公民的人格权，指公民的姓名权、名誉权、肖像权、人身自由权等。在一个法治、文明的国家里，这些权利应当得到充分的尊重。我国《宪法》明确规定，中华人民共和国公民的人格尊严不受侵犯。禁止用任何方法对公民进行侮辱、诽谤和诬告陷害。同时还规定，公民的人身自由不受侵犯。禁止非法拘禁和以其他方法非法剥夺或限制公民的人身自由。在消费领域，公民的这些权利应当同样得到尊重。但由于受社会物质文明和精神文明程度的限制，以及一些经营者本身素质和修养问题的影响，侵犯消费者人格尊严的现象十分普遍。如照相馆、摄影厅不经消费者同意随意使用其肖像做广告宣传，或转让给媒体做广告宣传。消费者购物受到无端的怀疑、指责，甚至搜身、扣留、打骂等。诸如此类问题在目前屡见不鲜。因此，消费者人格尊严的保护问题是不容忽视的问题，也是需要国家及全社会长期努力加以解决的问题。

消费者人格尊严受尊重

2. 消费者在购买、使用商品和接受服务时享有民族风俗习惯受到尊重的权利。我国是一个统一的多民族国家，团结各民族共同建设我们的国家是处理我国民族关系的基本政策。民族团结首先体现在民族平等，各民族相互尊重以及尊重少数民族的风俗习惯等方面。我国除汉族外，还有 55 个少数民族，由于经济、文化、历史发展不同和地域差异，形成了民族间语言文字、生活方式、风俗习惯和宗教信仰等方面的差别。在长期的历史发展过程中，各民族在饮食、服饰、居住、婚葬、节庆、娱乐、礼节、禁忌等方面，都有不同的风俗习惯。尊重了少数民族的风俗习惯，即尊重了他们的民族尊严。

消费者民族风俗习惯受尊重

在消费领域，与消费者相关的少数民族风俗习惯主要体现在服饰、饮食、礼节等方面。经营者对少数民族的这些习惯要给予尊重。

九、消费者享有个人信息受保护权

2013 年修改的《消费者权益保护法》第 14 条在最末增加了消费者在购买、使用商品和接受服务时"享有个人信息依法得到保护的权利"，这是以基本法的形式对消费法律关系领域消费者个人信息受保护的权利予以明确规定。这一修订是《消费者权益保护法》对互联网飞速发展的信息时代所做出的必要反应。今天的中国和世界都逐步由工业、机械、电子技术先导向互联网、信息先导跨越，各国政府之间也开始打起了信息

战。信息安全不只关乎国民的人身、财产安全，更关乎国家战略安全，哪个国家拥有更多信息资源，哪个国家就在国际竞争中占据了优势地位。基于这样的现实，各国在消费者权益保护领域也都逐步把消费者个人信息的保护摆在关键的位置。

消费者个人信息受保护权的具体内容包括：其一，知情权。消费者有权知道具体是哪些经营者乃至个人获得了其个人信息。其二，选择权。消费者有权结合某一具体消费活动的性质，判断经营者让其提供的个人信息是否皆为消费活动完成所必需，即不一定经营者要求提供，消费者就必须全部告知。其三，利用限制权。经营者通过合法方式获得的经营活动所必需的消费者个人信息，其利用的方式、范围必须符合法律规定或当事人之间的约定，即经营者无权滥用消费者的个人信息。其四，收益权。按照法律规定或当事人之间的约定，经营者利用合法获取的消费者个人信息所获得的利益，消费者有权享有。其五，安全保障权。消费者有权要求经营者对合法获取的其个人信息，采取必要措施予以保存，防止泄露、丢失。在发生或可能发生泄露、丢失情况时，应及时采取补救措施。

基于消费者个人信息传播速度快、成本低，信息滥用的危害程度广且深等特点，消费者权益保护领域相关法律必须对消费者个人信息权益给予保护。法律保护权利的最基本手段就是使法律行为相对方履行法律义务、承担法律责任，《消费者权益保护法》作为部门法当然也不例外。对于消费者法定享有的具体权利同样也需要通过使经营者履行义务，承担责任来实现。根据《消费者权益保护法》第29条之规定，经营者对于消费者个人信息保护应承担以下义务：其一，经营者收集、使用消费者个人信息，应当遵循合法、正当、必要的原则，明示收集、使用信息的目的、方式和范围，并经消费者同意；其二，经营者收集、使用消费者个人信息，应当公开其收集、使用规则，不得违反法律、法规的规定和双方的约定收集、使用信息；其三，经营者及其工作人员对收集的消费者个人信息必须严格保密，不得泄露、出售或者非法向他人提供。经营者应当采取技术措施和其他必要措施，确保信息安全，防止消费者个人信息泄露、丢失。在发生或者可能发生信息泄露、丢失的情况时，应当立即采取补救措施；其四，经营者未经消费者同意或者请求，或者消费者明确表示拒绝的，不得向其发送商业性信息。

《消费者权益保护法》在消费者个人信息保护上迈出了历史性的一步，这一点须予以承认和肯定。但是可以看到相对于经营者保护消费者个人信息义务的规定，对经营者违反相关义务后的责任规定却十分笼统、概括，这就使得对消费者个人信息的保护力度不足且很难落到实处。《消费者权益保护法》第56条对10项侵犯消费者权益的情形作了统一规定，其中第 9 项就是侵害消费者个人信息受保护权的情形，条文规定有 10 项情形之一的，除承担民事责任外，其他有关法律、法规对处罚机关和处罚方式有规定的，依照法律、法规的规定执行；法律、法规未作规定的，由工商行政管理部门或者其他有关行政部门责令改正。我国目前并没有形成一部全国性的法律，对个人信息的保护制定专门的程序、设立专门的执法机关，在这样的大背景下，消费者的个人信息一旦遭到泄露或非法利用，其权利保护途径不畅，必然救济无门。这也为我国个人信息保护的立法和实践留下了极大的进步空间。

十、消费者享有监督权

《消费者权益保护法》第 15 条第 1 款规定："消费者享有对商品和服务以及保护消费者权益工作进行监督的权利。"消费者的监督权是社会监督的重要组成部分，是国家对消费者权益实施保护的重要手段。

消费者的监督权主要包括消费者对商品和服务的质量、价格、计量、侵权行为等问题以及保护消费者权益工作，有向有关经营者或机构提出批评、建议或者检举、控告的权利。由此可见，消费者行使这项权利的对象既包括经营者，也包括相关行政部门和消费者组织。

消费者监督权的内容

批评建议权是公民享有的一项宪法权利。对经营者的不当经营行为和非法行为，消费者发现后有权进行批评；如果不是主观故意所为，从改进经营行为角度讲，消费者可以提出合理建议。消费者对国家相关部门及消费者协会所为行为的好坏，也有批评和建议的权利。

检举、控告包括对损害消费者合法权益行为的检举、控告，和对国家机关及其工作人员在保护消费者权益工作中的违法失职行为的检举、控告。检举就是消费者对侵害其合法权益和违法失职行为向有关机关进行举报和揭发；控告是就侵害消费者合法权益的行为及违法失职行为向有关部门投诉和向司法机关起诉。接受检举、控告的机关包括司法机关、工商行政管理机关、物价管理机关、卫生管理及监督机关、进出口商品检验机关及各级人民政府。消费者在检举、控告时要根据侵权及违法失职行为的性质决定向哪个部门行使这项权利。消费者这项权利的行使一方面是为了保护自身合法权益，另一方面也可以以此来揭露国家机关及其工作人员的腐败及违法行为，促进其在保护消费者权益工作中认真执法，提高工作质量，全心全意地为消费者利益着想。消费者行使这项权利必须本着对自己、对社会、对国家负责的精神，不得无事生非，更不得恶意中伤、诽谤、诬告陷害，侵犯他人的合法权益。有关部门对消费者的检举、控告不得置之不理，相互推诿，也不得压制甚至打击报复，而应在依法受理后查清事实，及时解决。

十一、消费者享有无理由退货权

《消费者权益保护法》第 25 条规定，经营者采用网络、电视、电话、邮购等方式销售商品，消费者有权自收到商品之日起 7 日内退货，且无需说明理由。这是《消费者权益保护法》修改的一大亮点，即关于 7 日无理由退货权的规定。这一条款之所以产生，其背景同消费者个人信息受保护权具有共通性——即互联网时代。

互联网时代的到来，极大地改变了人类社会的生产方式和生活方式。具体到生活消费领域，经营者的经营场所不再只限于实体商铺，相应的消费者的购物、休闲场所也不再只限于实体商店。只要满足一定的法律规定和商业要求，经营者就可以在各大网络交易平台开立自己的网络店铺。网络店铺拥有着实体店铺不可比拟的优势，主要包括其超越了地域，只要商品和服务在质量、价格等方面相较同类商品具有不可替代的优势，就能跨越传统的相关市场范围，在全国乃至全世界进行销售。同样地，这也为消费者购买、使用商品和接受服务提供了便利，足不出户就可以获得世界范围内最好的商品和最顶尖的服务。

然而互联网给生活消费带来便利的同时，也增添了新的在传统消费环节中不会出现的问题。网络消费最大的隐患就是不同于传统消费，在消费者通过物流获得商品之前并不能对商品的真实样式、质量和使用效果等有一个全面、真实、准确的认识。针对这一情形，早有人戏称网络购物购买的不是商品，而是图片。针对网络消费的这一典型特点，2013年对《消费者权益保护法》的修订中，增加了关于消费者无理由退货权的规定。

消费者无理由退货权是指，经营者通过网络、电视、电话、邮购等不可在销售过程中使消费者直接接触商品的方式销售商品的，消费者有权在自收到商品之日起的法定时限内退货，且就退货行为消费者无需给出任何理由。法律虽赋予了消费者无理由退货权，但消费者不可任意行使，其必须同时具备以下几个要件：其一，法律对销售方式作出了特别规定。适用无理由退货条款的商品必须是经营者采用网络、电视、电话、邮购等方式销售出的商品，法律规定的销售方式的核心特点就在于在消费者做出消费决定的过程中，其不具备实际、直接接触商品的条件。这些销售方式都或直接或间接地削弱了消费者理性判断商品性能、质量等的可能性，正是基于这一原因，法律才赋予通过此类方式购买商品的消费者以无理由退货权。其二，消费者需在收到商品后的一定期限内行使权力。我国法律规定无理由退货权需在消费者收到商品之日起 7 日内行使，给权利以行使期限也是有效防止权利滥用的方式之一。其三，商品种类须不在法律规定的除外情形之列。法律对消费者无理由退货权行使的商品范围作出了限制，明确规定消费者定作的，鲜活易腐的，在线下载或者消费者拆封的音像制品、计算机软件等数字化商品，交付的报纸、期刊，根据商品性质并经消费者在购买时确认不宜退货的商品不适用无理由退货规定。法律明确除外的这些商品具有的共同特点就是一经售出即对除特定买入商品的消费者以外的其他消费者及经营者失去了价值，所以从生活经验角度出发，这些商品理应排除在无理由退货条款适用范围之外。其四，消费者行使无理由退货权退换的商品需完好。现行法律还未对完好给出具体规范的解释，从生活消费本身特征的角度，我们可以将商品完好概括地解释为消费者通过无理由退货权退回的商品需仍具备该商品正常使用方式、途径下应具备的基本功能，可以满足其后购买该商品的消费者达到正常的消费预期。

任何一项消费者权利的实现都必须依靠经营者义务的规定和履行，无理由退货权作为消费者权利之一当然也不能例外，为了保障此项权利的实现，法律要求相关经营者承担对应义务：对于采用网络、电视、电话、邮购等方式销售商品的经营者，遇到消费者行使无理由退货权时，应当自收到退还商品之日起 7 日内返还消费者支付的商品价款；如果经营者和消费者在订立买卖合同时约定了比法律规定更为严格的义务，经营者理应履行，未履行约定义务的，经营者当然要承担相应责任。此外，法律规定的除外适用的商品中，"其他根据商品性质并经消费者在购买时确认不宜退货的商品"这一项中的"根据商品性质"范围界定的并不准确，也是容易产生争议的一个点，对此我们需注意两个方面的问题：其一，"经消费者在购买时确认不宜退货"并不能单独成为商品不适用无理由退货权的条件，经营者不得以经消费者确认作为不履行相关法定义务的抗辩。要适用这一条款必须满足一个前提条件，即根据商品性质确不宜适用无理由退货。其二，"根据商品性质"不宜适用无理由退货中的"商品性质"可以根据法条上下文给出一个较为合理的解释，即这一商品与条文明确列举的如消费者定作的、鲜活易腐的商品等具有共通性，即前述提到的此类商品一经售出，则对除购买商品的消费者以外的其他消费者和经营者失去商品价值和使用价值。而只有满足这一条件，并在购买时经消费者确认，商品才可以不适用无理由退货条款。

原国家工商行政管理总局于 2017 年 1 月 6 日发布的《网络购买商品 7 日无理由退货暂行办法》（以下简称《暂行办法》），其效力等级虽属部门规章，却对消费者 7 日无理由退货权的细化实施有着深刻的意义和影响。《暂行办法》从不适用退货的商品范围和商品完好标准、退货程序、对特别情况的规定、工商行政管理部门的监督检查职责、相关主体违反义务后的法律责任等方面对无理由退货权予以细化。这对于消费者权益的保障、经营者义务的履行、相关部门职权的行使、责任的承担都有重要的指导作用，为权利真正地落到实处提供了相关制度和政策保障。

《暂行办法》第二章的规定基本上重复了《消费者权益保护法》的相关规定，仅对某些细小的问题做了一定细化。《暂行办法》第9条是对商品完好标准做出的进一步细化，其规定：对超出查验和确认商品品质、功能需要而使用商品，导致商品价值贬损较大的，视为商品不完好。具体判定标准如下：

1. 食品（含保健食品）、化妆品、医疗器械、计生用品：必要的一次性密封包装被损坏。

2. 电子电器类：进行未经授权的维修、改动，破坏、涂改强制性产品认证标志、指示标贴、机器序列号等，有难以恢复原状的外观类使用痕迹，或者产生激活、授权信息、不合理的个人使用数据留存等数据类使用痕迹。

3. 服装、鞋帽、箱包、玩具、家纺、家居类：商标标识被摘、标识被剪，商品受污、受损。

该条利用概括式和列举式相结合的方法规定了商品不完好的认定标准。概括式的规定实际上就是对商品完好标准的反向表述，即做不到商品完好标准的就可归入商品不完好之列；而到列举部分，可以说就是对市场消费中最为典型的几类商品的不完好标准给出了具体规定，而这三项规定基本可以囊括消费者需要退货的大部分商品种类，也基本是满足当代生活需要的必需品。然而实际情况相较理论、制度规定总是千奇百怪、多种多样的，实践中必然会出现列举种类之外的商品涉及无理由退货权的行使，而面对这些种类的商品我国现行法给出的回应也就是概括式部分给出的认定商品不完好的标准，即超出查验和确认商品品质、功能需要而使用商品，导致商品价值贬损较大的。到实践领域，具体到每一种不同的商品、每一个特定消费者手中的某件特定商品，适用无理由退货条款时对于商品完好和不完好的认定也恐怕只能依靠司法中的个案平衡以保障公平正义，实现相关消费关系主体之间的利益平衡。

《暂行办法》第三章是对无理由退货权行使的程序规定。选择无理由退货的消费者应当自收到商品之日起7日内向网络商品销售者发出退货通知。7日期间自消费者签收商品的次日开始计算。

网络商品销售者收到退货通知后应当及时向消费者提供真实、准确的退货地址、退货联系人、退货联系电话等有效联系信息。消费者获得上述信息后应当及时退回商品，并保留退货凭证。消费者退货时应当将商品本身、配件及赠品一并退回。赠品包括赠送的实物、积分、代金券、优惠券等形式。如果赠品不能一并退回，经营者可以要求消费者按照事先标明的赠品价格支付赠品价款。

消费者退回的商品完好的，网络商品销售者应当在收到退回商品之日起 7 日内向消费者返还已支付的商品价款。退款方式比照购买商品的支付方式。经营者与消费者另有约定的，从其约定。购买商品时采用多种方式支付价款的，一般应当按照各种支付方式的实际支付价款以相应方式退款。除征得消费者明确表示同意的以外，网络商品销售者不应当自行指定其他退款方式。消费者采用积分、代金券、优惠券等形式支付价款的，网络商品销售者在消费者退还商品后应当以相应形式返还消费者。对积分、代金券、优惠券的使用和返还有约定的，可以从其约定。消费者购买商品时采用信用卡支付方式并支付手续费的，网络商品销售者退款时可以不退回手续费。消费者购买商品时采用信用卡支付方式并被网络商品销售者免除手续费的，网络商品销售者可以在退款时扣除手续费。退货价款以消费者实际支出的价款为准。套装或者满减优惠活动中的部分商品退货，导致不能再享受优惠的，根据购买时各商品价格进行结算，多退少补。

商品退回所产生的运费依法由消费者承担。经营者与消费者另有约定的，按照约定。消费者参加满足一定条件免运费活动，但退货后已不能达到免运费活动要求的，网络商品销售者在退款时可以扣除运费。

网络商品销售者可以与消费者约定退货方式，但不应当限制消费者的退货方式。网络商品销售者可以免费上门取货，也可以征得消费者同意后有偿上门取货。

《暂行办法》在第四章特别规定和第六章法律责任中给网络交易平台提供者和网络商品销售者设置了一系列义务，以及违反义务后承担责任的具体方式、范围。

其中涉及网络交易平台提供者的包括下列规定：

1. 网络交易平台提供者应当与其平台上的网络商品销售者订立协议，明确双方 7 日无理由退货各自的权利、义务和责任。

2. 网络交易平台提供者应当依法建立、完善其平台 7 日无理由退货规则以及配套的消费者权益保护有关制度，在其平台上显著位置明示，并从技术上保证消费者能够便利、完整地阅览和保存。

3. 网络交易平台提供者应当对其平台上的网络商品销售者履行 7 日无理由退货义务建立检查监控制度，发现有违反相关法律、法规、规章的，应当及时采取制止措施，并向网络交易平台提供者或者网络商品销售者所在地工商行政管理部门报告，必要时可以停止对其提供平台服务。

4. 网络交易平台提供者应当建立消费纠纷和解和消费维权自律制度。消费者在网络交易平台上购买商品，因退货而发生消费纠纷或其合法权益受到损害时，要求网络交易平台提供者调解的，网络交易平台提供者应当调解；消费者通过其他渠道维权的，网络交易平台提供者应当向消费者提供其平台上的网络商品销售者的真实名称、地址和有效联系方式，积极协助消费者维护自身合法权益。

涉及网络商品销售者的包括下列规定：

1. 网络商品销售者应当采取技术手段或者其他措施，对于不适用 7 日无理由退货的商品进行明确标注。按照商品性质经消费者在购买时确认，可以不适用 7 日无理由退货的商品，网络商品销售者应当在商品销售必经流程中设置显著的确认程序，供消费者对单次购买行为进行确认。如无确认，网络商品销售者不得拒绝 7 日无理由退货。

2. 网络商品销售者应当建立完善的 7 日无理由退货商品检验和处理程序。对能够完全恢复到初始销售状态的 7 日无理由退货商品，可以作为全新商品再次销售；对不能够完全恢复到初始销售状态的 7 日无理由退货商品而再次销售的，应当通过显著的方式将商品的实际情况明确标注。

另外，《暂行办法》还设专章规定了原工商行政管理部门对无理由退货的监督检查职责，具体包括以下几项规定：

1. 工商行政管理部门应当加强对网络商品销售者和网络交易平台提供者经营行为的监督检查，督促和引导其建立健全经营者首问和赔偿先付制度，依法履行网络购买商品 7 日无理由退货义务。

2. 工商行政管理部门应当及时受理和依法处理消费者有关 7 日无理由退货的投诉、举报。

3. 工商行政管理部门应当按照公正、公开、及时的原则，综合运用建议、约谈、示范等方式，加强对网络商品销售者和网络交易平台提供者履行 7 日无理由退货法定义务的行政指导。

4. 工商行政管理部门在对网络商品交易的监督检查中，发现经营者存在拒不履行 7 日无理由退货义务。侵害消费者合法权益行为的，应当依法进行查处，同时将相关处罚信息计入信用档案，向社会公布。

无理由退货权从产生之初就存在争议，其实不只是无理由退货权这一消费者权利，小到生活消费领域法律赋予消费者的种种权利，大到整个法律制度体系中赋予各类不同主体的不同权利，其实都是博弈的结果。因为凡权利必存在与之对应的义务，而权利义务的设置本来就是权利主体与义务主体之间的博弈和利益权衡，而凡权衡凡制度就必难做到百分百的公允，这也是社会科学、法律制度设计不可能逃避的问题。具体到这里谈到的消费者的无理由退货权，是否存在过分倾斜保护消费者权益而忽视经营者发展权益的问题，笔者认为，从长远角度看，这项权利的设置最终是有益于规范消费市场和电商长久发展的。

□小　　结

消费者权利作为一种特殊的权利，不同于一般民事权利。消费者权利涵盖的范围更广，内容更丰富。它不仅包括一般民事权利，也包括众多的政治权利内容。特别是我国《消费者权益保护法》赋予消费者较其他国家更多的权利，这些权利内容囊括了消费者权利的方方面面。本章对我国消费者依法享有的11项权利进行了充分而详细的介绍，以便学生在学习时能准确地领悟《消费者权益保护法》关于消费者权利规定的精神。

□练习与思考

一、名词解释

1. 消费者权利
2. 知情权

二、简答题

1. 如何理解消费者的安全权？消费者安全权的判定标准是什么？
2. 消费者自主选择权包括哪些具体内容？受法律保护的自主选择权应当具备哪些要件？
3. 什么是公平交易权？如何理解消费者享有的公平交易条件和有权拒绝强制交易行为？
4. 消费者受教育权的具体内容有哪些？
5. 消费者监督权行使的对象有哪些？

三、思考题

消费者权利与一般民事权利有何异同？

第四章

经营者及其义务

■**学习目的和要求**

通过本章学习，要求学生

● 重点掌握：经营者及其 14 项义务的具体内容。

● 掌握：经营者的概念及其构成要件；经营者法定义务的具体内容。

● 一般了解：经营者义务的一般问题。

经营者作为消费法律关系的另一方当事人，是否完全、充分地履行了其负有的法定义务，直接关系到消费者权利能否实现。因此，《消费者权益保护法》从保护消费者权益立场出发规定了经营者的义务，从另一个侧面进一步保证了消费者依法享有的权利。

第一节　经营者及其义务的一般问题

一、经营者的含义

我国《消费者权益保护法》没有对经营者下一个明确的定义，只是在第 3 条规定，经营者为消费者提供其生产、销售的商品或者提供服务，应当遵守本法。《反不正当竞争法》第 2 条第 3 款规定："本法所称的经营者，是指从事商品生产、经营或者提供服务（以下所称商品包括服务）的自然人、法人和非法人组织。"。《产品质量法》只是提到了经营者，而没有对经营者本身作出任何解释。可见，我国立法关于经营者的规定是笼统而抽象的，不像其他国家如英国、美国规定得那样具体、明确。实际上，经营者是一个很宽泛的概念，从事一切商品经营及提供各种营利性服务的自然人、法人及其他经济组织都是经营者。但是，《消费者权益保护法》对经营者规定的适用范围却没有这么大。该法所称的经营者，单指向消费者提供其生产、销售的商品或者提供营利性服务的自然人、法人及其他经济组织。由此可见，经营者必须具备以下构成要件：

明确了什么是经营者

1. 经营者包括生产者、销售者和服务的提供者。生产者既包括制造产品的人，也包括商品的拣选和提炼人，以及在商品或包装上标明自己是生产者的人，但能证明被他人假冒的除外。销售者既包括自己生产并销售的人，也包括批发或零售及批发兼零售的人。服务的提供者是指向不特定消费者提供有偿服务的人。这里的"人"包括自然人、法人及其他非法人组织（下同）。

2. 在消费法律关系中，经营者是与消费者相对应的另一方当事人。有消费者就有经营者。但是，这里的经营者是狭义的，不是指所有从事生产经营活动的人，而仅指那些向消费者提供与生活消费有关的商品和服务的自然人、法人及其他非法人组织。

经营者分为合法的经营者和非法的经营者。合法的经营者包括依法登记注册的从事商品生产经营活动和服务活动的单位和个人，这类经营者在核准登记的经营范围内从事经营活动，如药品的生产者和经营者；还包括无须登记注册但同样从事合法经营的人，如农民将自产的农产品拿到农贸市场出售。非法经营者包括：依法应登记注册而未登记注册从事违法经营的，如无照经营者和持他人执照从事经营的；成立非法经济组织从事经营活动的；超越经营范围从事经营活动的等。

不论是合法的经营者还是非法的经营者，只要他们向消费者提供了商品或服务，即与消费者发生了市场交易关系，就不因其是否合法而改变经营者的身份，他们都是《消费者权益保护法》所称的经营者。

3. 经营者都是以营利为目的的。营利即是通过经营活动获得经济效益，亦即以尽可能小的劳动及物质消耗，获得尽可能大的经济效益。营利是经营者最主要的构成要件，也是所有经营者追求的目标和其从事经营活动的直接动因。经营者的营利是以向消费者有偿提供商品和服务实现的。但是，提供的商品或服务本身是否有偿不是判断经营者的唯一标准，关键看其提供的商品和服务是否以营利为目的。有偿提供的商品和服务，不论其结果是否盈利，都是以营利为目的的经营活动；无偿提供商品和服务，只要以营利为目的也是营利活动，例如，商场化妆品部以某一品牌的化妆品为顾客免费做现场化妆演示，虽然化妆本身是无偿的服务，但其目的是为推销化妆品做广告，其服务行为的营利性是显而易见的。因此，这种服务也是经营活动，提供服务的人不能因为无偿提供服务就丧失经营者的身份。

二、经营者义务的一般问题

经营者义务的概念和特征

由于经营者是与消费者相对应的消费法律关系主体，因而消费者权利与经营者义务是一个问题的两个方面，即消费者的权利在某种程度上就是经营者的义务，消费者的权利是通过经营者履行义务来实现的。

法律上的义务是法律所规定的法律关系主体所承担的某种必须履行的责任。经营者的义务是经营者在向消费者提供商品和服务等经营活动中必须依法履行的责任。作为义务，必须具备以下四个特征：

1. 义务的主体是经营者，即生产者、销售者和服务提供者。

2. 从消费者角度讲，经营者的义务既可以表现为消费者要求经营者必须做出一定的行为，如消费者要求经营者履行合同约定的义务，也可以表现为消费者有权要求经营者必须抑制一定的行为，如消费者要求经营者不得搜查其携带的物品。

3. 经营者义务因法律规定或与消费者约定而产生，消费者不能凭空为经营者设定义务。

4. 经营者不履行义务即产生相应的法律后果。我国《消费者权益保护法》规定的义务在其他法律、法规中都有规定。但《消费者权益保护法》仍然根据消费领域的特殊情况，以消费者权利为主线，以其他法律为基础，设立了专章来规定经营者的义务。在《消费者权益保护法》具体规定经营者义务时，对其他法律规定很明确的不再规定，按其他法律规定执行，对与消费者权益密切相关的而且现实生活中反映突出的，即使其他法律有规定，《消费者权益保护法》也同样作了特别规定，以此强调或补充。例如，经营者不得作引人误解的虚假宣传这项内容，《反不正当竞争法》第 8 条作了规定，但经营者的这种行为在消费领域也十分突出，因此，《消费者权益保护法》第 20 条再次对此作出规定，以适应消费领域的特殊需要，起到了进一步强调的作用。其他法律没有规定的，《消费者权益保护法》作了十分具体的规定，如经营者不得以格式条款、通知、声明、店堂告示等方式作出对消费者不公平、不合理的规定，或者减轻、免除其损害消费者合法权益应当承担的民事责任。这一规定就是《消费者权益保护法》制定之初独有的规定。这一规定后来被《合同法》进而到《民法典》合同编所确定，并成了一项规制格式条款的制度。《消费者权益保护法》遵循上述原则，对经营者的义务作了明确的规定，设定了经营者的 14 项具体义务。

第二节　经营者义务的具体内容

《消费者权益保护法》第 16 条至第 29 条全面地规定了经营者的 14 项义务。

一、经营者必须履行法定的义务和约定的义务

《消费者权益保护法》第 16 条规定：经营者向消费者提供商品或者服务，应当依照本法和其他有关法律、法规的规定履行义务。经营者和消费者有约定的，应当按照约定履行义务，但双方的约定不得违背法律、法规的规定。《消费者权益保护法》通过此条对经营者单独设定了必须履行法定的义务和约定的义务这一项具体义务。

（一）履行法定义务

履行法定义务的内容

首先，经营者应履行《产品质量法》规定的义务。《产品质量法》于 1993 年 2 月 22 日第七届全国人民代表大会常务委员会第三十次会议通过，同年 9 月 1 日起施行。该法实施 7 年后，分别于 2000 年、2009 年、2018 年进行了重新修订，最新的《产品质量法》于 2018 年 12 月 29 日起实施。《产品质量法》明确地规定了生产者、销售者的产品质量责任和义务，是规定经营者产品质量义务的重要法律。因此，当时的《消费者权益保护法》非常明确地规定了经营者向消费者提供商品和服务应当依照该法履行义务。2014 年生效的《消费者权益保护法》对这一内容进行了修改，由原来的首先履行《产品质量法》规定义务改为首先履行本法规定义务。其次，经营者应当履行其他有关法律、法规规定的义务。凡是我国现行有效的法律、法规规定的经营者应履行的义务，经营者必须严格履行。这些法律、法规主要有：《民法典》《反不正当竞争法》《药品管理法》《电子商务法》《价格法》《标准化法》《计量法》《广告法》《商标法》等。这些法律都从不同的角度、不同的方面规定了经营者的义务。

（二）履行与消费者约定的义务

履行约定义务的内容

在消费法律关系中，经营者与消费者之间的关系是一种合同关系，双方就商品和服务所实施的行为是一种合同行为。不论是口头合同还是书面合同，双方必然在合同中约定各自的权利和义务。例如，一位消费者到一家照相器材商店欲购买一部日本原装佳能照相机，并按标价交付了现金，那么，商店就应提供给该消费者一部日本原装佳能照相机。消

费者所享有的权利就是取得日本原装佳能照相机的所有权，其义务就是支付价款；经营者的义务就是提供正牌日本原装佳能照相机，其权利是取得价款。如果商店提供给消费者的照相机是由东南亚组装的，那么，经营者就没有履行约定的义务，就应受到相应的制裁。

除了这类简单的合同约定外，经营者对不特定消费者约定的义务也应当履行。随着市场经济的发展、市场竞争的加剧，经营者对不特定消费者进行承诺的现象将不断增多。不过，有些经营者往往不是为消费者着想，而是以招揽生意为目的。例如，某名牌眼镜店通过媒体向社会宣布，元旦这一天到该店配眼镜全部免费，广告上并没有说明需要什么条件。当有消费者来配镜要求免费时，营业员说只有总经理批条子才享受免费，而连店员自己都不知道去哪里找总经理。再如，某商品挂出"如在本商场购到假货，本商场赔偿3万元"的大横幅，恰有一消费者在该商场购到一件假冒法国鳄鱼T恤衫，经国家技术监督部门鉴定，T恤衫确是假货，并有书面鉴定结论。当该消费者找到该商场负责人要求赔偿3万元时，商场负责人以本商场规定与《消费者权益保护法》规定不一致而拒赔。这两起案例都有一个共同的特点，即他们都不是与消费者一对一的约定，而是面向全社会的承诺。这种承诺虽然是针对不特定消费者的，但一旦有消费者在承诺人处实施了消费行为，这种承诺即在他们双方之间发生法律效力，承诺即成为经营者对消费者具体的约定义务，依照《消费者权益保护法》规定，经营者必须履行该义务，只要该承诺不违反法律、社会公德且不危害其他人的利益，经营者即不得以任何借口拒绝履行。

二、恪守社会公德，诚信经营的义务

《消费者权益保护法》第16条第3款规定："经营者向消费者提供商品或者服务，应当恪守社会公德，诚信经营，保障消费者的合法权益；不得设定不公平、不合理的交易条件，不得强制交易。"经营者与消费者在交易的过程中，信息、资金、技术等方面均处于优势地位，为了保护消费者的合法权益不受侵犯，要求经营者必须恪守社会公德，诚信经营，不得利用自身优势地位设定不公平、不合理的交易条件，不得强制消费者交易，应当遵循自愿、平等、公平、诚实信用的原则，营造良好的消费环境。

三、接受消费者监督的义务

消费者有监督权，经营者就有接受监督的义务

《消费者权益保护法》第17条规定："经营者应当听取消费者对其提供的商品或服务的意见，接受消费者的监督。"这是基于消费者的监督权对经营者提出的要求。法律赋予消费者的监督权只是为消费者行使批

评建议和检举控告权提供了法律依据，但消费者的监督权的真正实现，有赖于经营者主动听取消费者的意见和主动接受消费者的监督。

在消费领域，经营者无视消费者的意见和批评，甚至对消费者打击报复的情况是屡见不鲜的，所以，从立法上进一步规定经营者的这项义务具有十分重要的意义。从经营者角度讲，现在买方市场已经形成，在残酷的竞争中求生存、求发展、求利润是每个经营者面临的严峻问题。因此，经营者应当认识到消费者是整个消费领域的中枢，经营者应当围绕顾客而经营，而不是消费者围绕经营者而消费。消费者才是经营者利润的源泉。这就要求经营者必须自觉、主动地依法认真听取消费者对商品或服务在质量、价格、品种、数量、服务态度、服务方式、售后服务等方面提出的建议和意见，不断改进经营，尽最大可能来满足消费者的要求。

经营者接受消费者监督应不分时间、地点和方式。既应在提供商品和服务时听取消费者的意见和建议，也应听取消费者通过广播、电视、报纸提出的意见和建议。经营者对消费者从各方面进行的检举、控告应认真对待，对自身确实存在的各种违法行为应及时纠正，对于自身不存在但引起消费者误解的问题应予以解释、澄清，给消费者以满意的答复，将消费者的批评和建议作为改进经营的最大动力。经营者应当采取积极措施为消费者行使监督权提供便利，如设立专门机构，配备专人收集、听取消费者的意见等。

四、保障产品、服务安全和经营场所安全的义务

《消费者权益保护法》第 18 条规定："经营者应当保证其提供的商品或者服务符合保障人身、财产安全的要求。对可能危及人身、财产安全的商品和服务，应当向消费者作出真实的说明和明确的警示，并说明和标明正确使用商品或者接受服务的方法以及防止危害发生的方法。宾馆、商场、餐馆、银行、机场、车站、港口、影剧院等经营场所的经营者，应当对消费者尽到安全保障义务。"根据此条规定，要保证消费者在购买商品、使用商品或接受服务时其人身、财产安全不受侵害，保障经营场所安全，必须做到以下几点：

1. 经营者应当保证其提供的商品或者服务符合保障人身、财产安全的要求。商品或服务符合安全要求，就是要求商品和服务有标准（国家标准、行业标准、地方标准、团体标准、企业标准）的，要符合标准；没有标准的，必须符合社会公认的安全、卫生要求。

2. 对可能危及人身、财产安全的商品和服务，应当明确说明和警示，并说明或标明正确使用商品或接受服务及防止危害发生的方法。可能危及人身、财产安全的商品或服务，就是有潜在危险的商品或服务。这类

有规定依规定，无规定依惯例

对有潜在危险的商品和服务，经营者应尽到的三个方面的义务

商品和服务很多，如药品、化妆品、家电、烟草制品、美容服务、医疗服务、乘坐地铁、蹦极、坐过山车等。对此，经营者应当在商品及包装上作出明确无误的文字说明，或符号警示，或同时用文字和符号说明并警示。如药品应注明成分、药理作用、适应证及适用对象、用法用量、不良反应、禁忌证、注意事项等；食品应标明主要成分、生产日期、保鲜期、保质期等；家用电器应详细说明使用方法，易触电部位应加上文字说明及符号警示；美容及医疗服务应将可能出现的最坏的结果告知消费者；地铁站应在显著位置标明"精神病患者及儿童乘坐地铁应有人陪伴"；蹦极及过山车应注明"心脑血管疾病患者禁止参加"等。经营者在提供此类商品或服务时，如果履行了上述义务可以免除或减轻责任，否则将承担全部责任。

对有严重缺陷的商品或服务，经营者负有三个方面的义务

3. 《消费者权益保护法》第 19 条规定："经营者发现其提供的商品或者服务存在缺陷，有危及人身、财产安全危险的，应当立即向有关行政部门报告和告知消费者，并采取停止销售、警示、召回、无害化处理、销毁、停止生产或者服务等措施。采取召回措施的，经营者应当承担消费者因商品被召回支出的必要费用。"经营者发现其提供的商品或服务存在严重缺陷，即使正确使用商品或接受服务仍无安全保障，应立即向有关行政部门报告和告知消费者，并积极采取措施防止危害发生。关于"缺陷"，《产品质量法》第 46 条规定："本法所称缺陷，是指产品存在危及人身、他人财产安全的不合理的危险；产品有保障人体健康和人身、财产安全的国家标准、行业标准的，是指不符合该标准。"这一规定虽然只针对产品缺陷，但服务的缺陷也同样是指存在不合理危险或不符合标准。对有缺陷的产品和服务，即使消费者正确使用和接受，也可能发生危害。例如，某厂生产的燃气热水器严重漏气而且没有熄火保护装置，即使消费者正确使用也存在重大危险。再如，某汽车销售商通过不正当渠道获得的一批汽车，底盘是经切割后焊接拼成的，销售商明知该情况仍将部分车辆售出。遇有此类情况，经营者必须同时采取的措施包括：①立即向负有保护消费者权益职责的行政部门报告，可以采取书面形式，也可以采取口头形式，如实反映情况，请求其采取有效措施防止危害发生，并通过有效途径和方式将实情迅速告知消费者，如通过报纸、电视、广播、互联网、电话、电报、传真等；②积极采取有效措施防止危害结果发生，如立即停止产品生产、派出专人修理、更换、收回已售的商品等。

4. 宾馆、商场、餐馆、银行、机场、车站、港口、影剧院等公共场所的经营者应当对消费者尽到安全保障义务。经营者应当履行一般注意义务，及时排查经营场所内是否存在地面湿滑、高空坠物、火灾等安全隐患；同时经营者应当采取安全保卫措施，例如雇佣保安、门卫等，保护消费者在消费过程中的人身安全和财产安全。

五、提供商品和服务真实信息的义务

《消费者权益保护法》第 20 条规定了经营者这项义务。它包括以下三个方面的内容：

1. 经营者应当向消费者提供有关商品或者服务的真实信息，不得作引人误解的虚假宣传。《电子商务法》第 17 条也明确规定，电子商务经营者不得以虚构交易、编造用户评价等方式进行虚假或者引人误解的商业宣传，欺骗、误导消费者。商品宣传在现代社会中对消费者的影响是巨大的。消费者的消费行为在很大程度上依赖商品宣传。因为本已琳琅满目的商品和应接不暇的服务，加之新产品的不断出现和服务内容及形式的不断翻新，消费者不可能直接了解到所有商品和服务的基本情况，而商品及服务宣传恰好帮了消费者的大忙。商品及服务宣传的形式是多样的，如广告、宣传品、展销会、示范会、新闻发布会等。不论采取何种形式，提供给消费者的信息必须是真实可靠、实事求是的，不得作引人误解的虚假宣传。"引人误解的虚假宣传"包括引人误解的宣传和虚假的宣传两个方面。引人误解的宣传是指可能使消费者对商品和服务的真实情况产生错误的认识，从而影响其消费决策的宣传。例如，某商场在一小报上发布一则广告：于某日持此广告到本商场可得免费高档衬衫一件。当有的消费者持广告到商场索取衬衫时，被店员告知，持广告再购物 500 元以上才赠衬衫。再如，有一个设在某旅游点的水果摊，时值 3 月下旬，摊主用醒目的价格标签标明西瓜"单价 0.40 元"，当几名游客尽情地享用一顿西瓜后付钱时，摊主说须付 40 元，而且还少收了 0.80 元。当游客与摊主争辩时，摊主拿起标价牌，背面写有"50 克"字样。虚假宣传是宣传的内容与真实情况完全不符的宣传。例如，将国产电器宣传为进口的，将组装电器宣传为原装的，将未经任何培训的人宣传为国际美容大师等。在这两种宣传中，前者是以消费者的主观认识为判断依据，它并不一定是虚假的，或者是偷换概念，或者是违反一般商业习惯进行宣传；后者则以客观事实为认定标准，宣传的内容带有明显的欺骗性。二者最终都会误导消费者的消费行为，并给消费者造成损害。

引人误解的宣传和虚假的宣传

2. 经营者对消费者就其提供的商品或者服务的质量和使用方法提出的询问，应当作出真实、明确的答复。《消费者权益保护法》在赋予消费者知情权的同时，规定了经营者应当对消费者的有关询问作出答复。这表明，经营者答复消费者的询问并非可有可无，而是其必须履行的一项法定义务。因此，经营者对消费者的询问不但不能置之不理，而且要作出真实、明确的答复。如果经营者对消费者的询问所作的答复含混不清、引人误解甚至虚假不实，则是对消费者权益的侵犯，就要承担相应的法

律责任。

3. 商店提供商品应当明码标价。商店是消费者进行消费活动的主要场所，比较固定和规范，有别于商亭、流动摊贩和集贸市场中的摊位。商店的价格信息是消费者是否购买商品的重要参考依据。商店实行明码标价，使消费者得到真实的价格信息，可以避免经营者随意提高价格，使消费者上当。商店提供商品明码标价是保障消费者合法权益的有效措施之一。

明码标价是将标明价格金额的价格标签放置于其所指示商品的醒目位置处。明码标价要做到以下几点：

（1）标价方式可以是价签，也可以是价目表。

（2）价签要内容完整、齐全，应包括品名、产地、规格、等级、计价单位、零售价格等内容。

（3）标价要真实、准确。标价不能使消费者产生误解，也不能用标价欺骗消费者，如"原价280元，现价120元"，而实际上根本就不存在原价，这样的标签就是对消费者的欺骗。

（4）要货签对位，一货一签，标示醒目，字迹清晰，价格变动时应及时更换。

六、标明真实名称和标记的义务

《消费者权益保护法》第21条规定："经营者应当标明其真实名称和标记。租赁他人柜台或者场地的经营者，应当标明其真实名称和标记。"经营者的名称是经营者之间得以相互区别的文字符号。经营者的标记是经营者为经营目的而使用的图形或文字，或图形文字组合符号。例如，麦当劳的"m"标记，中国工商银行的"⚙"标记等。有的名称和标记与经营者的注册商标是一致的。经营者的名称和标记在消费领域具有重要的意义，它是消费者用以区别商品和服务的经营主体以及确认商品和服务来源的依据。经营者的名称和标记不仅是经营者法律身份的体现，同时，也和商标一样，代表商品和服务的品质、规格、质量等，更代表经营者的商业信誉。《消费者权益保护法》将标明经营者的真实名称和标记规定为经营者的一项义务，主要是从保护消费者合法权益角度考虑的，但同时也是为了保护经营者名称专用权，经营者必须按下列要求履行自己的这一法定义务：

1. 经营者在向消费者提供商品和服务时，应标明自己的真实名称和标记。如果经营者的名称和标记不真实，就会给消费者造成以下损害：①误导消费者，使消费者作出错误的消费选择，购买自己不愿意购买的商品、接受自己不愿意接受的服务。例如，一消费者只想吃全聚德烤鸭，一小贩在自己熟食摊上挂上一"全聚德"烤鸭招牌,而出售的根本不是全聚德烤鸭,致使该消费者买了假货。②消费者一旦遭受损害,因经营者使用了不真实的名称,造成加害人不清,赔偿主体难以认定,消费者无法向行政部门或消费者组织申诉和投诉。因另一方当事人不明确,人民法院或仲裁机关无法受理消费者的起诉或仲裁申请,最终使消费者的权利保护无法落到实处。

为了避免上述对消费者造成损害的情形发生,我国有多部法律、法规对经营者的名称权、姓名权及使用专用标记权作了规定,例如《民法典》《企业名称登记管理规定》《产品质量法》《反不正当竞争法》等。综合起来,经营者这项义务的内容包括以下方面:①经营者对经核准登记的企业名称及取得商标权的营业标记享有专用权,未经权利人许可,他人不得使用;这从另一角度也说明,企业(或称经营者)对其他经营者已取得专用权的企业名称和营业标记负有未经许可不得使用的义务。②经营者不得使用未经核准登记的企业名称。③经营者不得擅自改动经核准登记的企业名称。④经营者不得冒用他人企业名称和他人特有的营业标记。⑤经营者不得使用与他人企业名称或营业标记相近似的,并足以造成消费者误认的企业名称或营业标记。

2. 租赁他人柜台或者场地的经营者应当标明真实名称和标记。经营者租赁他人柜台或者场地从事经营活动的目的是为了增加营业利润。因为租赁柜台或场地的最突出特点就是租赁的都是大店、名店等商业信誉好或地理位置优越的店面或场地,这无疑会给经营者带来更多的销售收入。而有的经营者为了获取更多的营业收入,故意不使用自己的名称或标记,或不使用任何名称或标记,或使用出租者的名称或标记,也有的出租者不标示承租者的身份,结果使消费者误认为承租者的经营活动即为出租者的经营活动,从而放松了对购买的商品或接受的服务的警惕及注意,最终可能导致消费权益的损害。因此,《消费者权益保护法》在规定经营者应当使用真实名称和标记从事经营活动的同时,进一步规定了租赁他人柜台或场地的经营者也必须标明真实名称和标记。

关于这一问题值得注意的是,《消费者权益保护法》虽然只规定了承租者必须履行这一义务,但出租者并不因此而免除相应的义务,因为承租与出租是租赁这一法律关系的两个方面。因此,出租者有义务监督承租人切实履行其标明真实名称和标记的义务,否则,因此损害消费者合法权益的,出租、承租双方应负连带责任。对此,《消费者权益保护法》第43条明确规定,消费者在展销会、租赁柜台购买商品或者接受服务,其合法权益受到损害的,可以向销售者或者服务者要求赔偿。展销会结束或者柜台租赁期满后,也可以向展销会的举办者、柜台出租者要求赔偿。虽然《消费者权益保护法》在该条进一步规定了出租者在赔偿后有向承租者追偿的权利，但当承租者下落不明时，出租者的这一权利往往无法实现。

七、出具购货凭证或服务单据的义务

《消费者权益保护法》第22条规定："经营者提供商品或者服务，应当按照国家有关规定或者商业惯例向消费者出具发票等购货凭证或者服务单据；消费者索要发票等购货凭证或者服务单据的，经营者必须出具。"《消费者权益保护法》将这一问题作为经营者的一项义务加以规定并不是无的放矢。在现实生活中，经营者在同消费者的交易过程中，或出于偷逃税款的目的，或为逃避法律责任，抑或是图省事以及消费者不积极主张等，经营者不主动出具、附条件出具或拒不出具购货凭证、服务单据的情形屡见不鲜。不论不出具购货凭证或者服务单据的原因如何，其结果都可能使经营者与消费者的纠纷难以解决，责任归属无据可查，加害者难以确定，消费者受到的损害最终将无法得到补救。因此，从保护消费者权益角度讲，《消费者权益保护法》将出具购货凭证或服务单据作为经营者的义务加以规定是十分必要的。购货凭证是在经营者与消费者之间成立的货物购销合同履行后，经营者向消费者出具的证明双方权利和义务的书面凭证。服务单据是服务的提供者在向服务接受者提供服务的合同履行后，向服务接受者出具的证明双方权利和义务的书面凭证。

购货凭证和服务单据种类繁多，形式多样，如销售证明单、行业专用发票、购货证、服务卡、价格单、保修证、收费收据、报销凭证、各种车船票及其月票、站台票、公园、旅游景点及影剧院门票等。因经营者提供的标的分为商品和服务，所以，其出具的书面凭证也划分为购货凭证和服务单据。二者称谓不同，但证明作用相同。根据《消费者权益保护法》的规定，经营者的此项义务包括以下两个方面：

1. 经营者在提供商品或服务时，应当依国家规定或商业惯例主动向消费者出具购货凭证或服务单据。

（1）经营者应当按国家有关规定向消费者出具购货凭证或服务单据。"国家规定"严格地讲是指国家最高权力机关全国人民代表大会及其常务委员会通过颁布法律的形式作出的规定。在这里，"国家有关规定"包括国家法律、法规和各部委颁布的部门规章。目前，这方面还缺乏统一的、详细的规定，除了《消费者权益保护法》的原则性规定外，还有《部分商品修理更换退货责任规定》第5条第4项作出的"产品出售时，应当开箱检验，正确调试，介绍使用维护事项、三包方式及修理单位，提供有效发票和三包凭证"的规定。其他更具体的规定很少见。随着我国法治建设的逐步推进，这一制度也将逐渐完善。目前，《消费者权益保护法》将出具购货凭证或服务单据作为经营者的一项义务加以规定，因此，经营者在提供商品和服务就必须依法履行该义务。

（2）经营者应当按照商业惯例向消费者出具购货凭证或服务单据。商业惯例是指在长期的商业活动中，形成的具有一定约束力并为经营者普遍遵循的习惯做法。商业惯例种类很多，其中在提供商品和服务时向消费者出具购货凭证或服务单据是重要的商业惯例之一。我国许多行业都是按照商品惯例向消费者出具购货凭证或服务单据的，如铁路部门、民航部门出具的车票、机票，电信部门出具的电报收据、电话收据、邮寄物品及挂号信件的收据，大型商场出具的购货凭证等。但经营者在履行这一义务时也有众多不尽如人意的情形，如电话部门出具收据的时候不同时提供通话细目，出租车驾驶员不主动向乘客出具收据，有的商店出具的收据内容与其承诺不符等。因此，《消费者权益保护法》进一步规定和强调经营者必须按商品惯例提供购货凭证和服务单据具有重要的意义。

2. 消费者索要购货凭证或服务单据的，经营者必须出具。在我国日常的交易活动中，从方便交易等角度考虑，并不是所有的商品买卖或服务都要向消费者出具购货凭证或者服务单据。如家庭主妇在菜市场购买蔬菜、水果时，个人接受如理发、洗澡、修鞋、修自行车等便民服务时，不论是国家法律规范，还是一般商业惯例，都不要求经营者必须提供购物凭证或服务单据。所以，这时经营者不主动出具购货凭证或服务单据也是正常的，并不构成对消费者合法权益的侵犯。但是，为了加大对消费者合法权益的保护力度，从消费者立场出发，在肯定上述交易行为一般可以不出具凭证和单据的原则下，《消费者权益保护法》又作出了一项特别规定，即使是不需要出具凭证和单据的商品销售和服务提供，如果消费者向经营者索要购货凭证或者服务单据，经营者也必须出具。因此，经营者是否必须履行这一法定义务，在这种特殊情况下完全取决于消费者的主观意愿，即消费者主张时经营者就负有出具的义务，消费者不主张经营者就不负有这一义务。这与经营者必须依照法律规定和商业惯例负有的出具购货凭证或者服务单据的义务是有区别的。

> 不论是否可以出具购货凭证或者服务单据，只要消费者索要，经营者就应当出具

消费者在什么情况下索要购货凭证或者服务单据应视具体情况而定。从严格意义讲，消费者为了保护自身的合法权益，对所有的消费活动都应当取得凭证或者收据。从现实生活中发生的消费侵权案件看，消费标的不论大小，花钱不论多少，都可能造成人身财产的严重损害。例如，北京一8岁小孩放学后买了一串羊肉串，吃后不到半小时即死于非命，因为"羊肉串"是用捡来的被毒死的老鼠肉做的。再如，发生在全国各地的假酒案，一瓶一元多钱的假酒即可致多人伤残或死亡。因此，索要购货凭证和服务单据不能以消费标的的大小为标准。消费者应从维护自

身消费权益出发，充分行使索取凭证和发票的权利。购货凭证及服务单据对消费者维权是至关重要的，它是消费者提出权利主张及实现权利的重要证据。因为，中国消费者协会受理投诉的条件之一即是能够提供有效凭证或单据证明经营者的身份。《部分商品修理、更换、退货责任规定》规定不实行"三包"的情形之一即是"无三包凭证及有效发票"。《市场监督管理投诉举报处理暂行办法》也规定，消费者投诉应当有明确的被投诉人，应有相关的事实根据。这些规定都表明了购货凭证及服务单据对消费者维权的重要性。

经营者向消费者出具购货凭证或者服务单据，不论是依法律规定出具，还是依商业惯例出具，其内容应当全面、真实、具体，不能为规避法律、逃避责任而有所保留或遗漏。它一般应包括购货凭证或者服务单据的名称、出具票证日期、编号、商品或服务名称、单价、数量、金额、营业员姓名、收银员姓名、经营者名称、姓名及印章，电脑化经营的一般还应注明销售码，有时还应明示售后服务的内容，如果是服务还应注明规格、等级等。

八、保证商品和服务质量的义务

商品及服务的质量直接体现为商品及服务的使用价值，也直接关系到消费者的财产、人身安全及其他切身利益。无质量保障的商品和服务必然给消费者的合法利益造成损害。因此，《消费者权益保护法》第23条第1款具体、详细地规定了经营者的这项义务。该条的规定包含以下三个方面的内容：

1. 经营者应当保证在正常使用商品或者接受服务的情况下其提供的商品或者服务应当具有的质量、性能、用途和有效期限；但消费者在购买该商品或者接受服务前已经知道其存在瑕疵，且存在该瑕疵不违反法律强制性规定的除外。

经营者履行此项义务是附有前提的

经营者所承诺的商品或服务的说明中标明是何种商品或服务，就应该有何种用途、性能、质量及有效期限。例如，经营者出售的是压力锅，那么，它就应当与一般锅相比具有做饭省时、节能、快捷、无夹生等功能；经营者出售的是新鲜鸡蛋，那么，鸡蛋就不能有空壳、变质等质量问题；经营者出售的是灯泡，就应当具有照明或者装饰作用；服务者声明提供的是正骨按摩服务，那么，消费者接受服务后就应当有症状缓解、疼痛减轻，并逐步恢复正常等效果。"在正常情况下"，一是指使用或接受的方式必须正常，二是指使用者或接受者应当正常。

（1）消费者应根据商品和服务的种类、同经营者的约定、商品及服务的说明来确定使用方式。例如，某消费者购买了一台彩电，说明书明确标明额定电压是220V，而该消费者使用时却接上了380V电源，最后导致电视机被烧坏。再如，某消费者在医院做完肠梗阻手术，医嘱要求在10日内只能吃流食，而该消费者家属暗中给其吃了250克饺子，致使该消费者死亡。这两例中都不能说消费者对商品的使用及对服务的接受方式是正确的，均属非正常使用或接受，其结果不能归责于经营者。

（2）对商品的使用者和服务的接受者而言，如果商品和服务要求必须有专门知识或经过训练的人才能使用和接受，那么，正常使用或接受的情况应以使用者或接受者是否具有专门知识或经过专门训练为标准。例如，一个没有经过驾驶学校训练和参加驾驶知识及交通法规学习的人买了一辆新车开上路，结果开下路基造成车毁人伤，即属不正常使用。再如，一个人欲从事滑翔伞运动，加入俱乐部后未经任何训练即私自从事滑翔造成伤残，不能说明俱乐部提供的服务质量有问题。另一种情况就是使用者或者接受者无须具有专业知识或者经过专门训练就能使用或者接受的，以大多数普通人的使用或者接受作为判断标准就可以了。如使用电视机、乘公共汽车等。

综上所述，在正常情况下使用商品或者接受服务是正确判定经营者是否履行了其保证商品和服务质量这一义务的重要标准，没有这一标准，经营者是否履行了义务将被掩盖和模糊，导致无法判定经营者是否履行了法定义务。相反，消费者在正常情况下使用了商品或者接受了服务，经营者是否履行了保证商品或服务质量的义务就一目了然了。因此，《消费者权益保护法》才规定经营者应当保证在正常使用商品或者接受服务的情况下其提供的商品或者服务应当具有的质量、性能、用途和有效期限。例如，一消费者购买了一个标明当日生产的生日蛋糕，回家即食用，却发现蛋糕底部已严重霉变，经营者就没有保证在正常使用商品情况下其提供的商品应当具有的有效期限。

但是，不是在任何情况下经营者都负有保证正常使用商品或者接受服务情况下提供的商品或者服务应当具有的质量、性能、用途和有效期限的义务的。《消费者权益保护法》第23条第1款"但书"部分进一步规定了经营者免负该义务的例外情况，即"消费者在购买该商品或者接受该服务前已经知道其存在瑕疵"。很显然，这是对经营者免责的规定。但是，由于规定得不具体，立法者本意表述得不准确、不严密，结果给一些不法经营者为免除自己的义务和责任，限制及剥夺消费者的权利提供了借口，甚至一些法律工作者及法学工作者也曲解该条的规定，处理和评说一些特殊的消费权益争议。最典型的就是对"王海"现象的处理及争论。王海是我国《消费者权益保护法》颁布后第一个知假买假、打假的公民，其后，人们将知假买假、打假的人统称为"王海们"。他们的行为曾经在全社会引起过不小的轰动，也对不法经营者产生过一定的威慑。虽然其行为得到大多数人的赞同，但却被一些经营者斥为"刁民"，

明确了"但书"部分的立法本意

并且他们在地方法院也屡遭败诉，一些法学工作者亦撰文将"王海们"排除在消费者之外。其法律根据之一就是《消费者权益保护法》第23条第1款"但书"部分的规定。按照这些人的理解，只要消费者在购买商品或者接受服务前已经知道商品或服务有瑕疵，经营者就因此而不负保证商品或服务质量的义务，同时免除因此而应承担的法律责任。据此推理，也就是即使经营者正在实施欺诈行为，也会因被消费者识破而使该行为变为合法，显然这个结论是站不住脚的。因为无论在什么情况下，一种非法行为也不会因被人识破而变成合法行为。

基于此，对《消费者权益保护法》第23条第1款"但书"部分不能片面地从字面去理解和适用，而应从立法本意去理解和适用。这里关键就是怎么理解"在购买该商品或接受该服务前已经知道其存在瑕疵"。关于这一规定的立法本意应理解为：消费者在购买商品或者接受服务前已经知道其存在瑕疵，应当是经营者明示（口头或书面）使消费者事先知道商品或服务存在瑕疵，经营者才因此而不再负保证该商品或服务应具有的质量、性能、用途和有效期限的义务；相反，如果经营者明知或者应当知道而不知道其提供的商品或服务存在瑕疵，但事先不向消费者明示，只是消费者依照自己的商品知识、服务知识作出的判断，知道了商品或服务有瑕疵而购买或接受了，那么，经营者并不因消费者知道而免负保证商品或服务质量的义务。例如，一经营者出售苹果，声明因积压已有部分腐烂，并以1元钱10千克的价格出售，如果消费者购买了这种苹果，经营者即不再负保证苹果完好无损的义务。再如，一经营者出售假冒中国某名牌VCD，某消费者知道是假冒产品却购买了，结果出现了质量问题。这里，经营者就没有履行自己保证商品质量的义务，按《消费者权益保护法》规定经营者应加倍赔偿。简单地说，这里的"知道"是"使知道"，即经营者使消费者知道。

该条所称"瑕疵"，其本意为毛病、不足，但它是法学上的一个专用名词，是指标的低于法律规定或合同约定的质量标准。

2. 经营者以广告、产品说明、实物样品或者其他方式表明商品或者服务的质量状况的，应当保证提供的商品或者服务的实际质量与表明的质量状况相符。

广告、产品说明、实物样品或其他方式是经营者进行商品或者服务宣传并促进销售的重要手段。这些方式表明的商品或者服务质量状况是消费者据以判断商品或者服务是否符合标准的依据之一。从法律角度讲，经营者采用这类方式表明质量状况，是就商品或者服务的质量向消费者作出的明示担保。因而根据诚实信用原则，经营者应当保证其提供的商品或者服务的实际质量与其以该类方式表明的质量状况相符。在现实生活中，经营者利用这类方式作夸大产品及服务质量的宣传的现象是很多的。例如，韩国某汽车厂商驻京代表处负责人通过我国主要媒体向中国消费者表明其汽车品质上乘，绝无任何质量问题，而有一消费者购买了该厂商提供的汽车，发动机却屡修屡坏，后经检测确认为发动机曲轴所用材料不合格。当然，这里并不是要求表明的质量状况与实际提供的商品或服务的质量状况一一对应，但无论如何，经营者不能通过这类方式作脱离实际的虚假宣传，对商品或者服务的质量状况作不合实际的表明。

3. 经营者提供的机动车、计算机、电视机、电冰箱、空调器、洗衣机等耐用商品或者装饰装修等服务，消费者自接受商品或者服务之日起6个月内发现瑕疵，发生争议的，由经营者承担有关瑕疵的举证责任。

耐用商品或者装修装饰等服务，需要经过一段时间的使用，消费者才能确定其是否存在瑕疵、存在何种瑕疵。并且因为此类商品或者服务具有一定的专业性，消费者客观上并不接近有关瑕疵的证据，无力举证，若让消费者承担举证责任，则有失公正。所以，《消费者权益保护法》规定，针对耐用商品或者装饰装修等服务，消费者自接受商品或者服务之日起6个月内发现瑕疵，与经营者发生争议的，有关瑕疵的举证责任由经营者承担。

九、执行冷静期的义务

针对远程购物，《消费者权益保护法》赋予了消费者7天无理由退货权，经营者须履行执行冷静期的义务。《消费者权益保护法》第25条规定："经营者采用网络、电视、电话、邮购等方式销售商品，消费者有权自收到商品之日起7日内退货，且无需说明理由，但下列商品除外：①消费者定作的；②鲜活易腐的；③在线下载或者消费者拆封的音像制品、计算机软件等数字化商品；④交付的报纸、期刊。除前款所列商品外，其他根据商品性质并经消费者在购买时确认不宜退货的商品，不适用无理由退货。消费者退货的商品应当完好。经营者应当自收到退回商品之日起7日内返还消费者支付的商品价款。退回商品的运费由消费者承担；经营者和消费者另有约定的，按照约定。"本部分内容见第二章第三节。

十、履行"三包"或其他责任的义务

《消费者权益保护法》第24条规定："经营者提供的商品或者服务不符合质量要求的，消费者可以依照国家规定、当事人约定退货，或者要求经营者履行更换、修理等义务。没有国家规定和当事人约定的，消费者可以自收到商品之日起7日内退货；7日后符合法定解除合同条件的，消费者可以及时退货，不符合法定解除合同条件的，可以要求经营者履行更换、修理等义务。依照前款规定进行退货、更换、修理的，经营者应当承担运输等必要费用。"该项义务可从以下两个方面理解：

1. 经营者提供的商品或者服务不符合质量要求,既包括不符合相关国家规定的要求、标准,也包括不符合与消费者约定的质量要求。若经营者提供的商品或者服务质量未达要求,消费者可以根据相关国家规定或者与经营者所达成的约定进行退货,或者要求经营者履行更换、修理等义务。

2. 经营者提供的商品或者服务存在质量问题,即使没有国家规定或当事人未进行约定,消费者自收到商品之日起 7 日内仍旧可以退货。7日后,若符合法定解除合同条件,消费者可以及时退货;不符合法定解除合同条件的,可以要求经营者履行更换、修理等义务。

消费者进行退货、更换、修理所产生的运输费等必要费用,应当由经营者承担。

十一、不以格式合同等方式损害消费者权益的义务

(一) 格式合同等方式的含义

格式合同的概念与特征

1. 格式合同。格式合同又称定型化合同或标准化合同。在消费领域中,格式合同是指由经营者单方拟定全部合同条款的合同。格式合同条款可能以规范化合同文本形式出现,如商品房购销合同,也可能在其他载体上出现,如在购货凭证、服务单据上,或者在包装物、包装袋上等。格式合同同一般合同相比较,具有以下三方面特征:①格式合同的制订者只有经营者,其决定并预先拟定合同全部内容,而作为合同另一方主体的消费者只有接受合同与否的自由,无参与决定合同内容的机会;②格式合同是针对不特定消费者而制订的,在适用对象上具有普遍性;③格式合同一经制订,可以在相当长的期限内使用,具有固定性和连续性。格式合同在日常生活中的适用是最为广泛的,例如,火车票就是最典型的、人们最熟悉的格式合同,它完全具备格式合同的上述特征。

2. 通知、声明、店堂告示等其他方式。这是单方面的意思表示,即经营者通过明示手段将相关事项告知不特定的消费者。经营者经常以这种方式表明营业事项,如春节停止营业 3 日,或以这种方式表明消费者交易事项,如凭购物证当日兑奖,过期作废。通知、声明、店堂告示等方式一直被经营者广泛利用。但《消费者权益保护法》上所规定的通知、声明、店堂告示等方式只是针对涉及经营者与消费者交易内容的通知、声明、店堂告示。

(二) 格式合同等方式的内容

格式合同等方式的内容

格式合同是经营者与消费者实现交易的重要形式之一。因其内容在交易前即已确定,在交易中消费者只要接受即可生效,因此,格式合同

具有省时、快捷、缩短交易过程的优点。另外，由于格式合同条款是由经常从事某项交易并熟悉该行业习惯的经营者制订的，经营者对合同内容能准确、严密、完整地把握，可以避免合同内容的遗漏和短缺，因而对保护双方当事人的合法权益有利。通知、声明、店堂告示可以使经营者的意图为更多的消费者了解，特别是店堂告示，更为商店及一些服务场所所独有，如商店里的"偷一罚十"告示等。但是，由于格式合同条款是经营者事先确定的，经营者可能利用这一优势在合同中作出对消费者不公平、不合理的规定，而消费者处于完全被动的地位，只能选择接受或不接受，其意志不能完全反映在格式合同当中，有可能因不够注意而使自身权益受到侵害。通知、声明、店堂告示也存在这一问题。正因为如此，《消费者权益保护法》第 26 条第 2、3 款规定："经营者不得以格式条款、通知、声明、店堂告示等方式，作出排除或者限制消费者权利、减轻或者免除经营者责任、加重消费者责任等对消费者不公平、不合理的规定，不得利用格式条款并借助技术手段强制交易。格式条款、通知、声明、店堂告示等含有前款所列内容的，其内容无效。"根据这一条的规定，格式合同等方式的内容必须符合下列要求：

格式合同等的
要求

1. 经营者不得作出对消费者不公平、不合理的规定。在消费法律关系中，经营者与消费者的地位形式上是平等的，双方在进行交易时，都要遵循自愿、公平、平等和诚实信用原则。但是，由于经营者与消费者所处地位的实际不平等，经营者往往利用自己的强者地位将自己的意志强加给消费者，甚至坑害消费者。如经营者在购物凭证上注明"打折商品概不退换"，在商店里挂的店堂告示写有"顾客请您自重"等，都是违背消费者意志的，是对消费者不公平、不合理的规定。这是《消费者权益保护法》所禁止的行为，同时也是经营者对其法定义务的不履行。

2. 经营者不得作出为减轻、免除其因损害消费者权益而应当承担的民事责任的规定。消费者在消费过程中的权益不受侵犯，是《消费者权益保护法》所确立的基本原则之一。经营者一旦侵犯了消费者的权益，就必须依法承担相应的民事责任，必须对消费者受到的损害予以补救。除法律规定外，经营者不能以任何形式对自己的加害行为所应承担的民事责任予以减轻或免除。但是，在消费领域，经营者以格式合同、店堂告示等方式减轻或免除自己应负法律责任的现象还是不少的。例如，图片社在冲洗胶卷的包装袋上注明"如操作不当造成胶卷报废，本店只赔偿一个相同质量的新胶卷"。这是比较典型的以格式合同方式来减轻因损害消费者权益而应承担的民事责任的行为。因为胶卷的价值绝不仅仅在于其本身，更在于其作为载体所记录的内容、资料。它有可能是消费者拍摄的绝无仅有的重大历史事件，也有可能是消费者亲属、朋友仅有的遗照，其商业价值及精神价值是胶卷本身无法衡量的。退一步讲，即便是一个最普通的消费者，其拍摄的胶卷既不具有历史价值也无艺术价值，但它毕竟还包含拍摄者的劳动。因此，损害一个拍摄过的胶卷只赔一个空白胶卷，显然是减轻了其应承担的责任。关于这一问题，已经发生了很多争议。因此，应引起经营者及全社会的重视。有人提出的冲洗胶卷保险制度，即根据冲洗的胶卷本身价值的大小由消费者投保，如果发生损害，则按投保金额大小赔偿，可以作为解决这类问题的途径。另外，有的干洗店在向消费者出具的单据上写道："在本店洗衣发生衣物的任何损害，本店概不负责，包括：掉扣、划痕、褪色……"这是经营者利用格式合同在免除自己损害消费者合法权益后所应承担的民事责任，同样是《消费者权益保护法》禁止的行为。

由此可见，格式合同等内容不能与消费者的利益相对抗，否则经营者便没有履行其法定义务。

（三）格式合同等方式的效力

格式合同等方式的利用可以提供交易便利，只要其条款是依法拟定，并不具有法律所禁止的内容的，是受法律承认和保护的，即其内容具有法律效力。如果其内容有对消费者不公平、不合理的规定，或者有减轻、免除经营者损害消费者合法权益应承担的民事责任的规定，那么，该内容无效。格式合同等方式内容无效并不一定是全部内容都无效。如果除去无效部分的内容，合同仍能成立的，那么，其他部分仍然有效；如果除去无效部分内容，合同即不成立或仍对消费者显失公平的，则格式合同等方式的内容全部无效。

十二、尊重消费者人格权的义务

消费者的人格尊严受尊重权是《消费者权益保护法》赋予消费者的最基本的权利之一。《消费者权益保护法》第 27 条又从经营者义务角度对这一问题作了进一步规定，充分体现了对消费者这一权利保护的重视。其具体内容包括以下三个方面：

尊重消费者人格权的具体内容

1. 经营者不得对消费者进行侮辱、诽谤。侮辱是指经营者用不文明、不礼貌的语言对消费者进行谩骂、贬损，以打击消费者的自尊心的行为；诽谤是指经营者通过捏造、散布虚假事实以贬低、诋毁消费者的人格的行为。侮辱、诽谤是对消费者名誉权的严重侵犯，例如，在没有证据的情况下就认为某正常消费的人为小偷，嘲笑消费者买不起某商品或者接受不起某种服务等。对此，经营者应承担相应的法律责任。

2. 经营者不得搜查消费者的身体及其携带的物品。由于搜查身体及物品与公民的人身权直接相关，我国法律只赋予少数行政机关和司法机关及其工作人员有搜查权，而且这些机关及工作人员行使该权力时也不是任意的，必须严格依法定程序进行，如必须有明确的搜查范围，有合法签发的搜查证件和工作证件等。除此之外，任何其他部门、单位及个人都无搜查权。经营者作为商品和服务的有偿提供者，无论如何都不享有搜查消费者身体及其携带物品的权力。但在消费领域，经营者擅自搜查消费者身体及其携带物品的行为时有发生，且多发生在超级市场及开架售货的商店，这是法律所不能容许的。

3. 经营者不得侵犯消费者的人身自由。公民的人身自由不受侵犯是我国《宪法》赋予公民的一项重要的人身权。但是，在现实生活中，经营者随意对消费者进行扣留、打骂的现象时有所闻，影响十分恶劣。这类行为不仅是违法行为，而且也是犯罪行为，违反该项义务的经营者要受到法律的严厉制裁。

十三、非现场销售经营者和提供金融服务的经营者提供全面信息的义务

随着信息时代的发展以及邮政快递业务的日益成熟，采用网络、电视、电话、邮购等方式购买商品或者服务普遍存在于我们的生活之中。在远程购物中，消费者并不能实质接触到商品，对于商品相关信息的了解完全依赖于经营者的提供。证券、保险、银行等金融服务具有一定的专业性，消费者在接受服务的过程中需依靠经营者提供的信息做判断。故《消费者权益保护法》要求上述两种情形下，经营者应当向消费者提供经营地址、联系方式、商品或者服务的数量和质量、价款或者费用、履行期限和方式、安全注意事项和风险警示、售后服务、民事责任等信息，以减小信息的不对称性，保障消费者利益。

十四、保护消费者个人信息的义务

《消费者权益保护法》第 29 条规定："经营者收集、使用消费者个人信息，应当遵循合法、正当、必要的原则，明示收集、使用信息的目的、方式和范围，并经消费者同意。经营者收集、使用消费者个人信息，应当公开其收集、使用规则，不得违反法律、法规的规定和双方的约定收集、使用信息。经营者及其工作人员对收集的消费者个人信息必须严格保密，不得泄露、出售或者非法向他人提供。经营者应当采取技术措施和其他必要措施，确保信息安全，防止消费者个人信息泄露、丢失。在发生或者可能发生信息泄露、丢失的情况时，应当立即采取补救措施。经营者未经消费者同意或者请求，或者消费者明确表示拒绝的，不得向其发送商业性信息。"这一规定，要求经营者应当从以下五个方面履行保护消费者个人信息的义务。

1. "经营者收集、使用消费者个人信息，应当遵循合法、正当、必

要的原则，明示收集、使用信息的目的、方式和范围，并经消费者同意。"这一规定表达的就是经营者收集、使用消费者的个人信息，必须遵循最低限度用途原则。"合法"就是不得借收集信息为名侵犯消费者的合法权益；"正当"就是收集消费者的个人信息不能脱离其经营范围、所属业务；"必要"就是不能超出与消费者交易的范围，要求消费者提供与交易无关的信息，如卖给消费者衣服要求消费者提供健康状况和家庭其他成员的相关信息等。在征得消费者同意前，要向消费者明示收集、使用消费者个人信息的目的、使用方式、使用范围，如果目的超出交易本身，如为了了解消费者的消费层次、习惯，或者使用方式不被消费者接受，抑或超出双方约定的交易范围使用而没有获得消费者同意，经营者即不得收集、使用消费者的个人信息。

2. 经营者应当制定收集、使用消费者个人信息的规则，该规则不得违反法律法规的规定，且必须将该规则向不特定的消费者公开；法律法规对收集、使用消费者个人信息有禁止性或者限制性规定的，经营者不得违反该规定；若消费者就其个人信息的使用与经营者有约定，经营者在收集、使用消费者个人信息时必须遵守该约定。

3. 消费者的个人信息对经营者均有或高或低，或直接或间接的商业价值，对经营者获取的消费者个人信息，其他经营者都有获取以实现商业目的的愿望。所以法律明确规定对于消费者个人信息，经营者必须尽到严格保密的义务，经营者更不得以营利为目的向他人出售、转让消费者的个人信息。

4. 消费者的个人信息不仅对经营者具有商业价值，也关系到消费者的人身及财产安全。要使被经营者掌握的消费者个人信息不因泄露、丢失而威胁到消费者的安全，最为重要的就是事先预防，即经营者尽到对消费者个人信息安全的保障义务，一旦不慎泄露、丢失，经营者不能等闲视之，必须采取积极有效的措施加以补救，避免给消费者带来损失或者使损失降到最小。

5. 不经消费者同意或者请求，不得向消费者发送商业信息；消费者明确表示拒绝的，不得向消费者发送商业信息。

□ 小   结

经营者义务是《消费者权益保护法》的核心内容之一，也是本门课程的教学重点之一。为了便于学生更透彻地理解和掌握这部分内容，本章详细地剖析了我国《消费者权益保护法》为经营者所设定的 14 项义务。在撰写过程中，对经营者各项义务及法律规定的内容进行了详细的解释，同时对重点部分的立法本意从更深层次给予了揭示。在学习时应认真领悟并掌握。

□练习与思考

一、名词解释

1. 经营者
2. 经营者的义务

二、简答题

1. 经营者应当怎样履行与消费者约定的义务？如何理解这里的"约定"？

2. 保证商品和服务安全的义务内容包括哪几个方面？对有潜在缺陷和有严重缺陷的商品和服务，经营者必须尽到哪些具体义务？

3. 虚假宣传的含义是什么？

4. 经营者出具购货凭证或者服务单据包含几层含义，各是什么？

5. 如何正确理解"经营者应当保证在正常使用商品或者接受服务的情况下其提供的商品或者服务应当具有的质量、性能、用途和有效期限；但是消费者在购买该商品或者接受服务前已经知道其存在瑕疵，且存在该瑕疵不违反法律强制性规定的除外"这一规定？

6.《消费者权益保护法》规定的格式合同有哪些特征？对其禁止性的规定是什么？如何正确使用店堂告示？

7. 经营者应当从哪些方面保护消费者的个人信息？

三、思考题

本章为何只规定经营者义务而不规定经营者权利？

第五章

国家对消费者权益的保护

■学习目的和要求

通过本章学习，要求学生
● 重点掌握：国家对消费者权益保护的途径。
● 掌握：国家对消费者权益立法保护的内容和形式；国家
  对消费者权益行政保护的途径，相关的行政机关及其职
  责，保护的手段；国家对消费者权益司法保护的具体内
  容。

　　保护消费者权益不受侵犯，是国家应有的职责。消费者自我保护与国家专门保护相结合，是我国消费者权益保护法所确定的保护消费者的一项基本原则。我国一直将消费者权益保护问题摆在重要的地位，通过各种途径加强对消费者权益的保护。国家对消费者权益的保护的途径主要有立法、行政、司法三个方面。

第一节　国家对消费者权益的立法保护

　　依法保护消费者权益是法治建设的必然要求和组成部分。依法就要有法可依，因此，加强立法是国家保护消费者权益的基础。国家通过制定有关消费者保护的法律、法规和行政规章来不断健全和完善消费者权益保护的法律体系。自改革开放以来，我国在消费者权益保护领域的立

法工作是同整个法治建设协调进行的，一系列保护消费者权益的法律、法规及规章的出台，初步形成了较完整的消费者权益保护法律体系。《消费者权益保护法》的颁布、实施，就是国家通过立法保护消费者权益的重要步骤。它规定了消费者保护的原则、适用范围，并具体规定了消费者权利、经营者义务、消费争议解决途径和法律责任等内容，而且在第30条还规定，"国家制定有关消费者权益的法律、法规、规章和强制性标准，应当听取消费者和消费者协会等组织的意见"，对以后在消费者权益保护立法方面提出了新要求。

国家对消费者合法权益立法保护的具体内容

一、法律的制定

在我国，全国人民代表大会及其常务委员会通过的规范性文件为法律。因此，法律的制定权只属于全国人民代表大会及其常务委员会。目前，正在实施的与消费者权益保护有关的法律除《消费者权益保护法》外，还有《反不正当竞争法》《产品质量法》《民法典》《民事诉讼法》《仲裁法》等。法律的制定程序一般要经过五个步骤：法律草案的起草、法律议案的提交、法律议案的审议、法律的通过、法律的公布。在法律制定过程中，要广泛地调查研究，深入听取有关部门、各界人士及公众的意见和要求，经反复修改讨论，最后予以通过。我国1993年的《消费者权益保护法》是一部在全国人民代表大会常务委员会获全票通过的法律，这在我国立法史上是第一次。

二、法规的制定

法规分为行政法规和地方性法规两种。行政法规是由国务院发布或经国务院批准由有关部、委、办、局发布的规范性文件；地方性法规是由省、自治区、直辖市人民代表大会及其常务委员会制定，并由其批准颁布的规范性文件。行政法规的效力及于全国，地方性法现只在本行政区内有效。行政法规的制定过程包括拟定草案、审查论证、讨论通过，最后由国务院总理公布实施。对于消费者权益保护法规，在起草及审查阶段应广泛征求和听取消费者的意见和建议，以便能更充分地体现广大消费者的意见。地方性法规的制定过程同法律的制定过程相似。

三、行政规章的制定

行政规章是由国务院各部、委、办、局和省、自治区、直辖市人民政府发布的规范性文件。行政规章一般是在制定法律、法规条件不成熟但又急需对某些社会关系加以规范，或某些规范不需要有持久效力的情况下，由上述部门以决定、命令、办法等形式发布的规范性文件。目前适用于全国范围内的有关消费者权益保护的行政规章有：《侵害消费者权益行为处罚办法》《市场监督管理投诉举报处理暂行办法》《部分商品修理更换退货责任规定》《农业机械产品修理更换退货责任规定》等。行政规章的作用在于当法律、法规没有作出规定或规定较原则而不具有操作性的情况下，可以填补这方面的空白或使原则性规定具体化，使无法可依的领域能有章可循。行政规章在制定程序上相对于法律、法规要简便得多，一般没有固定的程序，表现形式上也没有固定的模式。形式灵活多样，内容具体，可操作性强，这是行政规章的最大特点。但消费者保护领域的行政规章必须依据《消费者权益保护法》的规定，制定时应充分听取消费者和消费者协会等组织的意见和要求。

第二节　国家对消费者权益的行政保护

日常生活中存在大量的消费者权益争议，其中只有一部分通过司法程序即诉讼程序解决，其余的大部分都是通过行政程序解决的。因此，包括国务院在内的各级人民政府及其所属行政机关在国家对消费者权益的保护方面处于十分重要的地位。它们依照《消费者权益保护法》及其他相关法律、法规保护消费者合法权益，这是其行使行政权力、履行法定职责的重要体现。

根据《消费者权益保护法》的规定，各级人民政府保护消费者合法权益的职责包括：加强领导，组织、协调、督促有关行政部门做好保护消费者合法权益的工作，落实保护消费者合法权益的职责；加强监督，预防危害消费者人身、财产安全行为的发生，及时制止危害消费者人身、财产安全的行为。

对于国务院及各级政府来说，在消费者权益保护方面行使领导权和监督权是全局性的，是宏观的。消费者权益保护工作的具体落实，是由政府各职能部门通过其日常工作来实现的。本部分主要以国家市场监督管理部门对消费者权益保护职责为主。

2018 年 3 月 13 日，根据国务院总理李克强提请第十三届全国人民代表大会第一次会议审议的国务院机构改革方案的议案，组建国家市场监督管理总局。2018 年 4 月 10 日，国家市场监督管理总局正式挂牌。它将国家工商行政管理总局，国家质量监督检验检疫总局，国家食品药品监督管理总局，国家发展和改革委员会的价格监督检查与反垄断执法部门，商务部的经营者集中反垄断执法以及国务院反垄断委员会办公室等部门合并，并对上述部门的职责进行整合，组建国家市场监督管理总局，作为国务院直属机构。

市场监督管理部门对消费者合法权益保护的职责有：

1. 通过市场综合监督管理保护消费者。起草市场监督管理有关法律法规草案，制定有关规章、政策、标准，组织实施质量强国战略、食品安全战略和标准化战略，拟订并组织实施有关规划，规范和维护市场秩序，营造诚实守信、公平竞争的市场环境。

市场监督管理部门保护消费者权益的职责

2. 通过市场主体统一登记注册对消费者进行保护。指导各类企业、农民专业合作社和从事经营活动的单位、个体工商户以及外国（地区）企业常驻代表机构等市场主体的登记注册工作。建立市场主体信息公示和共享机制，依法公示和共享有关信息，加强信用监管，推动市场主体信用体系建设。具体从以下两个方面发挥维护消费者合法权益的作用：

（1）促进产品经营，为消费者提供日益丰富的商品和更加便利的服务。市场上商品丰富了，消费者才能充分地实现自己的消费意愿。在凭需求供应的状况下消费者权益问题是无从谈起的，因为能满足人们的基本生活就是最高目标。只有生产发展了，社会产品才能更加丰富，服务才能更加多样化；只有流通顺畅了，才能互通有无，才能保证消费者多样化的需求。要想商品丰富、流通顺畅及服务多样化，就必须扩大经营者的队伍。因此，市场监督管理部门通过登记管理，赋予一切具备经营条件和经营能力的人以市场主体资格，支持他们兴办一切合法的、为社会所需要的商品生产和服务活动，丰富商品品种和服务方式，直接或间接地满足消费者的需求。

（2）制止违法经营，严厉打击制售假冒伪劣商品行为，创造良好的消费环境，促进经济健康、有序地发展。经合法登记的经营者进入市场后，市场监督管理部门仍依法享有对其经营活动和违法行为进行监督和处罚的权力，这是《企业法人登记管理条例》和《消费者权益保护法》赋予的。市场监督管理部门在其职责范围内，应当定期或者不定期对经营者提供的商品和服务进行抽查检验，并及时向社会公布抽查检验结果；发现并认定经营者提供的商品或者服务存在缺陷，有危及人身、财产安全的，应当立即责令经营者采取停止销售、警示、召回、无害化处理、销毁、停止生产或者服务等措施。这是 2013 年修订的《消费者权益保护法》中新增加的内容，赋予了市场监督管理部门更多的职权，也加重了其在消费者权益保护方面应承担的职责，为市场监督管理部门保护消费者合法权益提供了更为直接有效的方式手段。经营者的违法经营活动及制假行为必然给消费者造成损害，市场监督管理机关通过对经营者的经营进行经常性检查，发现问题及时制裁，从而直接维护消费者的利益。

3. 通过监督管理市场秩序保护消费者权益。依法监督管理市场交易、网络商品交易及有关服务的行为。组织指导查处价格收费违法违规、不正当竞争、违法直销、传销、侵犯商标专利知识产权和制售假冒伪劣行为。指导广告业发展，监督管理广告活动。指导查处无照生产经营和无证生产经营行为。指导中国消费者协会开展消费维权工作。通过市场管理和经济监督来维护市场交易秩序，为消费者提供公平、安全的消费环境。通过对直接损害消费者合法权益的虚假广告、虚假的有奖销售、垄断货源、欺行霸市、哄抬物价、扰乱市场行为的查处，制止不正当竞争，保护国家和消费者的利益。

4. 通过反垄断统一执法保护消费者权益。统筹推进竞争政策实施，指导实施公平竞争审查制度。依法对经营者集中行为进行反垄断审查，负责垄断协议、滥用市场支配地位和滥用行政权力排除、限制竞争等反垄断执法工作。指导企业在国外的反垄断应诉工作。承担国务院反垄断委员会日常工作。

5. 通过产品质量安全监督管理保护消费者权益。管理产品质量安全风险监控、国家监督抽查工作。建立并组织实施质量分级制度、质量安全追溯制度。指导工业产品生产许可管理。负责纤维质量监督工作。

6. 通过食品安全监督管理综合协调和食品安全监督管理保护消费者权益。组织制定食品安全重大政策并组织实施。负责食品安全应急体系建设，组织指导重大食品安全事件应急处置和调查处理工作。建立健全食品安全重要信息直报制度。承担国务院食品安全委员会日常工作。建立覆盖食品生产、流通、消费全过程的监督检查制度和隐患排查治理机制并组织实施，防范区域性、系统性食品安全风险。推动建立食品生产经营者落实主体责任的机制，健全食品安全追溯体系。组织开展食品安全监督抽检、风险监测、核查处置和风险预警、风险交流工作。组织实施特殊食品注册、备案和监督管理。

7. 通过统一管理计量工作，统一管理标准化工作，统一管理检验检测工作，统一管理，监督和综合协调全国认证认可工作，市场监督管理科技和信息化建设、新闻宣传、国际交流与合作，管理国家药品监督管理局等工作保护消费者权益。推行法定计量单位和国家计量制度，管理计量器具及量值传递和比对工作。规范、监督商品量和市场计量行为。依法承担强制性国家标准的立项、编号、对外通报和授权批准发布工作。制定推荐性国家标准。依法协调指导和监督行业标准、地方标准、团体标准制定工作。组织开展标准化国际合作和参与制定、采用国际标准工作。推进检验检测机构改革，规范检验检测市场，完善检验检测体系，指导协调检验检测行业发展。建立并组织实施国家统一的认证认可和合格评定监督管理制度。按规定承担技术性贸易措施有关工作。

8. 通过宣传普及消费者权益保护的法律知识，提高消费者自我保护的法律意识。例如，每年一度的"3·15"国际消费者权益日活动，由国家市场监督管理总局统一部署，在全国范围内开展宣传咨询活动，收到了显著的效果，消费者受到损害时主动投诉的比例大幅度上升。

9. 建立和健全执法机构及投诉、申诉、举报服务网络，从组织上保证《消费者权益保护法》的实施。1999 年 3 月 15 日，为了切实解决广大消费者"投诉难"的问题，及时、方便、快捷受理消费者诉求，国家工商行政管理总局在原信息产业部的大力支持下，在全国统一开通了 12315 消费者申诉举报专用电话。全国各级工商行政管理机关以 12315 电话为依托，建立了以现代信息技术为主要手段，集受理、查处、监管为一体，覆盖全国城乡的 12315 消费者申诉举报服务网络。

2019 年 2 月 25 日，中华人民共和国国家市场监督管理总局官网发布《市场监管总局关于整合建设 12315 行政执法体系更好服务市场监管执法的意见》。到 2020 年底，原工商、质检、食品药品、物价、知识产权等投诉举报热线电话，即 12315、12365、12331、12358、12330 等将统一整合为 12315 热线，以 12315 一个号码对外提供市场监投诉举报服务。据统计，自 1994 年《消费者权益保护法》生效至 1998 年下半年，全国工商行政管理系统共处理消费者投诉、申诉争议 265 万件，为消费者挽回经济损失 17.8 亿元，运用《消费者权益保护法》查处侵犯消费者合法权益案件 5.7 万余件。2019 年 9 月 3 日国家市场监督管理总局宣布，全国 12315 平台上线首日访问量共达 430 105 人次，接收公众各类投诉举报 4594 件。其中，涉及日常消费 3551 件，占比 77.30%；产品质量 844 件，占比 18.37%；药品 87 件，占比 1.89%；价格监督 106 件，占比 2.31%；知识产权 6 件，占比 0.13%。主要问题集中在产品质量、违法广告、售后服务、侵害消费者权益、合同违约、不正当竞争、违规收费等方面。

10. 不断完善配套法规、规章，全面促进《消费者权益保护法》的贯彻实施。国家市场监督管理总局原构成单位几年来有针对性地制定了《网络餐饮服务食品安全监督管理办法》《网络购买商品 7 日无理由退货暂行办法》《消费品召回管理暂行规定》《家用汽车产品修理更换退货责任规定》《侵害消费者权益行为处罚办法》《工商行政管理部门处理消费者投诉办法》（已失效）等行政规章，还与有关部门联合发布了《部分商品修理更换退货责任规定》《农业机械产品修理、更换、退货责任规定》等规章。各地市场监督管理机关积极配合地方人民代表大会和人民政府进行《消费者权益保护法》配套法规和规章的草拟、制定工作。目前，已有 31 个即所有的省级行政区包括省、自治区、直辖市人民代表大会审议并通过了保护消费者合法权益的地方性法规。

第三节 国家对消费者权益的司法保护

国家检察机关、审判机关承担国家对消费者合法权益司法保护的职责。这是我国对消费者合法权益保护的最后一道防线。根据《消费者权益保护法》的规定，对消费者合法权益的保护应由司法机关依照法律、法规规定，惩处经营者在提供商品和服务中侵害消费者合法权益的违法犯罪行为，人民法院应当采取措施，方便消费者提起诉讼。人民法院对符合《民事诉讼法》起诉条件的消费者权益争议必须受理，及时审理。

一、惩处侵犯消费者权益的违法行为和犯罪行为

惩处侵犯消费者
合法权益行为的
内容

违法行为和犯罪行为都是具有社会危害性的行为，二者既有联系又有区别。违法是指一切违反现行有效的法律、法规和政策并具有社会危害性的行为；犯罪是指行为人的行为触犯刑事法律，应受刑法处罚的行为。违法行为不一定是犯罪行为，但犯罪行为的前提是违反了有关法律、法规，同时又违反刑法，有严重的社会危害性且应受刑罚处罚的行为。在这里，违法犯罪行为是指违反消费者权益保护法律规范，侵犯消费者合法权益，以及触犯了刑法相关规定构成犯罪的行为。侵犯消费者合法权益的违法行为，主要由有关行政机关依法追究行为人行政责任和由人民法院裁判追究其民事责任，犯罪行为由人民法院追究刑事责任。其违法和犯罪主体是经营者，其行为是在提供商品或服务过程中发生的。侵犯消费者权益的违法犯罪行为的表现有下列几种：

1. 生产者、销售者在产品中掺杂、掺假，以假充真，以次充好或者以不合格产品冒充合格产品；

2. 生产、销售国务院药品监督管理部门禁止使用的药品；未取得药品相关批准证明文件生产、进口药品或者明知是上述药品而销售；药品申请注册中提供虚假的证明、数据、资料、样品或者采取其他欺骗手段；编造生产、检验记录；生产、销售假药；

3. 生产、销售不符合食品安全标准的食品，足以造成严重食物中毒事故或者其他严重食源性疾病；

4. 生产、销售的食品中掺入有毒有害的非食品原料，或者销售明知掺有有毒、有害的非食品原料的食品；

5. 生产不符合保障人体健康的国家标准、行业标准的医疗器械、医用卫生材料，或者销售明知是不符合保障人体健康的国家标准、行业标准的医疗器械、医用卫生材料，足以严重危害人体健康；

6. 生产不符合保障人身、财产安全的国家标准、行业标准的电器、

压力容器、易燃易爆产品或者其他不符合保障人身、财产安全的国家标准、行业标准的产品，或者明知是以上产品而销售，造成严重后果；

7. 生产假农药、假兽药、假化肥，销售明知是假的或者失去使用效能的农药、兽药、化肥、种子，或者生产者、销售者以不合格的农药、兽药、化肥、种子冒充合格的农药、兽药、化肥、种子，使生产遭受较大及较大以上损失；

8. 生产不符合卫生标准的化妆品，或者销售明知是不符合卫生标准的化妆品，造成严重后果。

惩处经营者在提供商品或服务中侵害消费者合法权益的违法犯罪行为的法律依据包括：①《刑法》。1997年3月14日第八届全国人民代表大会第五次会议修订，同年10月1日生效的《刑法》第二编分则部分第三章第一节"生产、销售伪劣商品罪"专节规定了侵犯消费者合法权益的犯罪种类和刑罚。从第140条至第150条以12条的篇幅规定了对自然人和法人犯侵害消费者合法权益罪的没收财产、罚金和判处徒刑的标准，根据情节轻重，对此类犯罪最低处以销售额50%以上2倍以下罚金，最高可处以死刑。②《消费者权益保护法》及其他法律、法规。《消费者权益保护法》第七章专章规定了经营者违反该法规定不履行法定义务的惩处形式，包括民事制裁、行政制裁和刑事制裁。其他法律如《民法典》《产品质量法》《反不正当竞争法》《食品安全法》《药品管理法》等，都规定了不履行相关法定义务，直接或间接侵犯消费者合法权益应受到的民事、行政和刑事制裁的行为、情节和后果。

二、方便消费者提起诉讼，依法及时审理消费者权益争议案件

在国家保护消费者合法权益工作中，人民法院的地位是十分重要的。人民法院对消费者权益所作的正确裁决具有最终法律效力和最高的权威性。因此，为了及时解决消费者权益争议，避免争议久拖不决给消费者造成更大的损害，加强对消费者权益的司法保护，《消费者权益保护法》第35条规定，凡符合《民事诉讼法》的规定，具备起诉条件的消费者权益争议案件，人民法院就必须受理，及时审理。

1. 人民法院应采取措施，为消费者起诉提供方便。中国人有一种　方便起诉的内容
"冤死不告状"的传统思想，即便在我国法治建设取得了巨大进步的今天，一些消费者因诉讼法等法律知识的欠缺及个别法官裁判不公的原因，仍把打官司视为畏途。因此，人民法院除公正审理案件外，还应当通过宣传、普及民事诉讼法等有关法律知识，增强消费者的法治观念和自我保护意识，消除对提起诉讼这一解决争议途径的畏惧感。同时，在法律规定的范围内采取适当措施，如设立巡回法庭，简化起诉程序，随时随地解决争议；借鉴别国经验，设立专门受理消费者争议案件的法庭等，

为广大消费者提起诉讼创造便利条件。在这方面，我国一些地方法院早已有所尝试和经验，有很多地方法院设立了专门的消费者争议法庭。一些法院的消费者合法权益保护法庭在办案中简化诉讼手续，不论案件标的大小，均予以受理；有的不收诉讼费或少收诉讼费。这样不仅提高了办案效率，又方便了消费者起诉，对切实保护好消费者权益起到了积极的作用。

2. 及时受理和审理消费者权益争议案件。人民法院受理和审理消费者权益争议案件，应按《民事诉讼法》规定的条件和程序进行。《民事诉讼法》第119条规定："起诉必须符合下列条件：①原告是与本案有直接利害关系的公民、法人和其他组织；②有明确的被告；③有具体的诉讼请求和事实、理由；④属于人民法院受理民事诉讼的范围和受诉人民法院管辖。"人民法院对符合法定起诉条件的消费争议案件，不得以任何理由拒绝受理，如不得因争议标的额小，没有经济效益而不受理。对确不符合《民事诉讼法》规定起诉条件的，分情形予以处理：如依照法律规定，应由其他机关处理的争议，告知原告向有关机关申诉；对不属本院管辖的案件，告知原告向有管辖权人民法院起诉；对判决、裁定已发生法律效力的案件，当事人又起诉的，告知原告按照申诉程序处理。除此之外，对符合立案条件的案件，人民法院应依法在7日内立案，并通知当事人。要按照《民事诉讼法》规定的诉讼期限，尽早开庭审理。受理的人民法院应当依《民事诉讼法》的规定在立案之日起5日内将起诉状副本发送被告，被告自收到起诉状副本之日起15日内提出答辩状，被告提出答辩状的，人民法院应当在收到答辩状之日起5日内将其发送原告，被告不提交答辩状的，不影响人民法院审理。随后，人民法院应组成合议庭，并在法定时间内告知当事人，同时通知有关当事人开庭日期、地点。在审理时，对事实清楚、权利和义务关系明确、争议不大的消费权益争议案件，可以适用简易程序，并应当自立案之日起3个月内审结。适用普通程序审理的消费权益争议案件，应当自立案之日起6个月内审结。有特殊情况需要延长的，由本院院长批准，可延长6个月；还需再延长的，报请上级人民法院批准。这些规定为人民法院及时审理消费者权益争议案件提供了法律依据，也是人民法院必须依法及时组织审判活动的法定职责。自《消费者权益保护法》实施以来，全国各地各级人民法院审判了多起引发巨大轰动的消费权益争议案，如北京市海淀区人民法院审理的"贾某伤害案"，上海市第二中级人民法院审理的"屈臣氏搜身案"，北京市西城区、东城区的"公用电话收费案"，王海在全国多起买假索赔案等。这些案件判决结果出入很大、争议颇多，但这些判例从正、反两个方面为法院处理此类案件提供了参考与借鉴。

及时受理审理的
内容

□小　结

　　由于消费者处于明显的弱者地位，虽然法律规定了其享有众多权利，并规定了其相对应的主体——经营者必须履行众多的义务，但是仅靠消费者自身的能力来保障其权益不受侵害仍是难以实现的。基于此，《消费者权益保护法》本着向消费者倾斜的立法原则，专章规定了国家从立法、行政和司法三个方面对消费者给予保护。立法保护的主要内容是国家通过法律、法规和政策的制定来实现对消费者合法权益保护的目的；行政保护是通过依法有保护消费者合法权益职责的各级行政机关，如工商行政管理、技术监督、卫生、商品检验等部门的执法活动及受理消费者投诉对消费者施以保护；司法保护是通过受理消费者的起诉和审判活动来实现对消费者合法权益的最终司法保护。

□练习与思考

简答题

1. 国家从哪些方面对消费者合法权益进行立法保护？
2. 市场监督管理部门从哪些方面保护消费者权益？
3. 人民法院应如何做到方便消费者起诉？

第六章

消费者组织

■**学习目的和要求**

通过本章学习，要求学生
- ●重点掌握：消费者组织及消费者协会的概念特征；消费者协会的职责与义务；国际消费者联合会的组成、机构设置。
- ●掌握：消费者组织的概念、特征；消费者协会的职责与义务。
- ●一般了解：我国消费者组织的种类；香港消费者委员会的组成、任务、职能及内部机构的设置；国际消费者联合会的设立、内部组织结构的设置、宗旨与活动；国际消费者联合会会员的概况。

第一节　消费者组织概述

消费者组织的概念

一、消费者组织的概念及特征

消费者组织是为维护消费者权益而由消费者自发组织起来的或者由其他社会团体联合组建的社会组织。消费者组织以切实维护消费者权益为宗旨，完全代表消费者的利益，并站在消费者的立场上开展活动和进行工作。消费者组织所从事的一切活动都不以营利为目的，其独立或相对独立地进行活动，不受其他组织及团体的干涉。消费者组织同其他组织相比较具有以下法律特征：

（一）消费者组织是社会组织

严格地讲，社会组织与社会团体在含义及外延上都有差异。社团一般是与财团相对应的，是指以一定目的组织起来的人的集合体；在我国，社团一般包括企业法人、事业法人及社会团体法人等。社会组织是指由一定数量的社会成员，按照一定的规范，并围绕一定的目标聚合而成的社会群体。社会组织是公共关系的第一构成要素，是公共关系的发起者、策划者和行动者，它决定了公共关系的状态、过程、发展方向。作为社会组织的消费者组织是以维护消费者权益为目的，由消费者及其他社会团体组织起来的非营利性的社会组织。这种社会组织既不同于国家机关，也不同于财团组织，更不同于各种经济组织。

（二）消费者组织以保护消费者的利益为宗旨

消费者组织的出发点和归宿都是保护消费者的利益，这是消费者组织区别于其他社会团体的重要标志。由一定社会成员按照特定目的组织起来的社会团体，由于其追求的目的不同，在表现形式上亦各有差异。例如，以维护工人自身利益而组织起来的社会团体的表现形式是工会，以维护妇女权益为目的而组织起来的社会团体是妇女联合会等，另外还有文艺团体、学术团体等。这些社会团体都有其各自的宗旨。而消费者组织的最高目标是维护消费者的利益，包括消费者的各方面的利益。消费者组织从事与其宗旨相违背的任何其他活动都是法律所禁止的。

（三）消费者组织的法律地位较为特殊

消费者组织虽然都以维护消费者的利益为宗旨，但是不同的消费者组织的法律地位是不同的。在我国，有的消费者组织具有法人资格，有的消费者组织则不具有法人资格。依照我国《民法典》的规定，消费者组织为公益目的成立的非营利法人，如各级消费者协会，都依法取得社会团体法人资格；不具备法人条件而设立的消费者组织，不能取得法人资格。但是不具有法人资格的消费者组织，只要是依法设立的，仍可以从事维护消费者权益的各项活动。

二、消费者组织的种类

在我国，广义的消费者组织包括以下几种：

1. 群众性消费者组织。群众性消费者组织是指由消费者为维护自身合法权益而自发组织起来的消费者团体，如商品房小区的业主委员会、稻农协会等。

2. 政府部门中的保护消费者的机构。这里的政府部门是指依法有保护消费者职责的各级政府机关，如市场监督管理机关、商品检验机关、卫生监督机关等，这些机关中专门设立有保护消费者权益的机构，如原工商局内部设立的消费者权益保护司（处、科）等。从广义上讲，也可以称之为消费者组织，但其性质与其他消费者组织是不同的。

3. 经营者为接受消费者监督而成立的自律性组织。经营者为了自身的利益，也由于来自消费者和政府部门的压力，有的成立了具有自律性质的为维护消费者合法权益而从事活动的组织，这种组织虽然不是消费者自己的组织，但在保护消费者利益方面也发挥着积极的作用。

4. 由其他社会团体联合组织成立的消费者保护组织。这类组织也站在消费者的立场上开展活动，并以保护消费者利益为宗旨，因此，也是重要的消费者组织。如我国的消费者协会，就是由有关机关领导人员，工会、妇联、共青团、文联等社会团体的代表组成的。它是我国最基本的消费者组织。

狭义的消费者组织在我国专指消费者协会（消费者权益保护委员会）和群众性的消费者组织。

第二节　中国消费者组织

中国消费者组织是指中国消费者协会和地方各级消费者协会以及其他消费者组织。

一、消费者协会

（一）中国消费者协会

消费者协会的基本情况

中国消费者协会是为维护消费者权益而成立的，负责全国范围内的消费者权益保护工作的消费者组织。它是经国务院批准成立的，具有社会团体法人性质的全国性的消费者组织，是挂靠在原国家工商行政管理总局的一种"官意民办"的消费者组织。

中国消费者协会成立于1984年12月26日。其内部设理事会，为中国消费者协会的最高决策机构，理事会由下列各方面的代表组成：工商行政管理、技术监督、商检、物价、卫生、商业、政法机关等政府机关的领导人员；工会、妇联、共青团、文联等群众团体的代表；报纸、广播电视等新闻媒体的代表以及工人、农民、城镇居民、文艺工作者、律师等各方面的群众代表。理事会设理事长 1 人，副理事长若干人，秘书长 1 人，副秘书长若干人。秘书长、副秘书长负责日常事务。理事会每年举行一次会议，理事会闭会期间由常务理事会负责有关决策工作，常务理事会可以根据需要随时召开临时会议。

（二）地方消费者协会

地方消费者协会是指由县级以上地方人民政府的工商行政管理部门、技术监督部门、进出口商品检验部门、物价部门、卫生部门以及工会、妇联、共青团等组织共同发起，经同级人民政府批准建立，办事机构挂靠在同级工商行政管理局（现为市场监督管理总局）的消费者权益保护的社会团体。我国最早的县级地方消费者协会是 1983 年 5 月成立的河北省新乐县的消费者协会，它是我国第一个消费者协会；我国第一个市级消费者协会是 1984 年 9 月成立的广州市消费者委员会，它是我国第一个城市消费者组织。截至 2020 年年底，我国已经成立的县级以上消费者协会 3276 个，乡镇、街道分会 25 770 个。

（三）消费者协会的职能

根据《消费者权益保护法》第 37 条的规定，我国各级消费者协会具有下列八项职能：

1. 向消费者提供消费信息和咨询服务，提高消费者维护自身合法权益的能力，引导文明、健康、节约资源和保护环境的消费方式。消费信息包括：商品、服务及生产者、销售者的基本情况、现状、发展趋势、表现形式等资料和信息；咨询服务是针对消费者的询问，就有关消费及消费者权益保护方面的问题给予解答。消费者协会提供消费信息及咨询服务是其日常工作的重要内容。消费者协会提供上述信息和服务的方式包括设立热线咨询电话、咨询窗口、举办宣传专栏、举办讲座、培训班、展览、社会咨询等，向消费者解答问题，公布调查及测试结果，开展推荐活动，通过这些方式经常性地为消费者服务。

2. 参与制定有关消费者权益的法律、法规、规章和强制性标准。作为解决消费纠纷、奋战于实践一线的组织，消费者协会掌握了一手实践情况，积累了大量经验，拥有参与制定有关消费者权益的法律、法规、规章和强制性标准的理论和现实基础。

3. 参与有关行政部门对商品和服务的监督、检查。对商品和服务的监督检查是国家赋予有关行政机关如市场监督管理、卫生管理等部门的法定职权，消费者协会不直接享有这种权力。但是，消费者协会的宗旨是保护消费者的利益，而保护消费者利益的主要方式之一就是对商品和服务的监督。除了依照法律、法规、规章及章程实施监督外，消费者协会还可以依照《消费者权益保护法》的规定参与有关国家行政机关的监督、检查活动。通过这种参与活动，消费者协会既可以更充分地了解、掌握有关商品和服务的基本情况、基本知识，保证其更好地为消费者提供服务，还可以督促有关行政机关严格履行保护消费者权益的职责。

为了保证消费者协会这一职责的实现，有关国家行政机关在对关系到消费者切身利益的商品和服务进行监督、检查时，应当主动吸收消费者协会参加，消费者协会也可以依法主动参加。在监督、检查过程中，消费者协会应从消费者的立场出发，若发现侵犯消费者利益的行为，应及时向有关行政机关反映，并提出意见和建议，督促有关机关及时采取有效措施予以制止。

4. 就有关消费者合法权益的问题，向有关部门反映、查询，提出建议。这里的有关部门是指对保护消费者权益具有责任和职能的行政机关和行政机构。所谓消费者权益问题，是指在消费领域中与消费者权益保护相关的所有问题，包括：商品和服务的质量、价格、计量、包装、广告，经营者违法行为，处理意见，消费者的要求和愿望等。反映是指向有关部门告知有关情况和问题，使其引起重视。消费者协会在反映上述问题时，应做到客观、真实、全面。查询是指向有关部门调查、询问有关消费者权益保护工作的进行情况，既包括消费者协会如何工作，也包括有关部门如何处理。建议是指提出问题的处理方式和设想。消费者协会的这项职能对有关行政部门的工作起了较好的辅助作用。它既有利于更好地保护消费者的权益，又能起到连接消费者与政府的桥梁作用。

5. 受理消费者投诉，并对投诉事项进行调查、调解。受理消费者投诉并进行处理是消费者协会直接帮助消费者，为消费者排忧解难并维护其合法权益的一项重要的日常工作。消费者在购买、使用商品或者接受服务过程中，其权益受到损害时，有权向消费者协会反映并要求帮助解决。消费者协会对消费者的投诉不得拒绝，即使不属于消费者协会受理范围内的投诉，消费者协会也应当及时告知消费者应当投诉的部门、途径。消费者协会受理消费者投诉后，应在查清的基础上分清责任，对消费者与经营者的争议进行调解。经过调解达成协议的，应督促双方履行协议，促使争议的解决；经调解不能达成协议或者达成协议后一方反悔的，消费者协会应告知消费者有权继续寻求其他途径解决争议，如向有关行政机关申诉、申请仲裁或者向人民法院起诉解决争议。对非争议的投诉事项，消费者协会也应当认真听取消费者的陈述，认真进行调查，核实情况，并督促经营者改正或者提请有关行政部门处理。

6. 投诉事项涉及商品或者服务质量问题的，可以委托具备资格的鉴定人鉴定，鉴定人应当告知鉴定意见。商品或者服务如果有质量问题，则需要有关部门鉴定，以便查清事实，确定责任的承担者。消费者协会在受理消费者投诉时遇到此类情况，应当及时委托具有资格的鉴定人进行鉴定，鉴定人对消费者协会委托的鉴定不得无故拖延或者无理拒绝，在鉴定结论作出后，鉴定人有义务将其尽快告知消费者协会。对有疑问的或者不能据以认定事实和分清责任的鉴定结论，消费者协会有权再次委托鉴定，鉴定人仍有义务再次进行鉴定。

7. 就损害消费者合法权益的行为，支持受损害的消费者提起诉讼或者依照该法提起诉讼。我国《民事诉讼法》第 15 条规定："机关、社会团体、企业事业单位对损害国家、集体或者个人民事权益的行为，可以支持受损害的单位或者个人向人民法院起诉。"消费者在购买、使用商品或者接受服务时，其合法权益受到损害，有时或者因法律知识缺乏，或者因权利意识及自我保护意识淡薄，或者考虑维权成本，或者出于经济困难，或者因外在压力等原因不能或者不敢向法院起诉。遇到这些情况时，消费者协会就应当积极支持受损害的消费者提起诉讼。消费者协会支持消费者起诉既包括支持提起民事诉讼，也包括支持消费者对某些行政机关不依法履行保护消费者职责提起行政诉讼，还包括支持提起刑事附带民事诉讼。消费者协会支持起诉的方式是多方面的，包括提供法律上、经济上、道义上的帮助，还包括接受消费者的委托，由消费者协会内有法律专业知识的工作人员以委托代理人的身份参加诉讼。

8. 对损害消费者合法权益的行为，通过大众传播媒介予以揭露、批评。大众传播媒介众多，形式多样，如报纸、杂志、广播、电视、互联网等。这些传媒具有传播速度快、覆盖面积广、影响大等特点。因此，大众传播媒介是消费者协会最可充分利用以发挥其自身作用、保护消费者合法权益的有效方式，也是消费者协会联系广大消费者并获得广泛社会支持的重要途径。消费者协会针对损害消费者合法权益的行为，充分利用这些媒介对不法经营者给予曝光、批评，使他的行为受到社会的普遍谴责，并使其在社会舆论的压力下改正其错误做法，也以此来警示、规范其他经营者。通过对损害消费者合法权益行为的揭露、批评，也可以对广大消费者起到普遍的教育作用，有利于提高消费者的自我保护意识和自我保护能力。消费者协会在履行这项职责时，应当做到事实清楚、证据确凿、揭露准确、批评得力，运用法律、法规正确。

（四）政府对消费者协会的支持

《消费者权益保护法》第 37 条第 2 款规定："各级人民政府对消费者协会履行职责应当予以必要的经费等支持。"由于消费者协会不是国家行政机关，不享有法定的对损害消费者权益的经营者的行政处罚权及其他强制性权力，但是其又肩负着对商品和服务进行监督和维护消费者合法权益的重任，因而其工作离不开各级政府的支持。各级政府也有义务支持消费者协会的工作，以便消费者协会更好地履行其法定的职能。政府对消费者协会的支持主要体现在以下方面：①支持消费者协会的成立，听取和了解消费者协会的意见和要求；②依法支持消费者协会履行职能；③加强领导，组织、协调、督促有关部门支持消费者协会的工作；④对消费者协会履行职能给予政策上以及经费、编制、人员、工作条件等方面必要的支持。

二、其他消费者组织

这里的其他消费者组织是指除各级消费者协会之外的，消费者依法自发成立的维护自身权益的各类消费者组织。《消费者权益保护法》第12条规定："消费者享有依法成立维护自身合法权益的社会组织的权利。"消费者成立消费者组织，依法应到民政部门申请登记。此外，消费者协会和其他消费者组织在城市街道、农村乡镇以及学校、机关、集贸市场、大中型工商企业建立的各类消费者组织的分会、联络站、监督站也属于其他消费者组织之列，目前全国有3万多个这类组织，有6万多义务联络员、监督员。

三、消费者组织的义务

消费者组织的两项法定义务

《消费者权益保护法》第38条规定："消费者组织不得从事商品经营和营利性服务，不得以收取费用或者其他牟取利益的方式向消费者推荐商品和服务。"这一规定明确了消费者协会及其他消费者组织在依法履行法定职责的同时，也必须履行法定的某些方面的不作为的义务。消费者组织是公益性的社会组织，其活动宗旨是维护消费者的利益，在消费者的心目中享有很高的威望。因此，消费者组织应当珍惜自己在消费者心目中的崇高地位，不做有损于自己形象的事情。但是，在市场经济条件下，有的消费者组织不能抵御商业利益的诱惑，在利益机制的驱动下，错误地利用自己在消费者中受到广泛尊重的优势地位，从事与其地位格格不入的经营活动和以牟利为目的的推荐商品和服务，从而使其行为偏离维护消费者合法权益的正确轨道，丧失其本身应有的公正性和独立性。这样，消费者组织就难以担当法律所赋予的重任，也不能正确地履行法律所赋予的职责。有鉴于此，《消费者权益保护法》对消费者组织作出了此项禁止性规定。

1. 消费者组织不得从事经营活动。经营活动是以营利为目的从事商品的生产、买卖或者提供营利性服务。禁止消费者组织从事经营活动，是由其社会组织性质决定的。在我国，除科技性社会团体必须事先到工商管理部门申请注册并领取"企业法人营业执照"后方可从事经营活动外，其他任何社会组织都不得从事经营活动。另外，消费者组织是消费者自己的组织，它的威望来自于其从消费角度出发并站在消费者立场上维护消费者的利益，如果消费者组织从事经营活动，其角色就发生了变化，就有了经营者的性质，这既不能保证其公正、独立地履行职责，也有损于消费者组织的形象和威信。因此，消费者组织不得以任何形式、任何借口从事经营活动。

2. 消费者组织不得以牟利为目的向社会推荐商品和服务。向社会推荐商品和服务，是消费者组织特别是消费者协会的一项重要的工作职能。它是指消费者组织根据其在工作中掌握的商品和服务的信息和情况，对商品和服务进行综合评价，对消费者普遍认同的信誉好、质量高的商品和服务，向消费者进行介绍的活动。这是消费者组织引导消费的重要手段。

消费者组织可以通过媒体，采取新闻发布会、专题讲座、文艺演出、散发宣传材料、举办专题展览、许可经营者在其产品包装上使用"××年××消费者协会推荐商品（服务）"字样等方式将质量好、信誉高的商品和服务推荐给广大消费者，以此来正确引导消费者的消费行为。但是，这种推荐行为不得带有任何商业色彩，即不得以牟取商业利润为目的。否则，就很难保证这种推荐行为的公正与可信，也很难保证这种推荐行为所推荐的商品和服务都是优质的，最重要的是有违消费者组织的设立宗旨。

以前，一些消费者组织，甚至一些地方消费者协会不顾法律的明令禁止，见利忘义，靠推荐牟取暴利，置客观事实和消费者利益于不顾，只要给钱就推荐，有的消费者协会还专门借"3·15"国际消费者权益日宣传之机大搞收费推荐活动，极大地损害了作为消费者自己的组织——消费者协会的声誉和形象，并造成恶劣的影响。以牟利为目的推荐商品和服务，具有极大的危害性：一方面给不法经营者以可乘之机，助长了其不正当竞争行为，扰乱了正常的经济秩序；另一方面也严重地损害了消费者的利益，因为这种推荐对消费者具有极大的欺骗性。所以，对此必须从立法和执法环节严加禁止。现在这种情况在第一部食品安全法出台以后就基本不存在了。

需要明确的是，《消费者权益保护法》并不禁止消费者组织正当的推荐商品和服务的行为，对有利于引导消费的、不以营利为目的的推荐行为，法律不但不予以禁止，而且还给予鼓励、支持和保护。只要是以牟利为目的的推荐，不论其推荐的内容是真实的，还是虚假的，也不论是否给消费者造成了实际损害，都是法律所禁止的。

四、香港特别行政区消费者组织

香港消费者权益保护组织是香港消费者委员会（以下简称香港消委

会）。香港消委会成立于 1974 年 4 月。当时的香港总督麦里浩做了两件对香港影响深远的事：一是成立了香港的廉政公署；二是成立了香港消委会。香港消委会的成立标志着香港的消费者运动进入了有组织发展的新阶段。香港消委会于 1976 年加入国际消费者联合会（IOCU），成为其正式会员，目前是理事会和执委会成员。1977 年 7 月 15 日，"香港法例"第 216 章《消费者委员会条例》颁布、施行，该《条例》赋予香港消委会正式独立的法人团体地位。

介绍了香港消费者组织的基本情况

（一）香港消委会的组成

香港消委会由主席、副主席和其他委员组成。主席和副主席各 1 人，由行政长官委任，任期都不得超过 2 年；正式委员 20 名，增选委员 20 名，任期与主席、副主席相同。主席、副主席、其他委员自任期届满后可再度被委任，他们在任期内都有权辞职。其他委员中有教授、大律师、律师、会计师、医生、工程师及商业、金融、保险界人士和家庭主妇等。

香港消委会下设不同小组委员会和专门小组，专责处理特定的消费者课题，这些小组委员会和专门小组分别为：人事及财务小组、审核小组、竞争政策研究小组、法律保障事务小组、宣传及社会关系小组、研究及实验小组、商营手法研究小组、消费者投诉审查小组、消费者诉讼基金执行委员会、投资策略小组、企业联络小组、消委会资源中心物业管理工作小组、网站服务及电脑网络工作小组和发展策略工作小组。香港消委会也会邀请外界专业人士加入小组为增选委员，听取他们的专业意见。

香港消委会以总干事为办事处的行政首脑，在副总干事协助下，负责执行消委会的决策并协助制定政策。办事处分为 6 个部门，这些部门中对总干事直接负责的包括：法律事务部、行政及外事部以及投诉及咨询部（该部包括热线中心和 8 个消费者咨询中心）；对总干事和副总干事负责并由副总干事直接领导的小组包括：消费者教育部（包括消费者委员会资源中心）、研究及商营手法事务部以及公共事务部。大部分职员不属总办事处，其余分别派驻港九及新界各区 8 个咨询中心。香港消委会目前有全职工作人员 150 人。

为了维护香港消委会的独立性，香港消委会的活动及《选择》月刊均不接受任何商业赞助或广告。

（二）香港消委会的主要任务

1. 指导消费，开展咨询活动。这是具体为消费者提供购买商品和服务知识，使消费者能自由选择的一项工作。在回答消费者咨询时，办事人员只提供客观材料，不作任何"最佳选择"的建议。

2. 研究试验和普查。产品试验研究的对象，是根据消费者投诉，政府、团体的要求，群众的普遍需要和外国报刊的反映确定的。

3. 受理消费者投诉，帮助消费者取得应有的赔偿。

4. 担负立法工作，即协助香港立法机关制定有关法规，使消费者权益保护纳入行政和司法管理轨道。

5. 通过各种形式开展消费教育，提高消费者的认识水平。

委员会的出版物是《选择》月刊，发行量最初为 3000 份，到目前年已达 26 600 份，还有《年度报告》等。

（三）香港消委会的职能

香港消委会通过以下方式保障进行商品和服务消费的消费者、不动产的购买者、按揭人和承租人的权益：

1. 收集、接受和传播关于货品、服务及不动产的资料；

2. 接受消费者投诉并向其提供意见；

3. 根据所得资料采取正确行动，包括向政府及任何公职人员提供建议；

4. 鼓励商业及经营单位制订经营守则，以规范属下会员的活动；

5. 获批准的其他职能。

（四）香港消委会的权利

香港消委会在履行其职能过程中，可行使下列权利：

1. 可以适当方式取得、持有及处置各类动产和不动产；

2. 订立各种合约；

3. 对货品和服务进行测试及检验，以及对不动产作出检查；

4. 制作、出版发行或者以其他方式分发消费者感兴趣的刊物；

5. 与他人联合或合作进行其根据《消费者委员会条例》规定可进行的事情，或赞助他人进行该事情；

6. 就使用香港消委会提供的任何设施或服务收取费用；

7. 在获得批准的情况下，加入任何关注消费者事务的国际组织。

（五）香港消委会会议

香港消费者委员会会议在一般情况下每 2 个月举行一次，由主席决定，主席缺席时由副主席决定。香港消委会会议的法定人数为 11 人，会议由主席主持。会议讨论的所有议题，均须由出席会议的委员过半数通过。如赞成票与反对票相等，主持人除可以投普通票外，还可以投决定票。

（六）香港消委会的财政预算及资金来源

香港消委会每年的财政预算都有几千万港币。

香港消委会的资金来源，依《消费者委员会条例》的规定有 3 条途径：①政府拨款，占全部资金来源的 95% 以上；②以捐款、费用、订费（售卖《选择》月刊约占资金的 4%）、租金及利息等方式获得的款项；③香港消委会收取的其他款项及财产。

香港消委会财政开支的主要部分是人力资源的花费，约占全部开支的 60%。其余部分为办公经费、租金差饷、刊物出版、调查及试验研究、消费者教育等支出。

五、澳门特别行政区消费者组织

澳门特别行政区的消费者组织为澳门特别行政区消费者委员会（以下简称澳门消委会），它是依 1988 年 6 月 13 日第 12/88/M 号法律设立，依 1995 年 6 月 12 日第 4/95/M 号法律重组，以 1998 年 6 月 1 日第 1/98/M 号法律的修改进行了调整。澳门消委会的性质为具有法律人格及行政和财政自治的公务法人，其监护机构为澳门特别行政区政府经济财政司。其职能是对政府订定的保护消费者政策发表意见，并推动各项保护消费者的工作。

（一）澳门消委会的组成及权限

澳门消委会的机关有全体委员会和执行委员会：

1. 全体委员会。全体委员会由 11 名成员组成，其中由行政长官批示委任的现职行政当局公务员或服务人员不得超过 3 人；全体委员会设主席 1 人，由全体委员会成员互选产生，主席不在或因故缺席时，由委员会为此目的而指定的成员代替。全体委员会成员任期为 2 年，任期届满可以相同期限续期。全体委员会的权限包括：

（1）对澳门特别行政区政府制订维护消费者一般政策方针提出建议，并交由监护实体审批；

（2）通过年活动计划，澳门消委会制定预算和有关修正与修改，将其提交监护实体确认；

（3）就澳门地区保护消费者政策的执行情况，每年通过报告书并将其呈交行政长官；

（4）通过澳门消委会所必需的规章，特别是全体委员会和执行委员会的内部规章；

（5）通过澳门消委会活动报告及管理账目，并将其提交监护实体确认；

（6）对于公共财产及公共事业的特许企业所采取的收费表及作出的有关修改发出不具约束力的意见书，该意见书在消委会收到请求后 15 个工作日内仍未发出，则推定为获得赞同；

（7）建议澳门消委会与其他实体签订合作协议及议定书；

（8）通过关于执行委员会开展活动的方针和指示；

（9）监管其决议的执行；

（10）要求提供有关执行委员会任何行为的资料、报告和解释。

全体委员会主席依法行使的权限为：

（1）召开有关平常和特别会议；

（2）领导工作及维持纪律；

（3）行使由全体委员会授予的权力。

2. 执行委员会。执行委员会由 1 名主席和 2 名委员组成，由行政长官听取全体委员会意见后委任。主席及 1 名委员以全职制度担任职务，1 名以非全职制度担任职务的委员为财政局代表。执行委员会的权限包括：

（1）筹备全体委员会会议；

（2）执行全体委员会决议；

（3）确保澳门消委会的行政及财政管理；

（4）依全体委员会指示，准备年活动计划的预算和有关修正及修改、对澳门地区保护消费者政策的执行情况报告书、澳门消委会活动报告及管理账目等文件；

（5）准备澳门消委会所必需的规章，特别是准备全体委员会和执行委员会内部规章的建议书；

（6）审议消费者的声明异议和投诉，研究并采取最适当措施加以解决；

（7）展开并跟进为解决消费范围内所出现纠纷的调解、中介及仲裁程序。

除此之外，以下内容也属执行委员会的职权范围：查阅行政案卷，以便汇集有关提供与消费者的物品或服务的特征的资料；汇集资料或报告以了解有关提供公众的物品或服务的价格；要求官方化验所为提供给与公众使用的物品进行有关成分或保存情况的化验，或比较；向行政当局及公共服务承批公司要求提供的报告，以便研究收费的形成及有关服务的质素；公开有关物品或服务的特征、质素以及价格的资料和报告。

执行委员会主席的权限为：

（1）召集有关平常和特别会议；

（2）领导有关委员会的活动及确保采取履行其本人权限所必需的措施；

（3）将所有须获得全体委员会决议的事项交付该会研究，并建议采取消费者委员会运作所必需的措施；

（4）执行全体委员会的决议；

（5）对卷宗的组成和执行决定作出所必需的行为及签署相关的往来文件或作文书处理；

（6）在法院内外代表消费者委员会；

（7）行使执行委员会授予的权限。

（二）澳门消委会的职责与服务承诺

1. 消委会的职责。澳门消委会依法负有下列职责：

（1）对行政当局将订定的保护消费者的政策发表意见；

（2）与同类实体接触及推动保护消费者的共同工作，尤以指导及提供资料的工作为目标；

（3）研究并推行对较不受照顾的消费者，特别是老年人、伤残人士以及经济薄弱者的特别扶助计划；

（4）对消费者提供消费指导和相关资料，对他们提出建议；

（5）鼓励经济及专业代表团体编制其会员活动的法例；

（6）研究消费者提供的声明异议和投诉，并将其转达给有权限的公共部门；

（7）对一般消费者的财产及服务区的范围出现的轻微纠纷，提供调解、中介及仲裁的机制；

（8）推动、执行法律规定的措施；

（9）法律赋予的任何其他职责。

澳门消委会就澳门地区保护消费者政策的执行情况，每年制定并通过报告书，同时将其呈交行政长官。消委会机构的成员对因有关决议而衍生的违反或不当情势所产生的损害承担共同责任；但参与会议并投反对票，以及缺席的成员免除责任。

2. 澳门消委会对社会所作的承诺：以"依法、民本、无私、服务、效率、质素"为信念，在保护消费者权益的范围内，就提供咨询、处理投诉等向消费者提供高效与优质的服务；对一般查询，及时作出回复；需向查询者提供资料的，5个工作日内回复；接受案件当日开立档案；若投诉人提供足够资料，3个工作日内作初步跟进；被诉方的回应，3个工作日内向当事人作出转达；申请人提供足够的资料5个工作日内批核。

3. 监察。

内部监察：消委会执行委员会对于有关服务承诺的执行情况，每月至少核查一次。消委会全体委员会依法对有关服务的执行情况进行监察。

外部监察：市民对于有关服务承诺执行情况的意见或投诉，可以通过电话、传真、电邮、寄信等途径向消委会执行委员会提出。

六、台湾地区消费者组织

台湾地区的消费者组织分为各级政府所设的消费者组织和民间的消费者团体。台湾地区于1994年1月11日颁布并生效了"消费者保护法",并于同年11月2日公布实施了"消费者保护法实施细则"。"消费者保护法"第40条规定,"行政院"设消费者保护委员会。消费者保护委员会以"行政院副院长"为主任委员。有关部、会首长,全地区性消费者保护团体代表,全地区性企业经营者代表,以及专家学者为委员。消费者委员会的组织规程由"行政院"作出规定。同时,"消费者保护法"第三章设专章规定了消费者保护团体。

(一)消费者保护委员会和消费者保护官

1. 消费者保护委员会的设置。台湾地区消费者保护委员会(以下简称消委会)隶属于"行政院",是研拟和审议消费者保护基本政策与监督其实施的机关。其最高长官是主任委员,最高决策机构是委员会议,下设秘书长和副秘书长。消委会内设消费者保护官和下列机构:政风、人事、会计部门;具体的业务部门包括行政组、消费者保护官组、法制组、督导组和企划组。消委会是台湾地区最高的消费者保护机构,在"省辖市政府"和"县级政府"内部不设立对应的消委会。"省辖市政府"内设消费者保护官、消费者服务中心和分中心以及各消费者保护的业务单位;"县级政府"内设消费者保护官、消费争议调解委员会、消费者服务中心和分中心、相应的消费者保护业务单位。

消委会委员为19人至25人,均为兼职,每届任期为3年,由"行政院"院长提请台湾地区最高领导人任命。主任委员由"行政院"院长提请台湾地区最高领导人指定"行政院"副院长担任。主任委员负责执行委员会决议,管理协调委员会事务,指挥、监督所属职员。消委会委员有下列两种情形之一的,由"行政院"院长提请台湾地区最高领导人更换:一是部、会首长因职务关系有变动;二是全台湾地区性消费者保护团体或企业经营者的代表被重新指定。消委会委员出现空缺时,由"行政院"院长补提人选,呈请台湾地区最高领导人任命补充,其任期至原任期届满为止。

消委会设秘书长1人,负责消委会的会务,设副秘书长1人,协助秘书长工作。

消委会设4个至5个专门小组,分别承担"消费者保护法"规定的消委会的职责,各组分科办公。

消委会设消费者保护官若干人,其职责由"行政院"规定。

消委会设组长、秘书、科长、视察、专员、科员、办事员和书记,设负责办理人事事务的人事管理员，设专职会计，负责办理岁计、会计和统计工作。

消委会根据业务需要，经"行政院"核准，可以聘用研究员 1 ~ 3 人。也可根据实际业务需要聘请兼职顾问若干人，并按照相关规定向其支付兼职报酬。

2. 消费者保护委员会会议及其职责。消委会原则上每月举行 1 次会议，必要时可以召开临时会议。会议均由主任委员召集，并由主任委员任会议主席；当主任委员因故不能出席时，由出席会议的委员推举 1 名委员担任主席。

消委会应由全体委员过半数出席方可举行，出席会议的委员过半数同意才能形成决议。根据规定，委员应亲自出席会议。但有关部、会首长，全地区性消费者保护团体及企业经营者代表委员，不能出席会议时，可以指派他人代理出席会议。被指派代理的人员列入委员出席人数，并有权参与会议发言和表决。委员对于会议决议有不同意见的，有权要求将不同意见记载于会议记录。委员个人对于会议审议的事件有利害关系的应回避。

根据"台湾地区消费者保护法"的规定，消委会的职责如下：

（1）消费者保护基本政策及措施研拟和审议；

（2）消费者保护计划的研拟、修订和执行成果检讨；

（3）消费者保护方案的审议、其执行的推动与考核；

（4）台湾地区内外消费者保护趋势及其与经济社会建设有关问题的研究；

（5）消费者保护的教育宣导、消费资讯的汇集及提供；

（6）各部、会、局、署关于消费者保护政策、措施及主管机关的协调；

（7）消费者保护主管机关的监督及消费者保护官行使职权的指挥；

（8）消费者保护的执行结果及有关资料的定期公告。

"台湾地区消费者保护法"除了对消委会的职能作出明确规定外，1996 年颁布的"消费者保护委员会办事规则"对消委会内部的各专门小组的职责也作出了具体规定。按照该规则，各部门的职能分工分别为：

（1）企划组的职责范围为：①消费者保护基本政策、方案、措施、计划的研拟和审议事项；②消费者保护制度的研究事项；③消费者保护宣导教育事项。

（2）督导组的职责范围为：①消费者保护政策、方案、措施、计划执行的督导、管制、考核事项；②消费者保护政策、方案、措施、计划执行的协调事项；③"消费者保护法"所定公告事项。

（3）法制组的职责范围为：①"消费者保护法"有关商品法规的研

拟、修订、解释和研究事项；②"消费者保护法"有关服务法规的研拟、修订、解释和研究事项；③其他有关消费者保护法制事项。

（4）行政组的职责范围为：①关于公文的收发、稽催、查询、核校以及其他有关文书和档案管理事项；②关于财产、物品的采购、验收和办公室、会议场所的清洁、布置及其他有关事务的综理事项；③关于经费的支出和保管事项；④消委会委员会以及业务汇报的议事事项；⑤印信典守事项；⑥关于车辆的登记、检验、调派、油料管理和保养修理事项；⑦其他有关行政管理事项。

3. 消费者保护官制度。消费者保护官制度是台湾地区消委会及"县级市以上政府"内部关于消费者保护的一项重要制度，除了"消费者保护法"及其"实施细则"和相应的规范性文件有明确规定外，1995年10月公布、2003年10月修正的"消费者保护官任用及职掌办法"对消费者保护官的任职资格、产生程序、职责权限、工作规程等都作了比较明确的规定。消费者保护官在台湾地区分为消委会内的消费者保护官和地方消费者保护官。

（1）消费者保护官的任职资格。能够被任命为消费者保护官，必须具备以下所列情形之一：①经消费者保护官考试及格并具有拟任职务任用资格；②具有法官、检察官任用资格及拟任职务任用资格；③经律师考试及格并执行律师业务3年以上，成绩优良并具有拟任职务任用资格；④公立或经备案的私立大学、独立学院法律学系或法律研究所毕业；经高等考试或相当高等考试以上的特种考试及格，具有消费者保护或法制工作行政经验3年以上，成绩优良并具有拟任职务任用资格；⑤曾在公立或经备案的私立大学、独立学院法律学系或法律研究所毕业，而在公立或经备案的私立大学、独立学院任教授或副教授3年或助理教授4年或讲师5年，讲授主要法律科目2年以上，有法律专门著作，并且有拟任职务任用资格。

具备上述所列条件之一的，可以被任命为消费者保护官。对初任的消费者保护官，就任前应对其进行岗前培训。

（2）消费者保护官的职权。关于消费者保护官的职权，根据台湾地区相关规范性文件的规定，分为消委会内消费者保护官的职权和地方消费者保护官的职权。

第一，消委会内消费者保护官的职权。消委会内消费者保护官的职权具体包括以下几种：①协调处理重大消费事件；②支援"地方政府"处理消费争议诉讼、调解业务事项；③支援"地方政府"消费者保护官同意权行使事项；④办理"消费者保护法"规定的不作为诉讼事项，即向法院诉请停止或禁止企业经营者严重违反"消费者保护法"有关保护消费者规定的行为；该项权力，只限于消费者保护委员会内的消费者保护官行使；⑤"消费者保护法"规定及消委会长官交办的其他事项。

第二，地方消费者保护官的职权。地方消费者保护官的职权包括以下几项：①消费者与经营者发生消费争议，经向经营者、消费者保护团体或消费者服务中心或其分中心申诉未获妥善处理的，可以向"省辖市""县（市）政府"消费者保护官申诉，消费者保护官处理该申诉事宜；②担任消费争议调解委员会主席，处理消费争议调解事宜；③就消费者保护团体提起的消费者损害赔偿诉讼、不作为诉讼，行使同意权；该项权力由"省辖市""县（市）政府"消费者保护官行使，如对该消费者保护官有争议，由消费者保护委员会以申请或以职权指定；消费者保护官行使同意权时，对于不符合"消费者保护法"规定要件或消费者保护团体理由不充分，应作出不同意的决定，并将该决定告知消费者保护团体，同时告知消委会，并说明不同意的具体理由；④依照"消费者保护法"及相关法规规定的其他职权。

地方消费者保护官行使职权，只限本辖区内执行职务，但遇有紧急情况时则不在此限。

"省辖市""县（市）政府"尚未设置消费者保护官或消费者保护官空缺致不能行使其职权的，根据该辖区消费者保护官职权的行使，可以报经消费者保护委员会指派该会或邻近"省辖市""县（市）政府"的消费者保护官代行该职务。

消费者保护官对于直接涉及本人、配偶及八亲等内血亲、五亲等内姻亲的消费争议案件，应当回避。如因回避致使该辖区另无消费者保护官办理该案件，应报经消费者保护委员会指派该会或邻近"省辖市""县（市）政府"的消费者保护官代行该职务。

消费者保护官办理消费者保护事务所需工作人员，由所在机关指派。

（二）消费者保护团体

作为台湾地区重要的消费者保护组织，"消费者保护法"对消费者保护团体作出了规定。消费者保护团体的组织形式为社团法人和财团法人。消费者保护团体以保护消费者权益、致力于消费者教育为宗旨。

消费者保护团体的任务为：

1. 对商品和服务的价格进行调查、比较、研究、发表；

2. 对商品和服务的品质进行调查、比较、研究、发表；

3. 对商品标示及其内容进行调查、比较、研究、发表；

4. 消费资讯的咨询、介绍与报道；

5. 消费者保护刊物的编印发行；

6. 消费者意见的调查、分析和归纳；

7. 接受消费者申诉，调解消费争议；

8. 处理消费争议，提起消费诉讼；

9. 建议"政府"采取适当的消费者保护立法或行政措施；

10. 建议企业经营者采取适当的消费者保护措施；

11. 其他有关消费者权益的保护事项。

消费者保护团体应经"政府主管机关"许可登记设立，主管机关每年应将依法设立登记的消费者团体名称、负责人姓名、社员人数或登记财产总额、消费者保护专门人员姓名、会址、联系电话等资料禀报"行政院"消费者保护委员会予以公告。

消费者保护团体为从事商品或服务检验的，应设置与检验项目有关的检验设备或委托设有与检验设备有关的检验设备的机关、团体进行检验。执行检验的人员应制作检验笔录，即在取样、使用的检验设备、检验方法、经过及结果，提交于该消费者保护团体。为检验所采集的样品，在检验记录完成后，应至少保存3个月，但以其性质不能保存3个月的除外。

消费者保护团体经许可设立3年以上，并被消委会评定为优良，设有消费者保护专门人员，并且为社员人数500人以上的社团法人或登记财产总额新台币1000万元以上的财团法人的，经消费者保护官同意，可以以自己的名义提起消费者损害赔偿诉讼或不作为诉讼。该项诉讼应委托律师代理，受托律师除必要费用外，不得请求报酬。在此类诉讼中有不法行为的，许可设立的主管机关应废止其许可。

台湾地区的"消费者保护法"赋予消费者保护团体有条件的代表诉讼权，即对于同一原因的事件致使众多消费者受害，可以经20名以上消费者就损害赔偿请求授权后，以自己的名义提起诉讼。消费者在言词辩论终结前，有权终止该授权并通知法院。但是因部分消费者终止授权致使人数不足20人的，不影响消费者保护团体实施诉讼的权能。消费者保护团体胜诉后，应将诉讼结束所获赔偿扣除支付给律师的必要费用后，支付给让与请求权的消费者。消费者保护团体代表消费者诉讼不得向消费者请求报酬。

第三节　国际消费者联合会及其活动

一、国际消费者联合会

国际消费者联合会或国际消费者联会简称 CI（Consumers International），原名为国际消费者联盟组织简称 IOCU（International Organization of Consumers Unions），是由美国消费者联盟、英国消费者协会、澳大利亚消费者协会、荷兰消费者联盟和比利时消费者协会 5 个消费者组织于 1980 年发起成立的消费者团体国际联络组织，是一个独立的、非营利性和非政治性的国际消费者组织。该组织于 1995 年更名并同时将总部由荷兰的海牙迁往伦敦。其现有成员包括 115 个国家和地区的 246 个消费者组织。其办事处除伦敦总部外，还在马来西亚的吉隆坡（原在马来西亚的槟城）和智利首都圣地亚哥（原在乌拉圭首都蒙得维的亚）分别设立了亚洲与太平洋地区办事处和拉丁美洲与加勒比海地区办事处。中国消费者协会于 1987 年 3 月 15 日在西班牙首都马德里召开的第十二届大会上，被接纳为其正式会员。该联合会于 2006 年 6 月 6 日重新修订并公布了其宪章。

（一）国际消费者联合会的宗旨

CI 的宗旨

根据该联合会的宪章规定，其宗旨为：①证明、协助和积极提倡全世界消费者以自己组织间的真诚努力和政府的努力来促进消费者的利益；②促进消费者商品和服务在比较性检测方面的国际合作，以及便于检验方法和计划的交流；③促进消费者情报、教育和保护等所有其他方面的合作，在全世界收集和传播有关消费者法律和实践方面的情报；④为专门为消费者利益而工作的国家机构提供一个讲坛，在这个讲坛上，它们可以对消费者问题以及可能对这些问题作出的决议进行讨论；⑤充当这类机构的出版物的交换所，并对这类出版物的使用作出规定（受这些机构所公布的或适用于这些机构本身的规定管辖）；⑥出版与消费者利益有关问题的情报资料；⑦考虑到代表消费者的利益，与联合国及其代理机构和其他国际组织保持有效的联系；⑧通过联合国及其代理机构和其他合适的方式，对发展中国家消费者教育和保护计划提供各种实际的援助和鼓励；⑨为促进实现这些宗旨而采取的其他这类行动。

（二）国际消费者联合会会员的条件

CI 会员条件

一个国家或地区的团体只要遵从下面所限定的条件，它们就可以被推选为国际消费者联合会会员：①它们完全地、积极地代表消费者的利益；②它们完全与商业的发展或者党派的政治事业无关；③它们以不营利为其特征；④它们不接受在其出版物上刊登任何商业目的的广告，并且其经费来源不是商业机构或贸易公司；⑤它们不允许有选择地以获利为目的利用它们向消费者提供的情报和意见；⑥它们的行为和评论的自主绝不因接受了津贴而受影响或限制；⑦它们支付国际消费者联合会不时规定的应付款项；⑧它们遵守理事会不时可能规定的其他要求。

如果联合会会员有以下情况之一，将会被停止会籍：①如果它书面通知执行秘书，其欲退出国际消费者联合会，并且在 6 个月到期之前不再发出一份撤回那份退出通知的书面通知，那么，在执行秘书收到要求退出国际消费者联合会后 6 个月到期日，它将被停止会籍；②如果国际消费者联合会认为它不符合章程规定的条件，或者超过 1 年拖延支付国际消费者联合会规定的财政费用，基于取消会员资格的决议，按照理事会的投票声明，其会员身份立即取消。

（三）成员资格、权利和义务

CI 成员分为正式会员、附属会员和政府部门会员三类。CI 严格的成员规定是保证其独立性的前提。

会员资格、权利与义务

1. 会员。作为正式会员目前约占会员总数的30%，必须同时具备上述规定的 8 个条件，才具有加入联盟的资格。会员具有下列权利和义务：

（1）会员的权利：①当任会员至少连续 2 年以上的，可参加理事会选举；②参加大会并有选举权；③免费接受所有国际消费者联合会的刊物；④免费使用国际消费者联合会的情报和协作服务。

（2）会员的义务：①每年交纳自己年收入的 0.75%，或根据国际消费者联合会宪章的其他决定缴纳会费；②每年向国际消费者联合会中央办公室报送工作年报、财务预算和大会记录各 2 份；③向国际消费者联合会寄 5 份所有刊物；④积极参加国际消费者联合会的活动。

2. 附属会员。附属会员是政治上和财政上独立的新设立的消费者组织。目前大约占成员总数的 50%。附属会员的权利和义务相对于会员要少得多，它需要具备的资格是：积极代表消费者利益；与商业的活动发展无关；以不营利为特征。

（1）附属会员的权利：①免费（或半价）接受国际消费者联合会刊物；②有权使用国际消费者联合会的情报服务；③以观察员身份参加国际消费者联合会大会、代表大会和座谈会等。

（2）附属会员的义务：根据国际消费者联合会的章程规定交纳会费；向国际消费者联合会中央办公室报送 2 份工作年报；向国际消费者联合会寄送 5 份所有刊物。

3. 政府部门会员。政府部门会员均为各国政府负责消费政策和消费者利益的政府监管机关或反垄断机关，目前占 CI 会员总数的 20%。

（四）国际消费者联合会的机构

1. 全体大会。全体大会由每个会员派 1 名代表组成。

CI 每 3 年召开一次全体大会。大会的表决及其效力为：在全体大会议事时，每个正式会员代表可以对大会的每一个决议投一次票，投票权只能由投票代表或者正式委任的代理人行使。投票代表由国际消费者联

CI 全体大会

合会的每一会员委任，这一委任必须在全体大会会议开始之日前不迟于 30 日内，或者主席有时可以决定的更短些时间通知中央秘书处。依理事会的看法，无论是直接从事货物、商品的制造、销售和出售或者直接从事公共服务的负责人，还是直接从事促进这些货物、商品的销售或者使用或直接从事促进利用服务的雇员或代理，都不能被接受为投票代表或代理人。除非协会另有规定，全体大会的决议由出席会议的投票代表或其代理人以及投票的简单多数通过。

全体大会有下列权力：①选举全体大会的主席，他同时是全体大会的主席、理事会的主席和执行委员会的主席；②选举一定比例的理事会的理事；③制定理事会行动方案的总纲领并为此作出决议；④代表理事会通过或拒绝通过提交的定期报告的全部或一部分或者几个部分；⑤修改协会的这些条款或者对国际消费者联合会进行清理。

理事会的构成

2. 理事会。CI 的理事会由 20 个会员组成，其中一部分为 CI 创始人，另一部分由每次例行的定期会议的全体大会选举 5 个 CI 会员作为理事会理事组成。目前理事会的组成成员包括：美国消费者联盟、英国消费者协会、荷兰消费者协会、比利时消费者协会、澳大利亚消费者协会、丹麦消费者委员会、挪威消费者委员会、墨西哥消费者保护研究会、毛里求斯消费者协会、韩国消费者保护市民联盟、新西兰消费者联盟、印度消费者指导协会、马来西亚消费者组织联盟、以色列赫斯塔达特消费者保护局、牙买加消费者联盟、德国商品检验基金会、西班牙消费者和用户组织、奥地利消费者协会等。

理事会会议由至少一半的理事随时作出决定而召开，但不能少于全体大会的次数。在决定理事会会议次数时，理事会将尽力在每次全体大会前 1 周内或后 1 周内至少召开 1 次会议，并且在每次全体大会后 10 ~ 15 个月的期间内至少还要开 1 次会，但不要求绝对这样做。理事会可以在其会议上通过投票或采用交换信件、电报、电话或者其他通信手段作出决议。如果在理事会会议上，出席会议的理事的代表或者其代理人投票赞成或者采用其他任何方式作出决议，超过 2/3 的理事表示赞成时，决议被认为是理事会正式通过。理事会的每个理事有 1 票。一个投票代表可以根据情况由他自己委任的代理人代表他自己。这样一个代理人可以从理事会的其他理事或者有关的投票代表组织中委任。

理事会的权力

理事会具有下列权力：①在 CI 财政来源内以及遵循全体大会确定的方针，实行 CI 的宗旨和为此宗旨而作出决议；②制定并随时修改 CI 的正常活动必需的规则；③从理事中任命或解除执行委员会委员；④通过或拒绝通过执行委员会向理事会提出的年度报告；⑤确定它对委员会和常务委员会这样的工作组的授权调查范围；⑥任命和免除 CI 中央秘书处的执行秘书，批准和调动其职务，规定他的职权和工作范围；⑦根据 CI

章程确定的会员资格，选举 CI 的会员；⑧取消或暂停任何团体的会员席位，如果 CI 认为它不符合会员资格，或者超过 1 年拖延支付国际消费者联合会规定的财政费用；⑨根据理事会随时批准的条件，决定接纳积极代表消费者利益的组织加入 CI 的问题，不论其是否符合请求选举为会员的条件；⑩委任 CI 的赞助人；⑪根据规定授权理事要做的其他事情；⑫代表执行委员会的职能；⑬决定全体大会会议和其他由 CI 举办或在其赞助下召开的其他任何会议的会址。

3. 主席。CI 设主席 1 人，他既是全体大会的主席，又是理事会主席和执行委员会主席，设副主席 1 人。CI 章程规定，任何人作为主席，其连任均不得超过 3 任。

关于主席的选举，CI 章程规定，在 CI 选举理事后不少于 24 小时选举主席。符合理事会理事或符合被选为理事会理事条件的代表都可以被选为主席。主席的选举以绝大多数选票获得通过，如果没有获绝大多数选票的代表，则对在第一轮选举中得到多数票的代表进行第二轮选举。如果第二轮选举所得票数相同，主席则为抓阄确定获胜者。主席的产生方式

在两次全体大会之间，如果主席死亡、不能工作或辞职，副主席将代行主席职务，直到下一次全体大会选举出新主席。

4. 执行委员会。CI 执行委员会由主席、副主席、1 名名誉司库、1 名名誉秘书和可能被执行委员会指派的为特殊时期或特殊目的的理事会的不超过 2 名的其他理事组成。

CI 宪章规定，1 个或更多的执行委员会委员去世、辞职或无力供职不妨碍解除或者执行其权力的会议和行为。执行委员会的基本情况

执行委员会会议为至少一半的委员决定召开，但每年至少 2 次。执行委员会可以在会议上或者通过交换信件、电报或者电话联系作出决议。如果它的成员的大多数已口头表决赞成或书面表示同意，决议被认为获得通过。执行委员会的每个委员都有 1 票，但是谁都没有决定性的 1 票。

执行委员会的权力包括：①履行理事会委托给它的全部职能或者根据协会的规定需要去做的事；②对需要立即采取行动的事件采取紧急措施；③任命和解雇 CI 的雇员，并决定他们受雇的条件，但不能任命和解雇执行秘书。如果这些权力一般要与执行秘书协商后才能行使，那么他们中的任何人或者全部根据执行委员会的意见可以随时委派为他的代表。

另外，CI 宪章还规定，CI 受必须有执行委员会任何 2 名成员签字的束缚。

（五）国际消费者联合会的财政

CI 的资金来源包括以下三项：①每个会员的年费，约占 35%；②被接纳为 CI 的非商业性、无党派和政治背景的机构、团体对特殊项目的援

助约占65%；③出售出版物的收入和理事会可以接受而自行处理的礼品、贷款和其他收入。目前年营业额约为 5 500 000 美元。

CI 的年度预算必须由执行委员会制订并且得到理事会的批准。

二、国际消费者联合会的活动

CI 的活动情况

1. CI 成立初期从事的活动仅限于产品检验和消费者情报两个方面。

（1）产品检验。产品检验是 CI 初创阶段的主要工作范围。1960 年，在美国消费者联盟的支持和帮助下，第一届 CI 大会在海牙成功举行。当时，还处于萌芽阶段的欧洲消费者团体担心商人们会因那些对他们不利的检验报告而采取法律行动，这些消费者团体需要精神上的支持和经济上的援助以及进行较昂贵的商品检验。一个国际性的组织及联络网也许能解决这些问题。基于此，1962 年 CI 第十届会议宣言指出："现今大多数消费者团体的最切实工作是进行比较性的检验以此为会员提供公正、科学化的情报。"CI 的检验委员会开始检验腕表、然后是照相机、打火机。还出版了一本适合第三世界国家一些小规模消费者团体使用的"简易检验手册"。

（2）消费者情报。通过新闻汇集，报道世界各国的消费者运动新闻，以及不定期地发行专门刊物、报告和读者指南等，收集、传播与消费者利益有关的立法、技术、教育资料。

2. 20 世纪 70 年代以后，随着组织的不断发展和扩大，CI 的活动领域及工作范围也越来越广泛。除原有的产品检验、情报工作外，其活动还有下列各方面：

（1）支持 CI 不同的成员（包括国家的、地区的、行政部门的、大检验组织和志愿协会及一些小团体）工作，主要通过以下几个方面：①提供情报和训练。②培育新的消费者组织，特别是第三世界国家的消费者组织。在拉丁美洲制订了一个发展规划，建立培训班和工作组。在亚洲举办训练消费者小组，建立情报中心。在非洲与当地的消费者组织保持接触。CI 通过这些活动，有力地促进了不发达地区消费者运动的发展。③在联合国和其他国际论坛中代表消费者利益，把国际公众舆论的中心吸引到消费者问题上来，并促使这些问题得到积极的反应。CI 以顾问和联络员的身份在联合国经济及社会理事会、联合国工业发展组织、联合国儿童基金会、联合国粮食及农业组织、世界卫生组织药典委员会、联合国教育、科学及文化组织、联合国贸易和发展会议、亚洲和太平洋经济和社会委员会、国际标准化组织消费者政策委员会、国际电气技术委员会和欧洲理事会中代表消费者利益参加各项有关活动。

CI 设有 6 个工作委员会，分别负责检验、教育、发展、卫生、情报和文件、有害工艺、空运等项目。它通过情报网、国际专题讨论会、专家讨论会以及世界会议等协调各成员组织及消费者集团的工作。设置专门训练班，来提高其工作技能和自身运作能力。通过在英国伦敦、马来西亚吉隆坡、智利圣地亚哥 3 个办事处，CI 对跨国公司的问题如药物、杀虫剂、烟草和儿童食品进行研究和行动，以促进对消费品和公共设施的检验和服务。

（2）CI 通过现有的 3 个工作网，联系各成员组织的活动：①国际消费者监督网。主要是关注出口国是否把原产地（主要是西方国家）被禁售或严格限制的货品出售，损害进口国家的消费者利益。该监督网现与 30 多个国家的消费者组织保持密切的联系，交换有关受管制危险货品出口的情报。②消费教育工作者联络网。为促进消费者教育工作，联络消费教育工作者，加强信息和情报的交换工作，这个联络网除举办一些活动外，还出版消费教育季刊。③情报和书籍出版者工作网。该工作网的目的是为了促进消费者组织间的书籍出版和情报交换，使之更有效地为他们服务。

（3）CI 还支持和参加了 4 个主要国际工作网的活动。①遏止烟草广告及烟草商赞助行动小组，主要监视烟草工业及其在世界范围内的活动，反对烟草集团对公众健康的威胁。②国际婴儿食品行动网，主要宣传并保护母乳喂养婴儿，特别注重制止那些不负责任地推销婴儿食品的市场，保护儿童健康，并在所有国家履行推销人乳代用品的国际法典（该法典由世界卫生大会于 1981 年通过）。③国际健康行动组织，主要目标是，促进在全世界范围内合理、安全、节约地使用药品，寻求不用药物来解决污水、恶劣的环境卫生等问题，力求控制危险药品的输出。④杀虫剂行动网。食品、环境中的残留杀虫剂会使消费者遭受杀虫剂的危害，此外，消费者还可能遭受住房、花园和其他城市设施中杀虫剂的危害。联合国有关机构估计，每年约 100 万 ~ 200 万人受杀虫剂毒害、约上千人死亡。尽管第三世界使用的杀虫剂只占世界总用量的 1/5，但却引发了一半的中毒事件以及占世界近 3/4 死亡事件的发生。CI 呼吁有关国家停止任意销售及使用有害的杀虫剂。对那些依赖杀虫剂的农业生产者和虫害控制区提出警告，并促其作出切实可靠的使用方法。

3. CI 的出版物。CI 的主要出版物包括：①《CI 通讯》，主要报道有关 CI 的活动和组织成员的消息，每年出版 10 期；②《消费者趋势》，主要刊登有关消费者保护活动方面的文摘，每年出版 10 期；③《消费者国际刑警组织中心刊物》，主要刊登有关产品安全问题及危险技术方面的情报，每年出版 4 期；④《国际健康行动组织新闻》，主要为该组织的活动服务，每年出版 6 期；⑤《消费教育者工作网周刊》，主要是为该工作网提供联络和信息，每年出版 4 期；⑥《消费者国际监察焦点》，每年出版 6 期；⑦《西班牙语消费者杂志》每年出版 4 期；⑧《消费者术语汇编》

等。以上刊物 CI 全部免费向成员组织提供。

4. 随着全球气候的变化，CI 在 2007 年将消费者与气候变化列为其主要的活动主题。CI 在美、英两国做的调查研究表明，只有 1/10 的受调查者相信个人消费会加速气候变暖，但有 3/4 的受调查者表示无法改变自己的购物和消费习惯以减少碳排放。所以 CI 建议政府、企业、社会团体应以身作则，为消费者作出榜样，并同时建议消费者减少无益的购物选择。政府应通过加强产品标准，制定法律，促使消费者采取有利于环境的可持续的生活方式，将减碳津贴作为一种重要的政策工具来保证其实现。

此外，于 2007 年 10 月 29 日至 11 月 1 日在澳大利亚悉尼召开的第十八届 CI 大会，主题为"可持续消费、肥胖流行病、不道德的药品推销和消费信贷与债务"，CI 活动范围由此作了进一步地扩展。

三、部分国际消费者联合会会员的基本情况及其活动

会员是 CI 的基本组成单元，没有它们的参与和活动，CI 既不可能存在，同时 CI 的任何活动、倡议、组织、协调等工作也无法推行和实现。因此，为了对 CI 有一个更为全面的了解和认识，下面对部分 CI 会员的基本情况和活动作一简单介绍。

（一）澳大利亚消费者组织

CI 会员的基本情况及其活动

澳大利亚作为 CI 会员的消费者组织有 3 个，即澳大利亚消费者协会、澳大利亚消费者组织联盟和堪培拉消费者社团。

1. 澳大利亚消费者协会。它成立于 1959 年，是 CI 5 个发起团体之一，总部设在堪培拉。该会实行会员制，会员中 95% 是个人会员，5% 是团体会员。其基本任务是：通过对消费品的比较检验和服务，帮助会员在购物时合理花销；代表消费者向政府提出建议；鼓励和支持其他消费者团体的活动和消费教育；向消费者提供各种消费资料；通过努力，逐步使澳大利亚的保护消费者法规向标准化发展；为提高发展中国家的保护消费者利益的工作水平而努力。其出版物是《选择》月刊（发行量 20 700 份）及《消费者利益》季刊。该协会的资金来源主要依靠销售出版物的利润。

2. 澳大利亚消费者组织联盟。该联盟成立于 1964 年，是澳大利亚消费者运动的最高联合体。它是由 50 多个会员组织组成的机构。会员组织包括州的以及当地的消费者团体，还有饮食、运动、环境、健康等消费者团体，有 5 名工作人员。其主要任务是：向澳大利亚各级政府阐述消费者的意图，为政府政策委员会提供消费者代表；注重消费教育和消费者事务问题。其出版物是《消费者观察》月刊，发行量 950 份。资金来

源是政府拨款和会员认捐。

3. 堪培拉消费者社团。堪培拉消费者社团成立于 1963 年，是一个独立的、非政治性的、非营利性的组织，拥有 1000 名会员。其主要任务是：开展商品检验和调查工作（每年检验 2 次，调查 6～10 个项目）；向企业和政府阐述消费者的观点；受理会员的投诉；帮助会员发挥自己的作用；做好社团的消费者教育工作。它每年处理投诉约 100 件。其出版物是《堪培拉消费者》季刊，发行量 1300 份。资金来源是会员认捐 55%，政府拨款 35%，其他来源 10%。

（二）比利时消费者组织

比利时消费者组织是比利时消费者协会。该协会成立于 1957 年，是 CI5 个发起团体之一，是欧洲消费者联盟的会员。它拥有 103 名工作人员，225 300 名会员，总部设在布鲁塞尔。其主要任务是：向消费者提供商品和服务方面的情报；进行商品比较检验；处理消费者投诉。该协会每年检验约 60 个品种的商品，刊登在杂志上，供消费者参考。每年受理消费者投诉信约 1.6 万封。其出版物有：《检验购买指南》月刊，发行量约 23 万份；《预算与存款》双月刊，发行量约 13 万份；《每周预算》周刊，发行量约 2.4 万份。资金全部来源于会费收入。

（三）丹麦消费者组织

丹麦消费者组织是丹麦消费者委员会。该委员会成立于 1947 年，1963 年加入 CI，拥有 300 名个人会员，22 个团体会员，总部设在哥本哈根。它是欧洲经济共同体（EEC）经济和社会委员会的附属机构。其主要任务是：通过现行的消费政策保护消费者利益；将消费者的观点、看法反映给政府、贸易及工业部门；在有关消费者的重大问题上鼓励各委员会、协会及团体维护消费者利益；促进各种产品的标签工作；进行有关消费者的情报活动，并在为消费者实际提供情报服务时起协调作用；与其他消费者组织合作。其出版物是《思考》，每年 10 期，发行 3 万份。资金来源是会员组织捐赠 2%，会费 23%，政府提供 75%。

（四）印度消费者组织

印度消费者组织是印度消费者指导协会。该协会成立于 1966 年，1973 年加入 CI。它是一个非营利、非政治性的公益组织，由 9 名家庭妇女和社会工作者共同创办。其主要任务是：通过对消费者的教育保护消费者利益，使消费者增加消费知识；利用处理消费者投诉、商品检验及展览等方式，进行消费者指导。其出版物是：《指南》月刊，发行量约 2.5 万份；《消费者指导名录》年刊。资金来源包括公益信托、政府拨款、市政资助和会员赞助。

（五）以色列消费者组织

以色列消费者组织包括以色列消费者协会、以色列消费者委员会和赫斯塔达特消费者保护局。

1. 以色列消费者协会。该协会成立于1955年，1966年加入CI，它是一个非营利、非政治性和经费独立的机构，有12名工作人员。其主要任务是：保护消费者利益，代表消费者与政府、工商业界进行交涉，反映他们的意见；完善以色列的生产和公共设施规范；提高生产和销售的卫生条件；向消费者提供免费咨询与资料；受理消费者投诉。资金全部来源于会费。

2. 以色列消费者委员会。该委员会成立于1966年，1969年加入CI，有7名工作人员，总部设在特拉维夫。其主要任务是：在商品质量和公共设施规范的有关纠纷中保护消费者利益；受理消费者投诉和咨询；开展消费指导教育与群众性活动；向政府和有关当局转达消费者的呼声和提出立法建议。该委员会年受理投诉和接受咨询1万件次。商品检验15项，专题研究50项。其出版物是：每月在maariv报上增设专刊；make-day双月刊，发行量约5000份。资金全部来源于政府拨款。

3. 赫斯塔达特消费者保护局。该局成立于1970年，1976年加入CI。它是以色列最大的消费者保护机构，总工会的全体会员均是该组织成员（占人口80%），在全国各地有53个分支机构，总部设在特拉维夫。其主要任务是：出版刊物以指导和教育消费者；在中学里开展消费教育课程；接受消费者咨询。其出版物是：《购物指南》《教育丛书》双月刊，发行量约3000份。资金来源是会费。

（六）日本消费者组织

日本消费者组织包括日本消费者协会和日本消费者联盟。

1. 日本消费者协会。该协会成立于1961年，1962年加入CI，有17名工作人员，总部设在东京。其主要任务是：对消费品进行比较检验并公布结果；结合消费咨询、讲课、培训、消费教育节目、研讨会和演讲会等对消费者进行指导和教育；接受消费者投诉和咨询。其出版物是：《消费者月刊》，发行约5000份；《商品检验指南》等。资金来源：捐赠35%，出版物收入20%，政府拨款20%，其他来源25%。

2. 日本消费者联盟。该组织成立于1969年，1975年加入CI，拥有13名工作人员，4000名会员，总部设在东京。其主要任务是：保护消费者利益，促进安全与健康；反对不公正贸易，稳定价格。其具体措施是：受理消费者投诉、对商品进行检验，特别是婴儿食品、杀虫剂、卷烟等；

监视法人团体反消费者的活动；向政府有关部门反映消费者的意见。其出版物是：《消费者报告》每年 3 期，发行 1 万册；《日本资源》每年 10 期，发行 50 册。资金来源：捐赠 38%，出版物销售 32%，其他来源 30%。

（七）荷兰消费者组织

荷兰消费者组织是荷兰消费者联盟。它成立于 1953 年，是 CI5 个发起团体之一。它是欧洲消费者联盟的成员，拥有 140 名工作人员，46 万名个人会员，总部设在海牙。其主要任务是：通过对商品和公共设施的比较检验，保护消费者利益；通过处理消费者投诉，把消费者的意见反映给政府、政党、工业和商业界；通过自办的杂志、教材和利用广播、电视给消费者以指导向消费者提供商品的客观情报。该联盟是荷兰主要的消费者组织，每年受理消费者投诉 6 万件，接受咨询 3.7 万件，进行商品检验 100 次，专题研究 25 个项目，并参加市政税收诉讼的全过程。其出版物是：《消费者指南》月刊；《消费旅行者指南》季刊；《消费货币指南》季刊。其经费来源于会费以及通过发行杂志、书籍获得的收入。

（八）英国消费者组织

英国消费者组织包括英国消费者研究协会、全国消费者委员会和消费者团体全国联盟以及消费者事务研究所。

这里仅介绍英国消费者研究协会。该协会成立于 1955 年，是 CI5 个发起团体之一。它是欧洲消费者联盟的成员，拥有 400 名工作人员，76.3 万名个人会员，总部设在伦敦。其主要任务是：研究消费者保护问题；对商品的质量、安全予以监督和检测，并在刊物中公布；受理消费者投诉与咨询，保护消费者的利益。该会拥有自己的检测实验室，每年检测约 60 种商品，除发行刊物外，还出版近 50 种不同的书籍，以指导消费，在其主要刊物《指南》中，每年刊有 120 项商品检测报告。每年受理消费者投诉和咨询约 7 万件次，在图书馆内还有 4.5 万卷微缩胶卷，以便提供各种咨询。其出版物是：《指南》月刊，发行 69.8 万册；《度假指南》季刊，发行 26.3 万册；《园艺指南》，发行 10.7 万份；《药物和病疗学简报》半月刊，发行 7.4 万份；《酒类指南》月刊。其经费 92% 依靠销售杂志和书籍的收入。

（九）美国消费者组织

美国消费者组织包括美国消费者利益委员会、美国消费者联合会和美国消费者联盟。

这里仅介绍美国消费者联盟。该联盟成立于 1936 年，是 CI5 个发起团体之一。它拥有258名工作人员，25万名个人会员，总部设在华盛顿。该联盟的主要任务是：对商品进行比较检测，公布其结果；联合管理报栏、电台节目等指导消费。该联盟设有3个倡议办公室，它代表消费者参与立法、司法及制定规章方面的活动。它的总部蒙特威南商品检验中心规模较大，有170多名雇员，设电器、食品、化学、大商品和儿童用品等5个组织，每年检测商品65个品种，20~30个项目，专题研究2~3个项目；有2000个微缩型胶片以提供各种情报资料。其出版物是：《消费者报道》月刊，发行量350万册；《消费者联盟新闻摘要》半月刊；《微小权力》（专为儿童服务的刊物），双月刊。其经费97%来自订阅费、出版物和电视费，3%来自拨款、基金积累。

（十）附属会员

对附属会员的要求也必须符合正式会员同样的标准，即在政治上和财政上独立，但主要是成立时间较晚的年轻消费者组织，或其工作仅限于区域和地方社区的，或工作重点仅关于一个特殊问题。大约50%的CI成员是附属会员，包括1998年建立的保加利亚全国消费者协会、1995年成立的波兰人消费者的协会、1990年成立的保加利亚消费者联盟（FCB）、2002年成立的塔吉克斯坦消费者协会、1991年成立的阿尔巴尼亚消费者协会等111个成员。

（十一）政府会员

该类会员是政府部门、管理当局或反垄断代办处等负责对消费者政策和消费者的机构。他们必须支持和帮助独立消费者组织的工作。大约20%的CI成员是政府会员；包括澳大利亚竞争和消费者委员会、巴布亚新几内亚独立消费者和竞争委员会（ICCC）、泰国的消费者保护法委员会办公室、澳门消费者委员会等38个部门和机构。

□ 小　结

消费者组织是以维护消费者权益为宗旨的消费者团体。在我国，消费者组织包括消费者协会和其他消费者组织。法律明确地赋予消费者协会8项法定职能，同时规定消费者协会不得从事经营活动和不得以牟利为目的向社会推荐商品和服务两项义务。《消费者权益保护法》规定我国各级政府有义务支持消费者组织的设立与活动。国际消费者联合会是促进、协调各国消费者保护合作的非政府组织，其在促进、协调各国，特别是各发展中国家消费者运动的发展，促进各国政府加强本国消费者保护立法等方面发挥了积极的作用。

□练习与思考

一、名词解释

1. 消费者组织
2. 消费者协会
3. 国际消费者联合会

二、简答题

1. 消费者组织有哪些法律特征？
2. 消费者协会有哪些法定职能？
3. 消费者协会有哪些法定义务？
4. 香港消费者委员会的组织与活动如何？

三、思考题

国际消费者联合会的组织活动及其宗旨如何？

第七章

消费争议的解决

■学习目的和要求

通过本章学习，要求学生

● 重点掌握：消费争议的解决途径；特殊求偿主体的法律规定。

● 掌握：消费争议的 5 种解决途径；在 9 种特殊情况下求偿主体的法律规定。

● 一般了解：消费争议的表现形式。

消费争议及其表现

消费争议，又称消费纠纷或消费者权益争议，是指在消费领域中，消费者与经营者之间因权利和义务关系而产生的矛盾纠纷。从消费内在机制上看，消费争议的产生是必然的。从民事法律关系角度来看，经营者与消费者的地位是平等的，但从消费领域深层次经济利益角度上看，消费者是经营者利润的化身和源泉。由于在为生活消费进行交易的过程中，经营者和消费者的立场、观点不同，经营者要从消费者身上赚取尽可能多的钱，消费者要尽可能花最少的钱获得尽可能好的商品或尽可能高质量的服务，矛盾由此而产生。对同一商品、同一服务，消费者和经营者的观点往往相差甚远，矛盾和纠纷不可避免。消费争议的主要表现有：

第一，消费者在购买、使用商品或者接受服务时，由于经营者不依法履行义务或者不适当履行义务，使消费者合法权益受到损害，如经营者提供的商品有缺陷，经营者提供的商品或者服务作虚假宣传误导消费者，经营者侵犯消费者的人身权，经营者使用不真实的姓名、名称，冒用他人的姓名、名称、标识使消费者产生误认，无理由拒绝履行法定义务或者约定义务等。

第二，消费者对经营者提供的商品或服务不满意，双方因此而发生争议。消费者在为生活需要进行物质及精神消费过程中总有过高的期望值，而经营者为追求利润又想方设法从消费者身上降低应支出的成本，甚至有的经营者为了竞争，对消费者作出无法兑现的承诺，由此二者总是处于矛盾和争议之中。这些矛盾和争议能否通过有效途径得以妥善解决，直接关系到《消费者权益保护法》赋予消费者的权利能否真正实现。因此，《消费者权益保护法》在第七章专章规定了消费争议的解决途径和消费者求偿主体的确定。

第一节　消费争议的解决途径

消费争议是特定的经营者和消费者之间的权利和义务之争。从其法律性质来看，它属于民事权益争议的范畴。因此，解决争议的途径或方式应符合民事权益特点。这就注定了消费争议解决途径具有多重性，并且在一定条件下争议双方可以选择利用某种途径来使矛盾得以解决。基于这一点，法律应当明确可供选择的多重途径。《消费者权益保护法》第39条以此为出发点对消费争议的解决途径作出了规定。该条规定："消费者和经营者发生消费者权益争议的，可以通过下列途径解决：①与经营者协商和解；②请求消费者协会或者依法成立的其他调解组织调解；③向有关行政部门投诉；④根据与经营者达成的仲裁协议提请仲裁机构仲裁；⑤向人民法院起诉。"这5条消费争议解决途径的规定，彻底改变了消费者投诉无门的状况，为消费者根据实际情况来选择适用何种途径维护自身权益开了方便之门。

一、消费者与经营者协商和解

协商和解，俗称"私了"，是指消费争议双方当事人就争议事项，在平等自愿的基础上，本着公平、合理解决问题的态度和诚意，通过弄清事实、分清责任、交换意见、取得沟通，从而找出解决争议的方式、办法的一种方式。协商和解是消费者在购买、使用商品或接受服务时与经营者发生争议后采用最多的解决途径。虽然它并不是法定的必经程序，但几乎没有消费者不经这一程序而直接采用其他方式解决争议的，否则，消费者可能从主动变为被动。例如，某女士在一大型购物中心购买了一双皮鞋，后发现有质量问题，她未与购物中心沟通即直接向工商管理部

协商的内容

门投诉。当执法人员赶到现场问明情况后，与购物中心负责人交涉，中心负责人吃惊地表示本人不知此事，但本购物中心处理这类问题是无条件退换的，实在没必要这样大动干戈。该女士听后也觉得尴尬。这件事如果消费者开始就与经营者协商，是很容易解决的，这位女士直接投诉反而使自己陷于被动。

消费争议属民事权益范畴，当事人对其有权处分，采取协商和解的方式解决争议，不涉及当事人之外的其他人和繁琐程序，因而具有及时、直接、有效、和平的特点，对消费者也有省时、省力的优点。在国外，如美国，许多经营者愿意并重视与消费者通过这一方式解决纠纷。这样一方面可以吸引更多的回头客，另一方面也可以从消费者的意见中汲取教训，以便改进质量，获得商品和服务的信誉。我国也有越来越多的经营者认识到了与消费者协商和解的正面效应和作用，因而在大型商品零售单位和解的成功率是非常高的。消费者要充分利用这一点。

但是，协商和解是有条件的：①争议双方要有解决问题的诚意；②当事人对争议的原因、责任等认识分歧不大，有和解的基础；③双方都能以公平、合理的态度待人，能互谅互让、顾大局、识大体，通过双方合理的妥协以促成双方达成都能接受的解决方案。

然而，协商和解也有其自身的局限性，否则《消费者权益保护法》也不会规定5种解决争议的途径了。一方面，协商和解没有第三方的介入，缺乏必要的监督，和解方案可能进一步使消费者的利益受到损害。经营者可能会利用自己的优势地位采取胁迫、威逼、利诱手段使消费者与其达成不公平、不合理的和解协议，将严重侵犯消费者权益的事件大事化小，小事化了；另一方面，协商和解缺乏国家强制力的支持，即使是公平、合理的和解协议也会因经营者的拒不履行而成泡影。另外，如果争议的任何一方缺乏诚意，都难以进行有效的协商，更谈不上和解。如果经营者故意推诿，逃避责任，拖延解决，会给消费者带来巨大的烦恼；同样地，如果消费者无理取闹，也会给经营者的经营造成不利的影响。因此，消费者在选择协商和解方式时，一定要视对方态度灵活选择，在认定该方式不能解决争议的情况下应及时谋求其他解决途径，以免使自己的权益进一步受到损害。

二、请求消费者协会或依法成立的其他调解组织调解

调解是争议双方在第三方主持下就有争议的问题进行自愿协商，达成协议以解决争议的一种方式。根据主持人身份的不同，调解分为民间调解、行政调解和司法调解。调解的种类不同，其法律效力也有差异。《消费者权益保护法》规定的解决争议的途径之一"请求消费者协会或者依法成立的其他调解组织调解"，即是民间调解。因为消费者协会等依

法成立的组织既不是行政机关，也不是司法机关，它是站在消费者立场上以维护消费者合法权益为宗旨的社会团体。它解决消费争议既不依靠行政处罚权也不依靠国家强制力，而是依靠自己严谨的作风、真诚地为消费者服务的精神和在消费领域的巨大影响力来主持调解工作的。从《消费者权益保护法实施条例（送审稿）》的角度看，消费者协会或者其他依法成立的消费者组织对消费争议进行调解是一项义务性规定。第52条规定："消费者和经营者发生消费者权益争议，请求消费者协会或者依法成立的其他消费者组织进行调解的，相关组织应当及时处理。"作为社会团体，消费者协会与其他社会团体不同。它是一个半官方的社会团体，在消费领域有法定职能。因此，消费者协会调解与一般社会团体调解的不同之处在于其可以依法行使调查权等。

调解及其原则与程序

（一）调解的原则

消费者协会主持调解并不是无原则地息事宁人或者"和稀泥"，而是在坚持以下原则的基础上进行的：

1. 自愿原则。调解解决消费争议，必须充分尊重当事人的意愿，即除非法律、法规有特别规定，调解的进行只能依当事人申请。调解协议的达成也必须完全基于当事人的意愿，调解人不能将其个人的意愿强加于当事人，也不得以欺诈、胁迫等手段强迫当事人接受某一调解方案。只有这样，调解达成的协议才能为争议双方当事人自动遵守执行，不会因抵触情绪而反悔。

2. 合法原则。调解解决消费争议，必须依据法律、法规和行政规章的规定进行，所达成的调解协议内容也必须符合法律、法规及规章的规定，即必须符合《消费者权益保护法》《产品质量法》《民法典》等关于消费者权利及经营者义务的规定。同时，调解的程序和调解达成的协议还不得违反社会公德。

3. 实事求是的原则。调解解决消费争议必须在查明事实、分清是非的基础上，充分说理，耐心疏导，消除隔阂，促使双方相互理解、互谅互让，最终达成调解协议。

（二）调解的程序

消费者协会调解消费争议的程序包括以下步骤：

1. 受理投诉。投诉是指在购买、使用商品或者接受服务过程中，消费者和经营者就权利和义务关系发生争议，向消费者协会反映情况并请求予以解决的行为。投诉是针对消费者协会及有关行政部门而言的，向其他部门提出的请求不称为投诉，例如，向仲裁机构提出的请求称为申请，向人民法院提出的请求称为起诉等。消费者协会受理投诉一般分为3

种情况：

（1）消费者向消费者协会直接投诉，这是最常发生的投诉。

（2）消费者请求其他部门解决消费争议，其他部门委托消费者协会协助处理投诉。

（3）经营者请求消费者协会协助处理投诉。

投诉可以采取口头形式，也可以采取书面形式，或者通过电话、电报、传真、互联网投诉。消费者协会对投诉应填写好投诉卡。接到投诉后应及时审查，对符合受理条件的即符合受理范围和消费者协会管辖范围的予以受理。但是，对有下列情形之一的不予以受理：①超过"三包"期限或者超过保质期限的商品，被诉方已不再负违约责任的；②达成调解协议并已执行，且没有新情况、新理由的；③法院、仲裁机构或者其他行政机关已经受理或者处理的；④超过权利保护的法定期限的；⑤消费者无法证实自己权益受到侵害的；⑥消费者不能提供有效购货凭证或服务单据以证明经营者是谁的；⑦因残次而处理的商品；⑧应当取得许可证而未取得，私自购买、使用而出现质量问题的，如卫星接收天线、猎枪等。

2. 调查。消费者协会受理了投诉并决定予以调解时，应尽快对争议事实进行调查。调查权是《消费者权益保护法》赋予消费者协会的一项职权。《消费者权益保护法》第37条第1款第5项规定，消费者协会受理消费者的投诉，并对投诉事项进行调查、调解。据此，消费者协会有权向双方当事人及其他知情人调查了解争议产生的原因、经过、争议所涉及的商品或者服务的情况。对商品或服务质量问题需要提请鉴定部门鉴定的，消费者协会可以提请鉴定，鉴定部门应当告知鉴定结论。

3. 调解。在事实调查清楚的基础上，消费者协会可以将双方当事人邀到一起，在双方当事人自愿的基础上进行调解。在调解过程中，消费者协会应积极、主动地引导双方协商，必要时可以根据自己掌握的事实对有过错或缺乏诚意的当事人进行批评和说服，促成双方达成共识，使争议获得圆满解决。调解成功之后，除无给付内容或可当场清结者外，消费者协会一般应制作调解书，加盖协会印鉴并由双方当事人签字。

对事实清楚、标的较小、情节简单、争议不大的消费争议，消费者协会可以适用简易程序，采取灵活多样的解决方式。在调解时，消费者协会应站在公正的立场上，不偏不倚地进行调解，一切以事实为根据，以法律为依据。由于消费者协会主持的调解属民间调解，达成的调解协议不具有法律上的强制力，因而，当事人不愿达成协议或达成协议后反悔的，仍可选择其他有效途径解决争议。

三、向有关行政部门投诉

2013 年修订的《消费者权益保护法》将消费争议解决途径中的第 3 项"向有关行政部门申诉"修订为"向有关行政部门投诉"，基于此修订，有必要将申诉与投诉做一简要区分。申诉是指对自身或他人的权益问题，向有关国家机关申述理由，请求处理的行为。《消费者权益保护法》修改后，在消费者争议解决途径中，已不再包含向行政机关申诉的方式。消费投诉是指，消费者为了生活消费需要购买、使用商品或接受服务过程中，与经营者之间发生权益争议后，请求消费者权益保护相关组织调解以保护自身权益的行为。申诉与投诉具体包括以下几个方面的区别：其一，申诉与投诉所诉之于的主体不同。申诉是向行政执法或行政管理部门，投诉是向社会团体（如消费者协会）或平等民事主体。其二，申诉与投诉的主观目的不同。投诉只是就双方争议寻求解决，而申诉除了寻求争议的解决外，还附带要求行政管理部门制裁或处罚侵权者的行为。其三，申诉与投诉所产生的效力不同。投诉仅具有民事调解效力，双方当事人有任一方反悔时，调解并不具有强制约束力；申诉则具有行政调解效力，双方当事人达成的调解协议或行政管理部门作出的处理决定，一般来说，具有行政执行力。其四，申诉和投诉的最终处理结果不同。投诉后要最终形成调解协议，必须在双方自愿的条件下；而申诉后最终处理决定的作出只需一方当事人向行政管理部门提出即可。

四、根据与经营者达成的仲裁协议提请仲裁机构仲裁

仲裁又称公断，是指当事人根据事先或事后达成的仲裁协议自愿将争议提交第三方裁决以解决争议的一种法律制度。

（一）仲裁的特点

仲裁与其他争议解决途径相比，具有以下特点：

1. 仲裁以当事人双方自愿为前提。《仲裁法》第 4 条明确规定："当事人采用仲裁方式解决纠纷，应当双方自愿，达成仲裁协议。没有仲裁协议，一方申请仲裁的，仲裁委员会不予受理。"仲裁协议必须以书面形式作出，可以是争议发生前，也可以是争议发生后达成，而且当事人双方有权自愿选择仲裁机构和仲裁员。

2. 仲裁解决争议方便、快捷。仲裁没有级别管辖和地域管辖。仲裁机构也不按行政区划设置。当事人可以按双方的意愿选择任何仲裁机构对争议进行仲裁，而不像申诉和起诉那样有严格的地域限制和级别限制。当事人同样可以选择仲裁程序，对不涉及国家机密的仲裁案件，可以选择公开或不公开审理。同时，仲裁解决争议可以为当事人节省大量的时

消费争议的仲裁解决

间。据调查，在消费领域，通过诉讼解决争议所需时间平均为 3 个月，而通过仲裁解决争议所需时间平均为 45 日，避免了诉讼的繁琐程序。这对及时保护消费者的权益是十分必要的。

3. 仲裁解决争议客观、公正。仲裁没有地域管辖，不适用"原告就被告"原则，因而裁决不受地方保护主义的影响。《仲裁法》规定了严格的仲裁员回避制度，凡是具有可能影响公正裁决因素的仲裁员都必须回避。同时《仲裁法》又明确规定仲裁庭组成后，仲裁员不得私自会见当事人、代理人，或者接受当事人、代理人的请客送礼，否则当事人有权要求其回避。从而保证了裁决的客观、公正。

4. 仲裁裁决具有强制性。争议双方一旦选择以仲裁方式解决争议，仲裁机构作出的裁决即具有法律效力，对双方当事人都有约束力，当事人应当履行，否则权利人有权申请人民法院强制执行。

5. 仲裁实行一裁终局制度。仲裁相对于诉讼来说，不存在一裁、二裁之说，一次裁决即为终局裁决。裁决作出后，当事人就同一争议再申请仲裁或者向人民法院起诉的，仲裁委员会或人民法院不予受理。但是，裁决被人民法院裁定撤销或者不予执行的除外。消费争议双方选择仲裁解决争议，必须符合法定要求：要有仲裁协议、自主选择仲裁机构和仲裁员、应当遵守《仲裁法》规定的程序和规则。

（二）仲裁的程序

仲裁解决消费争议的法定程序为：

1. 申请和受理。消费权益争议的仲裁申请应由当事人双方或一方提出。提出仲裁申请应向仲裁机构递交申请书及其副本和仲裁协议。申请书应载明下列事项：①当事人姓名、性别、年龄、职业、工作单位和住所，法人或其他组织的名称、住所和法定代表人或者主要负责人的姓名、职务；②仲裁请求和所依据的事实、理由；③证据和证据来源、证人姓名和住所。

仲裁协议应具有下列内容：①请求仲裁的意思表示；②仲裁事项；③选定的仲裁委员会。

仲裁协议不能有下列情形，否则无效：①超过法定仲裁范围的约定的仲裁事项；②无民事行为能力或限制民事行为能力人订立；③一方采取胁迫手段，迫使对方订立。

仲裁委员会收到仲裁申请书 5 日内，对符合受理条件的予以受理并通知当事人；对不符合受理条件的要书面通知当事人，并说明理由。受理仲裁申请后，仲裁委员会应在法定期限内将仲裁规则、仲裁员名册送达申请人和被申请人，并将申请书副本送达被申请人。被申请人应在收到申请书副本后的规定期限内提交答辩书并由仲裁委员会送达申请人。

被申请人不提交答辩书的，不影响仲裁程序的进行。

当事人可以约定仲裁庭由3名或1名仲裁员组成。约定由3名仲裁员组成的，当事人应当各自选定或各自委托仲裁委员会主任指定1名仲裁员，第3名仲裁员由当事人共同选定或共同委托指定。第3名仲裁员为首席仲裁员。约定由1名仲裁员成立仲裁庭的，由当事人共同选定或共同委托仲裁委员会主任指定仲裁员。仲裁员适用回避制度。仲裁庭组成后，仲裁委员会应当将仲裁庭的组成情况书面通知当事人。

2. 开庭和裁决。仲裁原则上应开庭进行，但当事人可以约定不开庭。仲裁一般不公开进行，但对不涉及国家秘密的当事人可以约定公开进行。仲裁庭应依仲裁规则将开庭日期通知双方当事人，申请人接到通知无正当理由不到庭或未经仲裁庭许可退庭的，视为撤回仲裁申请；被申请人经书面通知无正当理由不到庭或未经许可中途退庭的，可以缺席裁决。当事人应当对自己的主张提供证据，仲裁庭也可以自行收集证据。

当事人在仲裁过程中有权进行辩论。在申请仲裁后，当事人可以自行和解。达成和解协议的，可以请求仲裁庭根据和解协议作出裁决书，也可以撤回仲裁申请。达成和解协议又反悔的，可以根据仲裁协议申请仲裁。

仲裁庭作出裁决前，可以先行调解，也可以根据当事人的意愿当庭调解。调解不成的，应当及时作出裁决。调解达成协议的，仲裁庭应当制作调解书或根据协议的结果制作裁决书，二者具有同等法律效力。调解书由仲裁员签名，加盖仲裁委员会印章，送达双方当事人，经双方当事人签收后发生法律效力。在调解书签收前当事人反悔的，仲裁庭应当及时作出裁决。

裁决按多数仲裁员的意见作出，不能形成多数意见的，应按首席仲裁员意见作出。裁决书应写明仲裁请求、争议事实、裁决理由、裁决结果、仲裁费用的负担和裁决日期。裁决书由仲裁员签名，加盖仲裁委员会印章。裁决书自作出之日起发生法律效力。

3. 裁决的执行。裁决一旦作出，当事人都应履行，一方不履行的，另一方当事人可以依法申请人民法院强制执行。对于裁决，被申请人提出证据证明裁决的事项不属于仲裁协议的范围或者仲裁机构无权仲裁的，法院可以裁定不予执行。一方当事人申请执行裁决，而另一方申请撤销裁决的，人民法院应当裁定中止执行。法院裁定撤销裁决的，应当终结执行。裁定驳回撤销裁决申请的，法院应裁定恢复执行。

五、向人民法院起诉

消费者的权益受到侵害时，可以通过提起诉讼来保护自身的合法权益。诉讼是通过司法审判程序解决民事争议的一种方式。同申诉、投诉

通过司法程序解决消费争议

等途径相比较，诉讼是有审判权的人民法院代表国家通过行使审判权来解决争议的一种途径。人民法院作出的判决或裁定一经生效，就有国家强制力保证其实施。因而通过诉讼解决消费争议，具有最高的权威性和最终的决定力，任何其他机关、团体、个人都无权从根本上否定人民法院作出的已生效的判决或裁定。

消费争议是消费者与经营者之间就民事权益所产生的争议，通过诉讼解决消费争议应按民事诉讼程序进行。民事诉讼程序有一审、二审、审判监督和执行4个阶段，另外还包括公示催告等特别程序。一审程序分为普通程序和简易程序两种。普通程序分为起诉、受理、审理、裁决等步骤。

起诉是诉讼得以开始所依赖的行为。消费者向人民法院提起消费权益争议诉讼，必须符合以下条件：

1. 提起诉讼的消费者应与所提起的争议案件有直接的利害关系。在消费领域，必须是在购买、使用商品或者接受服务中合法权益受到侵害的消费者及其他受害人。

2. 有明确的被告。起诉时要明确地指出侵犯其合法权益的经营者是谁。

3. 有具体的诉讼请求和事实理由。即要求经营者承担什么责任，履行什么义务，事实根据是什么，理由何在。

4. 属于人民法院受理民事诉讼的范围和受诉人民法院的管辖范围。

消费者在向法院起诉时，要注意我国《民事诉讼法》关于诉讼管辖权的规定。在级别管辖上，应选择基层人民法院作为第一审法院提起诉讼；在向哪里的基层人民法院提起诉讼的选择，即地域管辖上，一般应向被告所在地人民法院起诉，因侵权行为提起的诉讼，可以向侵权行为地或被告住所地人民法院起诉。

起诉时可以是口头形式，也可以是书面形式。

人民法院收到起诉状或口头起诉后，应依法进行审查。经审查认为符合起诉条件的，在7日内立案，并通知当事人；认为不符合起诉条件的，应当在7日内裁定不予受理。法院受理后，应根据案件的具体情况，可以公开或不公开审理，并应当在6个月内审结。因特殊情况需要延长的，经人民法院院长批准，可以延长6个月，如果还需延长，则应报请上级人民法院批准。审理终结后，一律公开判决，当庭宣判的应于10日内发送判决书，定期宣判的应当在宣判后立即发给判决书。

对事实清楚、情节简单、责任明确、争议焦点明确、争议金额较小的消费争议案件，法院在审理时可以适用简易程序。

二审程序是当事人不服人民法院一审的判决或裁定，向上一级人民法院提起上诉的程序。

对一审判决不服的，应在判决书送达之日起 15 日内上诉；对一审裁定不服的，应在裁定书送达之日起 10 日内上诉。上诉应在法定期限内通过原审法院提交上诉状及按被上诉人人数提交上诉状副本。二审法院收到上诉状后应组成合议庭进行审理，根据案件具体情况决定是否开庭审理。审理上诉案件适用普通程序。经审理后，二审法院可以作出维持原判、依法改判、发回重审等裁决。对原判决、裁定认定事实清楚，适用法律正确的，以判决、裁定方式驳回上诉，维持原判决、裁定；原判决、裁定认定事实错误或适用法律错误的，以判决、裁定方式依法改判、撤销或变更；原判决认定基本事实不清的，裁定撤销原判决，发回原审人民法院重审，或者查清事实后改判；原判决遗漏当事人或者违法缺席判决等严重违反法定程序的，裁定撤销原判决，发回原审人民法院重审。

我国实行"两审终审"制，二审判决、裁定是发生法律效力的判决、裁定。在消费争议诉讼中，发生法律效力的判决裁定，当事人必须履行，一方拒绝履行的，对方当事人有权申请人民法院强制执行。

应当注意的是，上述法定途径对消费者来说并无先后顺序的限制，即没有哪一途径是另一途径的前置程序。消费者可以任选其一来解决消费争议，但仲裁是有条件的，这一点已详述过，这里不再重述。

2013 年《消费者权益保护法》的修订增加了消费公益诉讼作为解决消费者权益争议的另一途径。该法第 47 条规定："对侵害众多消费者合法权益的行为，中国消费者协会以及在省、自治区、直辖市设立的消费者协会，可以向人民法院提起诉讼"。这是以法律的形式赋予消费者协会这一特殊消费者权益保护主体以诉权，使得消费者争议解决除了可以通过直接受侵害的消费者个人主张权利外，还可以通过消费者协会这一社会组织得到解决。这也标志着消费公益诉讼以法律形式予以确立、认可。

在我国，公益诉讼还不是一个法定用语，而仅仅是一个学术用语。公益诉讼是一个与私益诉讼相对应的概念，是指特定的国家机关、组织或个人出于保护国家利益或社会公共利益的目的，依照法律规定提起的诉讼。相对于私益诉讼，公益诉讼有以下几个特征：其一，公益诉讼的目的不是维护某个特定主体的私权利，而是出于保护国家、社会公共利益，追求社会秩序的公平正义的目的；其二，公益诉讼的原告未必与案件有直接利害关系。这一点涉及公益诉讼原告资格标准问题，传统诉讼模式下，原告需与诉讼标的有直接利害关系，否则没有起诉资格，然而在消费者权益保护领域，过分强调利害关系的直接性就可能会使那些对于特定消费者权益来说无关痛痒而对整个消费者群体、社会经济秩序损害极大的违法犯罪行为逍遥法外，这样不利于消费者权益的长久保护，而公益诉讼正是这一问题的应对之策。其三，公益诉讼下，诉讼模式从

"主观诉讼"向"主观诉讼客观诉讼兼顾"发展。传统诉讼模式下，诉讼是以保障个人主观权益为目的的主观诉讼。现代社会中很多民事案件尤其是消费领域争议案件的处理，除了涉及原告个人利益之外，更多地涉及包括原告在内的社会公共利益。理论和实务层面均意识到保护这种社会公共利益的重要性，而公益诉讼就是一种将主观诉讼与客观诉讼相结合的诉讼模式，对公共利益的保护发挥着巨大作用。

2013 年《消费者权益保护法》修订至今，消费领域的公益诉讼也在不断发展。2014 年 3 月 12 日最高人民法院首次发布《2010-2013 年人民法院维护消费者权益状况》白皮书，统计显示，2010 年至 2013 年，地方各级法院审理各类涉及消费者权益的民事案件 482 500 件，涉案标的总额达到人民币 1 190 400 元。最高人民法院表示，公益诉讼是消费者维权的重要方式，最高人民法院通过出台司法解释进行规范。《最高人民法院关于审理消费民事公益诉讼案件适用法律若干问题的解释》已于 2016 年 2 月 1 日由最高人民法院审判委员会第 1677 次会议通过，自 2016 年 5 月 1 日起施行，并于 2020 年 12 月 29 日修订，2021 年 1 月 1 日起实施。这是最高人民法院出台专门规范细化消费公益诉讼法律适用的文件，为消费公益诉讼的发展又添依据。2015 年 7 月 1 日，由上海市消费者权益保护委员会提起的公益诉讼案正式被法院受理。该公益诉讼案以广东欧珀（OPPO）移动通信有限公司和天津三星通信技术有限公司为被告，诉讼理由是这些手机厂商侵害了消费者的合法权益。随着社会经济秩序逐步规范，消费者维权意识进一步提高，消费公益诉讼将更为普遍，得到更进一步的发展。

第二节　消费者求偿主体的法律规定

《消费者权益保护法》规定了消费者享有 11 项权利，经营者负有 10 项义务。一旦消费者与经营者发生争议，争议所涉及的上述权利和义务都不再是抽象的，而是现实的、有利益关系的。因此，消费争议的背后是消费者所主张的利益，是消费者希望通过法定途径从经营者那里使自己受到的损害得到赔偿。但是，在消费领域，由于社会分工的不同，商品从生产到消费需要经过不止一个环节，这些环节主要是通过生产者、销售者将商品推向市场来实现的。因此，消费者购买、使用商品或者接受服务，直接或间接地与多个经营者产生利害关系。当消费者的权益受到侵害时，会因多层次的流通环节，多样化的经营方式，以及经营者本身地位及形式的变更和通过非法手段导致其主体多重化等，使消费者恢复受损害的权益及解决争议复杂化。

消费者可能不知道向谁主张权利，经营者也会因此逃避责任，最终导致法律赋予消费者的权利可能无法真正实现，经营者的义务也可能得不到完全履行。为避免上述问题的产生，《消费者权益保护法》专门规定了在具体情况下哪些经营者对消费者受到的损害负有赔偿责任。

一、向销售者要求赔偿

《消费者权益保护法》第 40 条第 1 款规定，消费者在购买、使用商品时，其合法权益受到损害的，可以向销售者要求赔偿。《消费者权益保护法》的这一规定，从立法上为消费者简化了经营者之间的复杂关系。消费者在求偿时，完全不必去探究责任者究竟是谁，只要能确定是谁与消费者进行了直接的商品交易，就向谁直接主张赔偿权。这是《消费者权益保护法》赋予消费者的赔偿权的具体化，也是为销售者设定的先行赔偿的法定义务。《消费者权益保护法》之所以这样规定，是因为销售者是消费者直接的交易对象，确定起来最容易。这样，就可以使消费者受到侵害的权利得到及时的补救。但是，销售者承担了先行赔偿责任，并不意味着销售者也要承担最终责任。在销售者与生产者或其他供货者之间形成的法律关系中，如果不是销售者的过错，那么，销售者仍有权向生产者或其他供货者追偿。所以，《消费者权益保护法》在第 40 条中进一步规定，销售者赔偿后，属于生产者的责任或者属于向销售者提供商品的其他销售者的责任的，销售者有权向生产者或者其他销售者追偿。

销售者的先行赔偿义务

二、向销售者要求赔偿，也可以向生产者要求赔偿

《消费者权益保护法》第 40 条第 2 款规定，消费者或者其他受害人因商品缺陷造成人身、财产损害的，可以向销售者要求赔偿，也可以向生产者要求赔偿。这一规定明确了商品缺陷造成人身、财产损害，有权要求赔偿的权利主体不仅限于受到损害的消费者，还包括其他与购买、使用缺陷商品没有关系却因他人购买、使用而受到意外伤害的人。例如，某消费者拿在手里的一瓶啤酒因质量问题突然爆炸，恰巧将路过其身边的人同时炸伤。这时，买啤酒的受伤者和其他受伤者都有权要求赔偿。在行使求偿权时，受害人既可以向销售者求偿，同时也可以向生产者求偿，而且没有先后顺序的限制。《消费者权益保护法》的这一规定赋予了受害人对求偿主体的选择权，为消费者求偿权的实现加上了双保险，也强化了销售者和生产者的赔偿义务。当然，销售者赔偿的，属于生产者责任的，销售者有权向其追偿，反之亦然。

生产者与销售者的连带责任

三、向服务者要求赔偿

《消费者权益保护法》第 40 条第 3 款规定："消费者在接受服务时，

服务者的赔偿责任

其合法权益受到损害的，可以向服务者要求赔偿。"服务的消费和商品的消费不同，即服务不像商品那样在经营者和消费者之间存在中间环节。消费者与服务者之间直接接触是普遍存在的特点。消费者在接受服务时造成其权益的损害，一般是由于服务提供者不履行或不适当履行其法定义务或者约定义务造成的。所以，《消费者权益保护法》明确规定了消费者因接受服务受到损害的求偿主体就是服务的提供者。

四、向变更后承受其权利和义务的企业要求赔偿

经营变更后赔偿责任的确定

《消费者权益保护法》第41条规定："消费者在购买、使用商品或者接受服务时，其合法权益受到损害，因原企业分立、合并的，可以向变更后承受其权利义务的企业要求赔偿。"企业分立合并是市场经济环境下最常见的现象。企业发生分立合并后，其本身的权利和义务关系的处理自有法律规定。但是，消费者一旦遇到这种情况，在其权益受到损害时，向谁主张权利就变得很复杂。因为与其进行交易的企业可能已不存在，而变更后的企业又会因其形态及性质的变化而推卸责任，使消费者无所适从。《民法典》第67条规定："法人合并的，其权利和义务由合并后的法人享有和承担。法人分立的，其权利和义务由分立后的法人享有连带债权，承担连带债务，但是债权人和债务人另有约定的除外。"《消费者权益保护法》在归责问题上进一步将《民法典》的这一规定具体化和延伸，赋予消费者向变更后承受原企业权利和义务的企业行使求偿权。这既明确了消费者行使求偿权的主体，同时也明确了变更后的企业对消费者承担的责任。

企业分立有两种情形：一种情形是派生分立，即一个企业分出几部分，分别成立新企业，原企业继续存在；另一种情形是新设分立，即一个企业分成几部分，分别成为独立的企业，原企业终止。

合并也有两种情形：一种情形是新设合并，即几个企业合并后成立一个新企业，原来的企业全部终止；另一种情形是吸收合并或称兼并，是一个企业吸收一个或一个以上的企业，该企业继续存在，被吸收的企业终止。

企业分立或合并不论采用哪种形式，都应当到企业登记机关办理变更登记。对消费者履行赔偿义务，以变更后登记所确立的企业为准。

五、向营业执照的持有人要求赔偿

营业执照的持有人和使用人的连带责任

《消费者权益保护法》第42条规定："使用他人营业执照的违法经营者提供商品或者服务，损害消费者合法权益的，消费者可以向其要求赔偿，也可以向营业执照的持有人要求赔偿。"营业执照是国家有关登记管理机关依法核发的证明从事经营活动的法人、其他组织或个人具有合

法经营主体资格的凭证。根据相关法规的规定，营业执照的持有权和使用权只能由登记机关核准的经营者行使，持有人不得出租、出借或转让给他人使用，否则即构成违法。出租、出借、转让营业执照或违法使用他人营业执照从事经营活动，既扰乱市场秩序，又扰乱国家对经营者的监督管理秩序，同时还会为不法之徒坑害消费者提供方便条件。消费者的权益一旦受到侵害，营业执照持有人和使用人会为逃避责任而相互推诿，使消费者求偿主体难以确定。为使消费者合法权益不因此受到损害，《消费者权益保护法》第 42 条规定了违法使用他人营业执照的经营者和营业执照的持有人对消费者负有连带赔偿的责任。该条赋予消费者既可以向侵犯其权益的经营者求偿，也可以向营业执照的持有人求偿的权利，为在这种特殊情况下消费者权益的实现提供了法律保障。这里的营业执照持有人是指依法取得营业执照的人。

六、向展销会、租赁柜台的销售者或者服务者要求赔偿，也可以向展销会举办者、柜台出租者要求赔偿

《消费者权益保护法》第 43 条规定："消费者在展销会、租赁柜台购买商品或者接受服务，其合法权益受到损害的，可以向销售者或者服务者要求赔偿。展销会结束或者柜台租赁期满后，也可以向展销会的举办者、柜台的出租者要求赔偿。展销会的举办者、柜台的出租者赔偿后，有权向销售者或者服务者追偿。"

展销会是指由一个或几个行政部门或经营者组织或举办的，在特定场所和期限内由多个经营者参加的，集中展示各自的商品或服务，并以现场售卖或预售方式对外销售的交易活动，例如，商品展销会、展览会、博览会、展销订货会、家居装饰展示会等。它具有形式多样、参加集中、举办者与经营者共享收益、方便购物的特点。

租赁柜台是出租人将柜台或场地出租给承租人在一定期限内使用，承租人向出租人交付租金的柜台或场地。

展销会和租赁柜台都具有临时性和经营期限短的问题。除了国家举办的大型展览会以外，一般的展销会都是经营者为推销商品，有的只是为推销伪劣商品并打着节日或纪念日等招牌进行的。因为展销会一旦结束，经营者，特别是个体经营者，可以一走了之，消费者的权益受到损害，却难寻经营者的踪迹，特别是当经营者不依法使用真实名称或姓名时更是如此。租赁柜台也存在同样的问题。

但是，与参展的经营者和柜台承租者的利益密切相连的举办者和出租者却不同。"跑了和尚跑不了庙"，他们相对于经营者来说比较固定，并且对参展者和承租者比消费者了解得更多。因此，《消费者权益保护法》为保障消费者在展销会和租赁柜台购买商品或接受服务的权益，作

出了方便消费者求偿的规定。

首先，在展销会进行期间或租赁柜台合同有效期间，消费者可以就其因购买商品或接受服务而受到的损害直接通过法定途径向经营者即销售者或服务提供者求偿。其次，展销会结束或柜台租赁期满，如果能够找到销售者或承租者的，并且行使求偿权更为方便的话，消费者仍然可以直接向销售者或承租者求偿，同时不排除消费者有向举办者或出租者求偿的权利。如果找不到销售者或承租者，那么，就只有举办者或出租者对消费者承担赔偿责任。总之，只要展销会结束或柜台租赁期满的，不论举办者或出租者对消费者的损害有无直接责任，都有先行全部赔偿的义务。

如果展销会提供场所的人同时又是举办者，那么，与消费者相对应的主体就有 2 个，即举办者和销售者。如果有展销会的举办者，又有场地提供者，那么，与消费者相对应的就有 3 个，即举办者、场地出租者和销售者。这三者因展销会而存在密切的利益联系。因此，消费者的权益一旦因在该展销会购买商品而受损害，在展销会结束后，展销会举办者应当然地承担先行赔偿责任，场地提供者同样有先行赔偿责任，这时它的地位与柜台出租者相同。例如，某市个体协会在该市展览馆举办个体经营者商品展销会，一消费者在某个体户处买了一套纯毛服装，展销会结束后发现只有15%的毛，但这时已无处寻找该个体户。这时，消费者可以向个体协会求偿，也可以向展览馆求偿。

对于租赁柜台，若租赁合同期满，受损害的消费者可以向出租者求偿。当租赁期限未满，双方也未解除租赁合同，但承租者实施了损害消费者权益行为后逃之夭夭，消费者无法寻到加害者，这时，消费者即可以向柜台出租者求偿。例如，某商店将其一组柜台出租给一加工金银首饰的人，一位老太太请其用 2 枚 10 克重的金戒指改成项链。等按约定时间取货时，加工首饰的人已不在，据店员说已 2 天没来，也没有打招呼不知去干什么了。老太太等了几天都不见此人回来，后向西城区法院起诉，法院判决出租柜台的商店以现金方式赔偿老太太 2 枚戒指。

对于因销售者或服务者单方过错导致消费者权益受到损害的，展销会举办者、柜台出租者向消费者先行赔偿后，有权向销售者或服务者追偿。

七、向网络交易平台提供者要求赔偿的情形

《消费者权益保护法》第 44 条规定，消费者通过网络交易平台购买商品或者接受服务，其合法权益受到损害的，可以向销售者或者服务者要求赔偿。网络交易平台提供者不能提供销售者或者服务者的真实名称、地址和有效联系方式的，消费者也可以向网络交易平台提供者要求赔偿；

网络交易平台提供者作出更有利于消费者的承诺的，应当履行承诺。这是《消费者权益保护法》规定的网络交易平台应承担义务的情形。

与无理由退货权、个人信息受保护权这些消费者权利一样，网络交易平台作为新的义务承担主体出现，都是《消费者权益保护法》对互联网时代的到来所做出的回应。新的消费方式即网络消费方式的出现必然产生新的法律关系，而新的法律关系中必然存在新的主体和新的权利义务的分配与承担，网络交易平台就是互联网消费方式下新产生的义务承担主体。

网络消费虽然是一种新的消费方式，但是其与传统消费具有同质性，从法律关系角度观察，其相较于传统消费方式无非是多出了一方主体即网络交易平台提供者，这一变化对于消费者权益的保护既有利也有弊，其利在于相较传统消费方式下又多出了一个主体对消费者权益的保护承担义务，这样使得权利的实现，尤其是财产权益的实现更有保障。但相对的其弊在于正是因为出现了新的一方主体，使得原有的法律关系变得更加复杂，义务主体增多使得责任承担时各主体之间的相互推诿可能变得更加严重。为了更多地突出增加一方责任承担主体的益处，最大限度地避免由此带来的弊处，《消费者权益保护法》针对这一问题给出了回应。

同传统消费相同，消费者通过网络交易平台购买商品或者接受服务，其合法权益遭受损害时，当然有权向销售者或者服务者要求赔偿，然而通过网络平台进行消费时，消费者并不能直接的面对面地与相关经营者接触，所以平台自动地应承担提供销售者或服务者真实名称、地址和有效联系方式的义务。而平台如若不能履行相应义务，则此时就可能承担不利的法律后果，即消费者有权就经营者给自己带来的损害请求网络交易平台给予赔偿，且网络交易平台作为市场上的独立一方主体，如果做出了更有利于消费者的承诺，当然有义务履行，不履行也要依照相关法律承担不利后果。同其他主体一样，其承担赔偿责任后对于不是自己过错造成的消费者损害，有权向销售者或者服务者追偿。

《消费者权益保护法》第 44 条第 2 款还规定："网络交易平台提供者明知或者应知销售者或者服务者利用其平台侵害消费者合法权益，未采取必要措施的，依法与该销售者或者服务者承担连带责任。"这一条规定从法理和法律原则的角度上看不存在创新，只是网络交易平台作为消费领域新产生的主体，与其他传统主体相同，存在主观故意时当然地须与相关经营者承担连带责任。

八、因虚假广告或其他虚假宣传方式使消费者权益受到损害的，可以向经营者或者广告经营者、发布者要求赔偿

《消费者权益保护法》第 45 条第 1 款规定："消费者因经营者利用虚假广告或者其他虚假宣传方式提供商品或者服务，其合法权益受到损害的，可以向经营者要求赔偿。广告经营者、发布者发布虚假广告的，消费者可以请求行政主管部门予以惩处。广告经营者、发布者不能提供经营者的真实名称、地址和有效联系方式的，应当承担赔偿责任。"利用广告或其他方式进行商品或服务的宣传是现代社会商业活动的组成部分。随着社会的发展，广告种类由少到多，广告形式由简单到复杂，使消费者目不暇接。随之而来的虚假广告也层出不穷、花样翻新，使人难辨真假，直接或间接地对消费者的权益构成了巨大的危害。其危害主要表现在：

1. 误导消费者，诱使其作出错误的意思表示，购买或接受与自己真实意愿不相符的商品或服务；

2. 由于虚假广告隐瞒了商品或服务的缺陷，造成了消费者在使用过程中的人身或财产损害；

3. 由于虚假广告隐瞒了商品或服务的真实情况，使消费者购买了并不适合自己的商品或接受了不适合自己的服务。

虚假广告除了经营者自己发布的以外，大多都要委托他人设计、制作和发布，这就使虚假广告的加害人不止一个，既包括商品或服务的经营者，也包括广告经营者。

广告经营者是从事广告代理、设计制作的法人、组织和个人。根据《广告法》的规定，广告经营者有审查广告委托人身份、有关证明、广告内容等责任。如果其未依法履行上述责任或明知是虚假广告而发布的，与经营者共同对受害人承担连带责任，如果经营者利用虚假广告损害消费者合法权益，经营者应当承担赔偿责任。如果经营者没有提供真实名称、地址和有效联系方式，消费者有权要求广告经营者、发布者提供有关经营者的真实名称、地址和有效联系方式，广告经营者、发布者有义务向消费者提供，不能提供的，消费者有权要求其赔偿。同时消费者对发布虚假广告的，有权请求行政部门予以惩处，包括责令停止违法活动、没收非法所得、罚款等。这一规定保证了消费者在无法找到经营者的情况下求偿权的实现。同时，对广告经营者依法履行法定义务，防止虚假广告发布亦有法律意义。

《广告法》已由中华人民共和国第十二届全国人民代表大会常务委员会第十四次会议于 2015 年 4 月 24 日修订通过，自 2015 年 9 月 1 日起施行。2021 年《广告法》再次修订。对广告行为的规范和约束直接或间

接地关乎着消费者权益的保护。新修订的《广告法》中有很多内容都与消费者权益保护息息相关：其一，明确定义虚假广告的概念。《广告法》明确虚假宣传、引人误导的内容均属于虚假广告，概念的清晰界定使得受查处的虚假广告数量激增，这对违法行为有很强的震慑作用。其二，规范广告代言人的责任承担。2015年新修订的《广告法》明确了代言人代言虚假广告应承担连带责任。明星代言只拿钱不担责早已成为普遍现象，《广告法》修订中为保护消费者合法权益，强化代言人责任，规范代言活动，这是国家对限制和约束明星代言表明的态度。其三，加强对媒体的监管。传媒作为发布广告的载体应对规范广告行为、保护消费者权益承担重要责任，修订后的《广告法》加强对广告发布媒体和平台的规制，加大对其违法行为的处罚力度，媒体发布虚假广告，最高可处以200万元的罚款。

其实关于广告领域涉及的消费者权益保护问题，在《广告法》修订之前，2013年修订的《消费者权益保护法》就早已作出了相关规定。《消费者权益保护法》第45条第2款和第3款之规定，就是对涉及虚假广告的广告经营者、发布者、广告代言人课以连带责任以规范其行为，保护消费者权益。《消费者权益保护法》第45条第2款规定："广告经营者、发布者设计、制作、发布关系消费者生命健康商品或者服务的虚假广告，造成消费者损害的，应当与提供该商品或者服务的经营者承担连带责任。"第3款规定："社会团体或者其他组织、个人在关系消费者生命健康商品或者服务的虚假广告或者其他虚假宣传中向消费者推荐商品或者服务，造成消费者损害的，应当与提供该商品或者服务的经营者承担连带责任"。通过该条的规定可以看到广告经营者、发布者、广告代言人承担连带责任需要同时满足以下两个条件：其一，相关虚假广告或其他虚假宣传行为宣传的商品或者服务必须关系消费者的生命健康。与生命健康无关的商品或服务尚不在《消费者权益保护法》规制范围之内。其二，相关商品或者服务造成消费者损害。虚假广告涉及的商品或服务必须实际造成了消费者损害的后果，可能造成损害后果而尚未实际发生的不在保护之列。基于上述分析可以看到我国《消费者权益保护法》中对于虚假广告造成消费者损害的责任规定还处于较低保护阶段，仍有很大的发展空间，但同时不可否认的是，现行《消费者权益保护法》增加了对广告经营者、发布者、广告代言人的连带责任之规定，对于规制广告活动、代言行为和保护消费者权益有着不可磨灭的重要意义，使消费者初步实现了维权有据。

□小　结

消费争议在消费过程中是不可避免的，争议发生后是否能通过适当的途径得到解决，直接关系到消费者的合法权益能否得到切实的保护。因此，《消费者权益保护法》明确地规定了5种解决消费争议的途径：争议双方平等协商、请求第三方居间调解、向有关行政部门投诉、根据仲裁协议向仲裁机构申请仲裁和向人民法院起诉。另外，在一些特殊情况下，争议发生后，如有两个以上的连带责任人时，确切的责任主体一时无法确定，针对这种情况，《消费者权益保护法》规定了可以向销售者、向销售者或生产者、向变更后承受原经营者权利和义务的经营者、向营业执照的使用者或持有者、向服务者、向经营者或柜台出租者及展销会的举办者、向网络交易平台提供者、向经营者或虚假广告的经营者、发布者、广告代言人要求赔偿。

□练习与思考

简答题

1. 消费争议解决的法定途径有哪些？
2. 消费者协会受理消费者投诉的情形和不受理投诉的情形有哪些？
3. 市场监管部门受理消费者投诉都有哪些规定？
4. 消费求偿主体确定的原则是什么？

第八章

侵犯消费者权益的法律责任

■**学习目的和要求**

通过本章学习，要求学生

● 重点掌握：侵犯消费者权益的民事责任、刑事责任；民事责任中的精神赔偿制度、惩罚性赔偿制度。

● 掌握：侵犯消费者权益民事责任的特点、情形和民事责任的种类；侵犯消费者权益刑事责任的种类。

● 一般了解：侵犯消费者权益行政责任的情形。

法律责任是行为人对其违法行为承担的法律后果。法律责任具有确定性和强制性。具体表现为：在什么情况下由谁来承担法律责任以及承担什么样的法律责任，只能由法律明确规定；法律责任由国家强制力保证实施。法律责任都是与行为人的义务联系在一起的，行为人不履行或不适当履行其法定义务，必然使他人的权益受到损害，因此，行为人必须承担相应的法律责任。法律责任分为民事责任、行政责任和刑事责任3种形式。

法律责任的概念和表现

第一节　侵犯消费者权益的民事责任

民事责任是消费领域中最主要也是最重要的责任形式，在《消费者权益保护法》中具有极为重要的地位。所谓民事责任是指民事主体违反法律或合同，不履行或不适当履行民事义务所应承担的法律后果。它是民事权利得以保护的重要手段。民事责任的特征表现为：

1. 民事责任以违反民事义务为前提，没有民事义务，民事责任即不存在；

2. 民事责任主要是财产责任，虽然也有消除影响、赔礼道歉、恢复名誉等一些非财产内容，但民事责任的构成主要是赔偿损失、恢复原状、返还原物等财产责任；

3. 民事责任具有补偿性，它是发生在民事主体之间的，以补偿一方当事人因另一方当事人的行为对其造成的损害为主要内容的一种责任形式。

4. 民事责任的承担方式和范围可以由当事人自由协商。

民事责任的构成要件包括：①必须有损害事实发生，损害包括人身损害和财产损害，可能是直接损失，也可能是间接损失；②民事行为具有违法性，必须是违反了我国现行的法律、法规的规定；③损害事实与违法行为之间存在必然的因果联系。

《消费者权益保护法》规定的民事责任与其他法律如《民法典》《产品质量法》等规定的民事责任相比较，具有以下特点：①对一般民事责任，其他法律有规定的，适用其他法律的规定。这种处理技术使现有的法律之间能协调一致，可以避免重复。例如，《消费者权益保护法》第48条第2款规定，经营者对消费者未尽到安全保障义务，造成消费者损害的，应当承担侵权责任。②《消费者权益保护法》在民事责任方面的规定，对我国民事赔偿制度作出了重大的突破。这主要体现在"两个第一"上：第一次间接地规定了人身损害的精神赔偿，增加了残疾赔偿金和死亡赔偿金的规定；第一次直接地规定了惩罚性赔偿金，突破了我国在民事赔偿方面历来奉行的赔偿实际损失的原则。

一、《消费者权益保护法》对应当承担民事责任的规定

《消费者权益保护法》第48条以列举方式明确地规定了几种主要的损害消费者权益的行为。这些行为在日常生活中是最常见、也是发生最多的行为。经营者实施了这些行为，都应依法承担民事责任。

1. 提供的商品存在缺陷。关于"缺陷"在"经营者义务"部分已有阐述，是指商品存在危及人身、财产安全的不合理的危险，若商品有保障人体健康，人身、财产安全的国家标准、行业标准的，是指不符合该标准。缺陷发生在生产过程中，即在未进入流通领域，未进入市场之前就已存在。依照《产品质量法》规定的精神，对于缺陷产品，生产者承担无过错责任，即不论生产者主观上是否存在故意或过失，只要产品有缺陷，生产者就应当承担责任。销售者对缺陷产品承担过错责任，例如，

《产品质量法》第 42 条规定，由于销售者的过错使产品存在缺陷，造成人身、他人财产损害的，销售者应当承担赔偿责任。销售者不能指明缺陷产品的生产者也不能指明缺陷产品的供货者的，销售者应当承担赔偿责任。

对于缺陷商品，生产者不是在任何情况下都承担无过错责任，《产品质量法》第 41 条第 2 款规定了三项免责条款：①生产者未将产品投入流通的，对缺陷产品不承担赔偿责任。譬如，一个小偷从电视机生产厂的库房里偷了一台有缺陷的电视机，在使用时发生爆炸将其炸伤，生产者对此不承担任何责任。关于这一点，《消费者权益保护法》的规定中也有体现，即第 33 条明确规定"提供商品存在缺陷"，"提供"是向消费者提供，说明已进入流通领域，因此，应承担责任。②产品投入流通时，引起损害的缺陷尚不存在的，也就是说产品的缺陷并非生产者造成的。可能是销售者造成的，可能是消费者造成的，那么，生产者当然免除责任。③将产品投入流通时的科学技术水平尚不能发现缺陷存在的。例如，20 世纪五六十年代普遍使用的四环素造成很多黄色牙齿，俗称"四环素牙"，但到 80 年代才发现了这一缺陷，这时受害者不能向生产者主张赔偿，因为当时的科技水平无法发现这一缺陷。这一规定同时明确了在我国不追究经营者的潜在缺陷责任。

2. 不具备商品应当具备的使用性能而出售时未作说明。商品的使用性能是商品使用价值的体现，每一种商品都有其特殊的使用性能，否则该商品即无使用价值或使用价值受到贬损。如果不具有使用性能的商品在出售时已作了说明，经营者即免于负民事责任，否则即应当承担民事责任。

3. 不符合在商品或者其包装上注明采用的商品标准。商品或其包装上注明商品标准是消费者据以判断该商品质量状况的依据，也是经营者对消费者所作出的质量保证。如果商品本身的标准与其表明的标准不符，即以次充好，或以假充真，是对消费者的欺诈，经营者对此应当承担民事责任。

4. 不符合商品说明、实物样品等方式表明的质量状况。商品说明、实物样品是以广告方式向消费者介绍商品基本情况的手段，是消费者了解商品质量的基本依据。如果商品本身的质量与其以上述方式表明的质量不符，同样是对消费者的欺诈。

5. 生产国家明令淘汰的商品或者销售失效、变质的商品。为适应节约能源，保护资源和环境，推广普及现代高科技及保障人体健康的要求，国家定期或不定期地淘汰一些能耗高、技术落后、污染环境、损害人体健康的商品，如四环素、合霉素、"六六六"、"DDT"和以萘为原料的卫生球等。失效的商品是指商品已不具备其原有效能、用途。变质商品是指商品质量的恶化。生产者、销售者如果生产、销售了上述商品，必然会产生消极后果，损害消费者利益。

6. 销售的商品数量不足。这是指经营者出售给消费者的商品少于约定的数量或少于商品说明上表明的数量。例如，消费者买 500 克肉，经营者收 500 克的钱后只给 400 克肉；某商品包装上注明净重 500 克，实际只有 480 克等。销售商品数量不足必然使消费者多付出价款而得不到与所付价款相一致的商品，从而利益受损。

7. 服务的内容和费用违反约定。这是指服务者实际提供的服务方式、地点、规模、等级与约定不符或与所收费用不符，以及实际收取的费用与事先约定的费用不符。这是违约行为，行为人应承担违约责任。

8. 对消费者提出的修理、重作、更换、退货、补足商品数量、退还贷款和服务费用或者赔偿损失的要求，故意拖延或者无理拒绝。这是经营者对其侵权行为所产生的法律后果拒不履行的表现，是在进一步侵害消费者的权益。

9. 法律、法规规定的其他损害消费者权益的情形。除了上述 8 种侵权行为外，现实生活中实际发生的侵害消费者合法权益的情形还有许多，无法通过《消费者权益保护法》一一列举出来。因此，其他法律、法规规定的侵害消费者合法权益的情形也必须依法追究其民事责任。

二、民事责任的具体内容

《消费者权益保护法》对经营者损害消费者权益的民事责任是从人身损害和财产损失两个方面加以规定的。

（一）人身损害的民事责任

人身损害的民事责任是指经营者提供商品或服务造成消费者一般的人身伤害、残疾、死亡和侵犯消费者人格尊严应承担的民事责任。这里除了对消费者受到的损害应承担民事责任外，由经营者提供的商品或服务导致的，对他人所造成的损害，经营者同样应承担民事责任。

人身损害民事责任的内容

1. 经营者提供商品或者服务，造成消费者或者其他受害人人身伤害的，应承担下列赔偿责任：

（1）医疗费。消费者诊治伤害所支出的各项费用，包括检查费、处置费、医药费、手术费、住院费等。这些费用以负责治疗的医院所开具的诊断证明和收费单据为准。受害人自己擅自找人开出的证明以及与受损害无关的其他医疗费不包括在内。

（2）治疗期间的护理费。受害人因伤害严重，生活不能自理而必须由专人护理所支付的费用。受害人是否需要专门护理，由负责治疗的医院决定，而且护理人员只限 1 人。

（3）因误工减少的收入。受害人因伤不能正常上班或不能参加劳动而得不到的收入，包括得不到的工资、奖金、津贴等。

（4）其他合理费用。包括必要的为恢复身体所需的营养费，合理的交通费等。

2. 经营者提供商品或服务造成消费者或其他人残疾的，除应赔偿上述费用外，还应支付下列费用：

（1）残疾者生活自助具费。受害者伤害严重，某器官功能永久性丧失，必须借助辅助性器具生活所需的费用，如轮椅、助听器等。

（2）生活补助费。这笔费用是指因残疾而丧失或减弱劳动能力使收入减少到不足以维持基本生活，或完全没有收入，为使其达到当地普通人最低生活标准所补偿的费用。

（3）残疾赔偿金。因致残而必须支付的精神抚慰金，这是针对受害人本人或其家属的。

（4）由受害人扶养的人必需的生活费。这是指依靠受害人实际扶养的没有其他生活来源的人生活所必需的费用。受扶养人包括无劳动能力和丧失劳动能力的未成年人、成年人及老年人。

3. 经营者提供商品或者服务，造成消费者或其他人死亡的，应支付下列费用：

（1）丧葬费。安葬死者所需的合理费用。

（2）死亡赔偿金。包括对死者亲属支付的精神抚慰金。

（3）由死者生前扶养的人所必需的生活费。

4. 经营者违反《消费者权益保护法》的规定，侵害消费者的人格尊严、侵犯消费者人身自由或者侵害消费者个人信息依法得到保护的权利的，应承担下列责任：

（1）停止侵害。如果经营者的侵害行为正在继续中，如正在限制消费者的人身自由，应当立即停止侵害，以避免造成更大的损害。

（2）恢复名誉。如果因经营者的侵权行为致使消费者的人格形象及人体特征形象受到贬损，经营者应当采取有效措施使其得到恢复。

（3）消除影响。如果经营者的侵权行为给消费者在社会上或一定范围内产生了不良的影响，如在超市将一消费者当成小偷，引起众多人旁观等，只要消费者是无辜的，经营者就应采取措施，消除不良后果。

（4）赔礼道歉。以上3种民事责任是面向社会公众履行的，赔礼道歉是面对消费者履行的义务，即经营者向消费者承认错误、取得消费者的谅解。

（5）赔偿损失。赔偿损失包括财产损害赔偿，也包括精神损害赔偿。

（二）财产损害的民事责任

消费者的财产是其劳动所得，是其赖以生存和发展的物质基础。在购买、使用商品或接受服务过程中遭受财产损失，必然给消费者生活和精神造成不利的影响。因此，《消费者权益保护法》对经营者提供商品或服务中损害消费者财产利益规定了民事责任，具体有以下几种形式：

财产损害民事责任的内容

1. 修理。经营者对其提供的有瑕疵的商品，经修理可以保证不影响其使用价值的，应当给予修理。修理费用视经营者是否超过责任期限来决定由经营者还是消费者承担。

2. 重作。对加工定作物不符合约定标准的，经修理不能使用而重新依消费者要求制作。

3. 更换。经营者提供的商品不符合其表明的质量、性能保证，又符合法定换货条件的，应根据消费者要求调换同型号、同规格商品。

4. 退货。经营者提供的商品不符合规定或约定标准，无法修理、重作、更换，或经修理、重作、更换仍达不到合格要求的，应退回商品，返还货款。

5. 补足商品数量。如果经营者提供的商品数量不足，应补足差额部分。

6. 退还货款和服务费用。经营者提供的商品或服务不符合约定或规定，或者没有提供而已收取货款或服务费，应当依法退还。

7. 赔偿损失。经营者在提供商品或服务过程中使消费者遭受直接和间接财产损失的，应依法赔偿，赔偿时视是否存在主观恶意，决定是赔偿实际损失还是加倍赔偿。

8. 支付其他合理费用。其他合理费用是指消费者行使索赔权过程中支出的合理费用，如交通费、搬运费等。《消费者权益保护法》第 24 条第 2 款规定，经营者履行"三包"责任时，应当承担进行退货、更换、修理产生的运输等必要费用。可见，法律强调的是"合理"，经营者支付这类费用是否合理很重要，这也是经营者最关心的。

例如，某消费者在一家书店买了一本《走上法庭》的书，回到家后发现书中缺页，于是又返回书店换了一本同样的书。该消费者要求书店支付 1.5 元的公共汽车费，理由是这 1.5 元是书店提供商品有瑕疵才使他额外支出的，书店拒绝支付。于是，该消费者将书店告上法庭。法院判决消费者胜诉，判令书店支付消费者 1.5 元交通费和诉讼费。书店不服一审判决提出上诉。从本案争议标的来看，双方特别是书店确无必要这样大动干戈。但是，书店的代理律师认为，"这个先例不能开，如果我们今天赔了 1.5 元，那么以后其他消费者买书出现同本案一样的问题而从外地乘飞机往返换书，这笔交通费要不要赔？"这就道出了当事人的担心实质不在于 1.5 元交通费，而更关注赔了这 1.5 元后所产生的潜在后果。这里就存在一个费用是否合理问题。合理的，经营者就应赔偿；不合理的，经营者有权拒绝。

在本案中，为了换一本普通的书，如在同一城市乘公共汽车去调换应认为是合理的，而打出租车去调换又要求书店支付出租车费就有失公平。如果消费者在外地，邮寄调换是合理的，若乘飞机往返而为换一本书又要求书店支付飞机票款，就很难认为其合理。

（三）以预收款方式提供商品或服务的民事责任

预付款销售的民事责任

以预收款方式销售商品或提供服务，一般发生在卖方市场即商品或服务供不应求，经营者没有现货或者没有即时服务可提供的情况中。例如，20 世纪 80 年代初的家电销售，90 年代初的电话安装都是采取这种方式，即先收钱过一定期限再提供商品或服务。

经营者往往利用这种优势不按约定提供，有时还附加不合理的条件。例如，电信部门以格式合同方式强加给装机户"交款后半年内不得催装"，明显地损害了消费者的权益。因此，《消费者权益保护法》第 53 条规定："经营者以预收款方式提供商品或者服务的，应当按照约定提供。未按照约定提供的，应当按照消费者的要求履行约定或者退回预付款；并应当承担预付款的利息、消费者必须支付的合理费用。"

第二节　侵犯消费者权益的行政责任

侵犯消费者权益的行政责任，是行为人实施违反消费者权益保护法律、法规所必须承担的行政法律后果，表现为保护消费者权益的国家行政机关对侵犯消费者权益行为人所作的各种行政处罚和行政处分。

一、侵犯消费者权益承担行政责任的情形

在我国《消费者权益保护法》和有关法律、法规中，对侵犯消费者权益的行为规定了比较广泛的行政责任。但应该注意的是，行政责任并非适用于所有侵犯消费者合法权益的行为。按照《消费者权益保护法》第 56 条的规定，行政责任适用于下列各种侵犯消费者合法权益的行为：

1. 提供的商品或者服务不符合保障人身、财产安全要求的；

行政责任的具体内容

2. 在商品中掺杂、掺假，以假充真，以次充好，或者以不合格商品冒充合格商品的；

3. 生产国家明令淘汰的商品或者销售失效、变质的商品的；

4. 伪造商品的产地，伪造或者冒用他人的厂名、厂址，篡改生产日

期，伪造或者冒用认证标志等质量标志的；

5. 销售的商品应当检验、检疫而未检验、检疫或者伪造检验、检疫结果的；

6. 对商品或者服务作虚假或者引人误解的宣传的；

7. 拒绝或者拖延有关行政部门责令对缺陷商品或者服务采取停止销售、警示、召回、无害化处理、销毁、停止生产或者服务等措施的；

8. 对消费者提出的修理、重作、更换、退货、补足商品数量、退还货款和服务费用或者赔偿损失的要求，故意拖延或者无理拒绝的；

9. 侵害消费者人格尊严、侵犯消费者人身自由或者侵害消费者个人信息依法得到保护的权利的；

10. 法律、法规规定的对损害消费者权益应当予以处罚的其他情形。

《消费者权益保护法》及有关法律、法规规定的行政责任的范围与民事责任的适用范围有一定程度的交叉。就是说，某些侵犯消费者权益的行为，既要对受害人承担返还财产、赔礼道歉、消除影响、赔偿损失等民事责任，同时还可能受到行政机关的行政处罚。

《消费者权益保护法》第 56 条第 1 款规定，对本法中列举的情形，除承担相应的民事责任外，其他有关法律、法规对处罚机关和处罚方式有规定的，依照法律、法规的规定执行；法律、法规未作规定的，由工商行政管理部门或者其他有关行政部门依照该法规定的处罚方式执行。

其他法律、法规对侵犯消费者权益的行政责任作出规定的有很多。例如，对伪造检验结果的行为，《产品质量法》规定，由市场监督管理部门给予处罚。处罚方式主要有：责令停止生产、销售，没收违法生产、销售的产品，没收违法所得，罚款，吊销营业执照等。对于生产、销售假药、劣药的行为，《药品管理法》规定，由县级以上药品监督管理部门按照国务院药品监督管理部门规定的职责给予没收假药、劣药和违法所得，罚款，责令停产停业整顿，由原发证、批准的部门吊销药品生产许可证、药品经营许可证或者医疗机构制剂许可证等处罚。对于进行引人误解的虚假宣传的行为，《反不正当竞争法》规定，由监督检查部门给予责令停止违法行为、罚款、吊销营业执照等处罚。对于侵害消费者人格尊严或者侵犯消费者人身自由尚未构成犯罪的行为，《治安管理处罚法》规定，由公安机关给予拘留并处罚款的处罚。

需要依据《消费者权益保护法》由市场监督管理机关予以处罚的行为，主要是有关提供服务的违法行为，以及对消费者提出的修理、重作、更换、退货、补足商品数量、退还货款和服务费用或者赔偿损失的要求，故意拖延或者无理拒绝的行为等。处罚的方式有：责令改正，是指命令经营者纠正其违法行为；警告，是指向经营者作出其行为违法并不得继续从事该项行为的训诫；没收违法所得，是指收缴经营者的非法获利上缴国库；罚款，是指强制违法的经营者在一定期限内向国家缴纳一定数量的货币；责令停业整顿，是指命令违法的经营者在一定的期限内停止经营，改正错误；吊销营业执照，是指取消违法经营者的经营资格。

工商行政管理部门及各有关行政部门对侵犯消费者权益行为的行政责任的追究，既可以依受害消费者的投诉进行，也可以依自己的行政监督管理职权主动为之。对数额较小的违法行为，还可以作出即时处罚。这使得通过行政责任手段实现对消费者权益的保护具有了积极、主动和便捷、高效的特点。此外，行政机关查处侵犯消费者权益行为，追究其行政责任，不向消费者收取任何费用，对消费者来说也是一个十分有利的条件。

经营者有义务接受工商行政管理部门及有关行政部门的监督检查，不得为其设置障碍。对拒绝、阻碍工商行政管理部门及有关行政部门工作人员依法执行职务，未使用暴力、威胁方法的，由公安机关予以治安处罚。这也是关于经营者行政责任的规定。

为了保护经营者不受行政部门违法的行政制裁，保护其合法利益，并实现对行政部门执法的监督，《消费者权益保护法》第 59 条对有关行政复议及行政诉讼的事项也作了原则性规定，即"经营者对行政处罚决定不服的，可以依法申请行政复议或者提起行政诉讼"。

二、现行法律、法规对经营者侵犯消费者权益行政处罚的规定

根据现行法律、法规的规定，对经营者违法行为的行政处罚主要有：

1. 生产、销售的商品不符合保障人身、财产安全的要求。《产品质量法》第 49 条规定："生产、销售不符合保障人体健康和人身、财产安全的国家标准、行业标准的产品的，责令停止生产、销售，没收违法生产、销售的产品，并处违法生产、销售产品（包括已售出和未售出的产品，下同）货值金额等值以上 3 倍以下的罚款；有违法所得的，并处没收违法所得；情节严重的，吊销营业执照；构成犯罪的，依法追究刑事责任。"

2. 在商品中掺杂、掺假，以假充真，以次充好，或者以不合格商品冒充合格商品的。《产品质量法》第 50 条规定："在产品中掺杂、掺假，以假充真，以次充好，或者以不合格产品冒充合格产品的，责令停止生产、销售，没收违法生产、销售的产品，并处违法生产、销售产品货值金额 50% 以上 3 倍以下的罚款；有违法所得的，并处没收违法所得；情节严重的，吊销营业执照；构成犯罪的，依法追究刑事责任。"

《药品管理法》第 117 条规定："生产、销售劣药的，没收违法生产、销售的药品和违法所得，并处违法生产、销售药品货值金额 10 倍以上 20 倍以下的罚款；违法生产、批发的药品货值金额不足 10 万元的，按 10 万

行政处罚的具体适用

元计算，违法零售的药品货值金额不足 1 万元的，按 1 万元计算；情节严重的，责令停产停业整顿直至吊销药品批准证明文件、药品生产许可证药品经营许可证或者医疗机构制剂许可证、生产、销售的中药饮片不符合药品标准，尚不影响安全性、有效性的，责令限期改正，给予警告，可以处 10 万元以上 50 万元以下的罚款。"

3. 生产国家明令淘汰的商品或者销售失效、变质的商品的。《产品质量法》第 51 条规定："生产国家明令淘汰的产品的，销售国家明令淘汰并停止销售的产品的，责令停止生产、销售，没收违法生产、销售的产品，并处违法生产、销售产品货值金额等值以下的罚款；有违法所得的，并处没收违法所得；情节严重的，吊销营业执照。"《产品质量法》第 52 条规定："销售失效、变质的产品的，责令停止销售，没收违法销售的产品，并处违法销售产品货值金额 2 倍以下的罚款；有违法所得的，并处没收违法所得；情节严重的，吊销营业执照；构成犯罪的，依法追究刑事责任。"

4. 伪造产品产地的，伪造或者冒用他人厂名、厂址的，伪造或者冒用认证标志等质量标志的。《产品质量法》第 53 条规定："伪造产品产地的，伪造或者冒用他人厂名、厂址的，伪造或者冒用认证标志等质量标志的，责令改正，没收违法生产、销售的产品，并处违法生产、销售产品货值金额等值以下的罚款；有违法所得的，并处没收违法所得；情节严重的，吊销营业执照。"

《反不正当竞争法》第 18 条第 1 款规定："经营者违反本法第 6 条规定实施混淆行为的，由监督检查部门责令停止违法行为，没收违法商品。违法经营额 5 万元以上的，可以并处违法经营额 5 倍以下的罚款；没有违法经营额或者违法经营额不足 5 万元的，可以并处 25 万元以下的罚款。情节严重的，吊销营业执照。"

5. 销售的商品应当检验、检疫而未报经检验、检疫或者伪造检验、检疫结果的。《进出口商品检验法》第 32 条规定："违反本法规定，将必须经商检机构检验的进口商品未报经检验而擅自销售或者使用的，或者将必须经商检机构检验的出口商品未报经检验合格而擅自出口的，由商检机构没收违法所得，并处货值金额 5% 以上 20% 以下的罚款；构成犯罪的，依法追究刑事责任。"

6. 对商品或者服务作虚假或者引人误解的宣传的。《反不正当竞争法》第 20 条规定："经营者违反本法第 8 条规定对其商品作虚假或者引人误解的商业宣传，或者通过组织虚假交易等方式帮助其他经营者进行虚假或者引人误解的商业宣传的，由监督检查部门责令停止违法行为，处 20 万元以上 100 万元以下的罚款；情节严重的，处 100 万元以上 200 万元以下的罚款，可以吊销营业执照。经营者违反本法第 8 条规定，属于发布虚假广告的，依照《广告法》的规定处罚。"

《消费者权益保护法》第 45 条规定："消费者因经营者利用虚假广告或者其他虚假宣传方式提供商品或者服务，其合法权益受到损害的，可以向经营者要求赔偿。广告经营者、发布者发布虚假广告的，消费者可以请求行政主管部门予以惩处。广告经营者、发布者不能提供经营者的真实名称、地址和有效联系方式的，应当承担赔偿责任。广告经营者、发布者设计、制作、发布关系消费者生命健康商品或者服务的虚假广告，造成消费者损害的，应当与提供该商品或者服务的经营者承担连带责任。社会团体或者其他组织、个人在关系消费者生命健康商品或者服务的虚假广告或者其他虚假宣传中向消费者推荐商品或者服务，造成消费者损害的，应当与提供该商品或者服务的经营者承担连带责任。"

7. 对消费者提出的修理、重作、更换、退货、补足商品数量、退还货款和服务费用或者赔偿损失的要求故意拖延或者无理拒绝的。按《消费者权益保护法》第 56 条第 1 款的规定，除承担相应的民事责任外，其他有关法律、法规对处罚机关和处罚方式有规定的，依照法律、法规的规定执行；法律、法规未作规定的，由工商行政管理部门或者其他有关行政部门责令改正，可以根据情节单处或者并处警告、没收违法所得、处以违法所得 1 倍以上 10 倍以下的罚款，没有违法所得的，处以 50 万元以下的罚款；情节严重的，责令停业整顿、吊销营业执照。

8. 法律、法规规定的对损害消费者权益应当予以处罚的其他情形。

第三节　侵犯消费者权益的刑事责任

一、侵犯消费者权益刑事责任概述

刑事责任是指行为人实施刑事法律禁止的行为所必须承担的法律后果，也就是犯罪行为所要受到的刑罚制裁。

与民事责任、行政责任相比较，刑事责任有以下特点：①从强制性的严厉程度看，它是最为严厉的强制方法，不仅可以剥夺罪犯的财产和从事政治活动的权利，而且可以有期或无期地剥夺罪犯的自由，甚至可以剥夺其生命。②从适用机关看，刑事责任只能由人民法院依照《中华人民共和国刑事诉讼法》加以适用，其他任何国家机关、社会团体或者个人都无权适用。③从适用的对象看，刑事责任只能对罪犯适用，对一般违反党纪、政纪、民法和行政法规定而没有构成犯罪的人都不能适用。总之，刑事责任是所有法律责任中最为严厉的一种法律责任。

按照犯罪构成的理论，承担刑事责任的一般条件是：①行为人必须

刑事责任的概念和特点

是达到法定刑事责任年龄，具有责任能力的人；②行为人的行为侵害了刑法法律所保护的社会关系；③行为人实施了这种侵害行为并造成了一定的社会危害后果；④行为人实施这种行为带有主观上的故意或者过失。

在实际生活中，有些行为从形式上看符合诸项犯罪构成要件，但实质上并不具有社会危害性，因此并不构成犯罪，根据《刑法》规定排除其刑事责任。这些行为主要包括：①未达到刑事责任年龄和无刑事责任能力的人的行为；②正当防卫、紧急避险；③履行有益于社会的义务的行为；④其他排除刑事责任的行为等。

刑事责任的作用主要在于以最严厉的制裁手段惩罚犯罪分子，制止和预防犯罪，保护受害人的权益和社会公共秩序。

常见的损害消费者利益的犯罪行为包括五类：①生产、销售伪劣产品型犯罪，其中包括生产、销售、提供假药、劣药罪，生产、销售不符合安全标准的食品罪，生产、销售有毒有害食品罪，生产、销售不符合标准的医用器械罪，生产、销售不符合安全标准的产品罪，生产、销售伪劣农药、兽药、化肥、种子罪，生产、销售不符合卫生标准的化妆品罪等。②扰乱市场秩序型犯罪，其中主要有《刑法》第三章第八节规定的虚假广告罪，合同诈骗罪，非法经营罪，强迫交易罪等。③侵犯知识产权型犯罪，规定在《刑法》第三章第七节，其中与消费者利益关系密切的有：假冒注册商标罪，销售假冒注册商标的商品罪，非法制造、销售非法制造的注册商标标识罪，假冒专利罪，侵犯著作权罪等。④危害公共卫生型犯罪，其中包括医疗事故罪，非法行医罪等。⑤渎职型犯罪，其中与消费者利益关系最为密切的有：《刑法》第414条规定的对生产、销售伪劣商品犯罪行为负有追究责任的国家机关工作人员，徇私舞弊，不履行法律规定的追究职责，构成放纵制售伪劣商品犯罪行为罪，《刑法》第412条规定的商检徇私舞弊罪等。

二、现行法律对侵犯消费者权益刑事责任的规定

（一）假冒注册商标罪

刑事责任的具体内容

假冒注册商标罪是经营者未经注册商标所有人许可，在同一种商品、服务上使用与其注册商标相同的商标，情节严重的行为。假冒注册商标罪的主体一般是工商企业及其主管人员或假冒他人注册商标的个体经营者。没有营业执照的个人假冒他人注册商标构成犯罪的，也按假冒注册商标罪论处。在客观方面，首先，构成本罪要有假冒他人注册商标的行为，即有在同种商品上使用与他人注册商标相同的商标的行为。其次，被假冒的商标应为他人的注册商标，即该商标已经核准注册，获得商标注册证。再次，假冒他人商标的行为应为情节严重的行为。所谓情节严

重，包括以下情况：①违法经营数额较大。单位假冒商标经营额 10 万元 ~ 20 万元，个人 2 万元 ~ 5 万元的，应当立案查处。②违法所得额较大。单位假冒商标的非法获利 2 万元 ~ 5 万元，个人 5000 元 ~ 1 万元的，为违法所得数额较大。③假冒他人注册商标屡教不改的。④与假冒商标者通谋为其提供制造、销售、使用、仓储、运输、邮寄、隐藏等便利，情节恶劣的。⑤假冒他人已注册的人用药品商标。⑥利用贿赂等方法推销假冒商标商品的。⑦假冒商标造成人身伤害或者给工农业生产带来严重损失的。⑧造成严重社会影响、国际影响的。⑨对他人注册商标信誉造成严重危害或者给国家、集体或个人利益造成严重损害的。⑩其他情节恶劣，后果严重，影响极坏的。在主观方面，假冒商标罪为故意犯罪，即行为人明知该标志为他人已注册商标标志，仍然在相同商品上使用该标志。假冒商标罪侵犯的客体是他人注册商标专用权和国家商标管理秩序。

《刑法》第 213 条的规定，犯本罪，情节严重，处 3 年以下有期徒刑，并处或者单处罚金；情节特别严重的，处 3 年以上 10 年以下有期徒刑，并处罚金。

（二）非法制造、销售非法制造的注册商标标识罪

非法制造、销售非法制造的注册商标标识的犯罪行为在 1993 年全国人民代表大会常务委员会《关于惩治假冒注册商标犯罪的补充规定》（已失效）颁布以前，是按照假冒商标罪处理的，该规定颁布后，实际上增设了一个罪名，即非法制造、销售非法制造的注册商标标识罪。刑法的例次修订中都确定了这个罪名。此罪在客体、主体、主观方面与假冒注册商标罪基本一致。但在客观方面与假冒注册商标罪有所区别，构成非法制造、销售非法制造的注册商标标识罪，必须在客观方面符合以下条件：首先，行为人实施了伪造、擅自制造注册商标标识或者销售伪造、擅自制造的注册商标标识的行为。所谓伪造，是指未经商标权人许可仿照他人注册商标的文字、图案、形态、色彩、名称等特征制作与他人注册商标相同的标识。所谓擅自制造，主要包括：①未取得印制许可而制造。即未取得工商行政管理机关签发的印刷商标单位证书而承接并负责印制他人注册商标标识业务的行为。②未获得印制授权而制造。即未取得商标权人的委托或者同意而印制该商标标识的行为。③超量印制。即未经商标权人的委托或者同意，私自违反合同规定，超量印刷他人注册商标标识，而将超印部分归自己所有。所谓销售伪造或擅自制造的注册商标标识，包括两种情况：一是将自己伪造或擅自制造的注册商标标识销售牟利；二是明知是伪造或擅自制造的商标标识而帮助他人销售牟利。其次，情节严重。根据有关规定，情节严重包括以下情况：①非法获利较大，单位非法获利 1 万元 ~ 2 万元，个人非法获利 2000 元 ~ 5000 元，

视为获利较大；②非法印制数量较大，单位伪造擅自制造 2 万 ~ 5 万件（套），个人 5000 件 ~ 1 万件（套）的，视为数量较大。③经过多次行政处罚，仍不悔改的；④为他人生产、销售伪劣商品提供了有利的条件，或对商标权人或消费者造成重大经济损失的；⑤制造、销售、仓储、运输、邮寄、隐匿形成"一条龙"犯罪集团的；⑥制售他人药品商标标识的；⑦造成严重社会影响、国际影响的；⑧利用商业贿赂推销的；⑨其他情节恶劣、后果严重的。

根据《刑法》第 215 条的规定，对非法制造、销售非法制造的注册商标标识，情节严重的行为，处 3 年以下有期徒刑，并处或者单处罚金；情节特别严重的，处 3 年以上 7 年以下有期徒刑，并处罚金。

（三）销售假冒注册商标的商品罪

销售假冒注册商标的商品罪，是指销售明知商品是假冒注册商标的商品，违法所得数额较大或者有其他严重情节的行为。销售假冒注册商标的商品罪的主体、客体方面与假冒注册商标罪和制售非法制造的注册商标标识罪相同，但客观方面与上述两罪不同。即犯罪主体必须有销售假冒注册商标的商品行为。所谓假冒注册商标的商品，是指使用与他人注册商标相同标志的商品。此外，构成本罪也以情节严重为条件，情节不严重不为犯罪。在主观方面，本罪的构成要求行为人明确知道其销售的商品非法使用了他人的注册商标，即明知销售的商品非法使用了他人的注册商标仍予以销售。过失销售假冒注册商标的商品的，不构成犯罪。《刑法》第 214 条规定，违法所得数额较大或者有其他严重情节的，处 3 年以下有期徒刑，并处或单处罚金；违法所得数额巨大或者有其他特别严重情节的，处 3 年以上 10 年以下有期徒刑，并处罚金。

（四）生产、销售伪劣产品罪

生产、销售伪劣产品，是指生产者、销售者在产品中掺杂、掺假，以假充真，以次充好或以不合格产品冒充合格产品的行为。生产、销售伪劣产品罪，是指经营者在经营活动中，生产、销售伪劣产品，情节严重，构成犯罪的行为。生产、销售伪劣产品罪以违法销售金额的大小作为认定是否构成犯罪的标准。根据《刑法》第 140 条的规定，生产、销售伪劣产品罪以违法销售金额 5 万元为起点，销售金额不满 5 万元的，不构成犯罪。违法销售金额在 5 万元以上不满 20 万元的，处 2 年以下有期徒刑或者拘役，并处或者单处销售金额 50% 以上 2 倍以下的罚金；销售金额 20 万元以上不满 50 万元的，处 2 年以上 7 年以下有期徒刑，并处销售金额 50% 以上 2 倍以下的罚金；销售金额 50 万元以上不满 200 万元的，处 7 年以上有期徒刑，并处销售金额 50% 以上 2 倍以下的罚金；

销售金额 200 万元以上的，处 15 年以上有期徒刑或者无期徒刑，并处销售金额 50% 以上 2 倍以下的罚金或者没收财产。

（五）生产、销售、提供假药罪

根据《药品管理法》的规定，所谓假药，包括两种情况：一为纯粹的假药，包括药品中所含成份与国家药品标准规定的成分不符，或以非药品冒充药品或以他种药品冒充此种药品；二为按假药处理的药品，包括国务院药品监督管理部门禁止使用的药品，依照该法必须批准而未经批准生产、进口，或者依照该法必须检验而未经检验即销售的，使用依照该法必须取得批准文号而未取得批准文号的原料药生产的，变质的药品，所标明的适应证或者功能主治超出规定范围的药品（《药品管理法》第 48 条）。生产、销售假药罪，是指生产、销售假药，构成犯罪的行为。根据《刑法》第 141 条第 1 款规定，生产、销售假药构成犯罪的，处 3 年以下有期徒刑或者拘役，并处罚金；对人体健康造成严重危害或者有其他严重情节的，处 3 年以上 10 年以下有期徒刑，并处罚金；致人死亡或者有其他特别严重情节的，处 10 年以上有期徒刑、无期徒刑或者死刑，并处罚金或者没收财产。

（六）生产、销售、提供劣药罪

根据《药品管理法》的规定，所谓劣药，包括两种情况：一是纯粹的劣药，即药品成分的含量不符合国家药品标准的药品；二是按劣药处理的药品，包括未标明有效期或者更改有效期的药品，不注明或者更改生产批号的药品，超过有效期的药品，直接接触药品的包装材料和容器未经批准的药品，擅自添加着色剂、防腐剂、香料、矫味剂及辅料的药品，其他不符合药品标准的药品（《药品管理法》第 98 条）。根据《刑法》第 142 条第 1 款的规定，生产、销售劣药，对人体健康造成严重危害的，处 3 年以上 10 年以下有期徒刑，并处罚金；后果特别严重的，处 10 年以上有期徒刑或者无期徒刑，并处罚金或者没收财产。

（七）生产、销售不符合安全标准的食品罪

生产、销售不符合安全标准的食品罪，是指违反《食品安全法》，生产、销售不符合食品安全标准的食品，足以造成严重食物中毒事故或者其他严重食源性疾病的，而依法应承担刑事责任的行为。凡不符合《食品安全法》第 8 条或其他食品安全标准规定的食品皆属不安全食品。构成本罪，除要求有生产、销售不安全食品的行为外，还要求有产生一定的危害结果的危险，但并不要求实际危害结果的发生，即以经营者生产、销售伪劣食品的行为足以造成严重的食物中毒事故为标准，但已造成严重损害的，行为人的责任加重。根据《刑法》第 143 条的规定，构成本罪的，处 3 年以下有期徒刑或者拘役，并处罚金；对人体健康造成严重危害或者有其他严重情节的，处 3 年以上 7 年以下有期徒刑，并处罚金；后果特别严重的，处 7 年以上有期徒刑或者无期徒刑，并处罚金或者没收财产。

（八）生产、销售有毒、有害食品罪

生产、销售有毒、有害食品罪，是指经营者在其生产、销售的食品中掺入有毒、有害的非食品原料的，或者销售明知掺有有毒、有害的非食品原料的食品的行为。此罪的构成要件与生产、销售不符合安全标准的食品罪不同，在本罪的客观要件中，要求有经营者将有毒、有害物质掺入食品的行为，本罪的构成也不以损害结果的发生为要件，只要经营者有上述行为，即使未发生损害结果（如该食品未出售），亦可构成犯罪，但损害后果的发生可以作为加重情节。本罪与《刑法》规定的投放危险物质罪不同，在投放危险物质罪中，行为人一般为自然人，行为人常以危害不特定多数人的安全为目的，且投放危险物质的对象不限于商品，投放的危险物质通常为剧毒药物。而在本罪中，行为人一般为经营者，既可以是个人，也可以是法人或非法人，行为人以营利为动机，并无直接危害公共安全的目的，例如，为增加食品的成色而添加有毒色素，为了食品的长期保存而添加有毒防腐物质等。在本罪中，有毒、有害的物质是以食品原料的形式加入的，掺入有毒、有害的物质的对象只能是以投放市场销售为目的的食品。若其他人为了对经营者报复而在其生产的食品中投放毒物，则应按投放危险物质罪处理。根据《刑法》第 144 条的规定，在生产、销售的食品中掺入有毒、有害的非食品原料或明知食品中掺有有毒、有害的非食品原料而销售的，处 5 年以下有期徒刑，并处罚金；对人体健康造成严重危害或者有其他严重情节的，处 5 年以上 10 年以下有期徒刑，并处罚金；致人死亡或者有其他特别严重情节的，依照《刑法》第 141 条的规定处罚。

（九）生产、销售不符合标准的医用器材罪

生产、销售不符合标准的医用器材罪，是指经营者生产不符合保障人体健康的国家标准、行业标准的医疗器械、医用卫生材料，或者明知是上述器械和材料而予以销售，足以严重危害人体健康的行为。此罪以有损害结果发生的危险为构成要件。根据《刑法》第 145 条的规定，生产、销售不符合标准的医疗器械、医用卫生材料，足以严重危害人体健康的，处 3 年以下有期徒刑或者拘役，并处销售金额 50% 以上 2 倍以下罚金；对人体健康造成严重危害的，处 3 年以上 10 年以下有期徒刑，并处销售金额 50% 以上 2 倍以下罚金；后果特别严重的，处 10 年以上有期徒刑或者无期徒刑，并处销售金额 50% 以上 2 倍以下罚金或者没收财产。

（十）生产、销售不符合安全标准的产品罪

为了保护消费者的安全，国家对某些危险性较大商品的生产实行安全管制，这些产品必须符合国家安全标准或行业标准才能出厂销售。生产、销售不符合安全标准的产品罪，是指经营者生产不符合保障人身、财产安全的国家标准、行业标准的电器、压力容器、易燃易爆产品或者其他不符合保障人身、财产安全的国家标准、行业标准的产品，或者销售明知是上述产品，造成严重后果的行为。此罪的构成要件与生产、销售不符合标准的医用器材罪基本相同，只是生产、销售的对象不同。根据《刑法》第 146 条的规定，构成本罪的，处 5 年以下有期徒刑，并处销售金额 50% 以上 2 倍以下罚金；后果特别严重的，处 5 年以上有期徒刑，并处销售金额 50% 以上 2 倍以下罚金。

（十一）生产、销售伪劣农药、兽药、化肥、种子罪

这是指经营者生产假农药、假兽药、假化肥，销售明知是假的或者失去使用效能的农药、兽药、化肥、种子，或者生产者、销售者以不合格的农药、兽药、化肥、种子冒充合格的农药、兽药、化肥、种子，使生产遭受较大的损失的行为。在我国，农民购买、使用农业生产资料亦受《消费者权益保护法》的保护，规定生产、销售伪劣农药、兽药、化肥、种子的经营者的刑事责任，对充分保护广大农民的利益，提高农产品产量和质量，都具有非常重要的意义。根据《刑法》第 147 条的规定，构成本罪的，处 3 年以下有期徒刑或者拘役，并处或单处销售金额 50% 以上 2 倍以下罚金；使生产遭受重大损失的，处 3 年以上 7 年以下有期徒刑，并处销售金额 50% 以上 2 倍以下罚金；使生产遭受特别重大损失的，处 7 年以上有期徒刑或者无期徒刑，并处销售金额 50% 以上 2 倍以下罚金或者没收财产。

（十二）生产销售不符合卫生标准的化妆品罪

这是指经营者生产不符合卫生标准的化妆品，或者销售明知是不符合卫生标准的化妆品，造成严重后果的行为。本罪与生产、销售不符合卫生标准的医用器材罪在构成要件上基本相同，但生产、销售的对象为不符合卫生标准的化妆品。依照《刑法》第 148 条的规定，构成本罪的，处 3 年以下有期徒刑或者拘役，并处或者单处销售金额 50% 以上 2 倍以下罚金。

对于上述犯罪，除生产、销售伪劣产品罪以外，其他生产、销售假

冒伪劣商品的行为，若依法不构成各相应条款规定的犯罪，而销售金额在 5 万元以上的，依照《刑法》第 140 条的规定定罪处罚。构成各条规定的犯罪同时又构成第 140 条规定的生产、销售伪劣产品罪的，依照处罚较重的规定定罪处罚。单位犯生产销售假冒伪劣商品各种罪的，对单位判处罚金，并对其直接负责的主管人员和其他直接责任人员，依照各条的规定处罚。

□ 小　　结

追究侵害消费者合法权益行为人的法律责任，是消费者的法定权利得以保护和经营者的法定义务得以履行的根本保证，是《消费者权益保护法》规定的强制性规范得以实现的基础。《消费者权益保护法》以保护处于弱者地位的消费者为出发点，明确地规定了侵犯消费者权益的民事责任、行政责任和刑事责任。在规定民事责任时，较其他法律规范有了重要的突破，首次确定了残疾赔偿金、死亡赔偿金等精神赔偿制度和惩罚性赔偿（加倍赔偿）制度。在学习这部分内容时应给予注意。

□ 练习与思考

一、简答题

1. 侵犯消费者合法权益应当承担民事责任的情形有哪些？
2. 《消费者权益保护法》规定的民事责任的种类有哪些？
3. 侵犯消费者合法权益应当承担行政责任的情形有哪些？
4. 侵犯消费者合法权益应当承担刑事责任的罪名有哪些？

二、思考题

如何通过侵犯消费者权益法律责任的规定来确定《消费者权益保护法》的法律地位？

第九章

消费者权益保护的特殊制度

■**学习目的和要求**

通过本章学习，要求学生
- 重点掌握：精神损害赔偿制度的适用范围、赔偿标准的确定；惩罚性赔偿制度在我国适用的情形；
- 掌握："三包"制度的内容、适用范围；
- 一般掌握：缺陷产品召回制度的适用、程序。

在消费者权益保护领域，因消费者保护的特殊性和消费者的弱势地位，各国均在这一领域设立了一系列不同于一般民事责任制度的特殊制度。在对这些制度加以借鉴的基础上，我国消费者保护法律制度在不断健全完善的过程中逐步确立起来了。这些制度包括：人身损害的精神损害赔偿制度、财产损害的惩罚性赔偿制度、"三包"制度和缺陷产品的召回制度。

第一节　人身损害的精神损害赔偿制度

一、精神损害赔偿在我国的起因

关于精神损害赔偿或称精神赔偿，前些年在法学界和司法界的争论一直没有停止过，争论的焦点在于一是精神损害赔偿有无法律依据，二是赔偿额依什么标准确定。1998 年发生在上海的"屈臣氏搜身案"使上述争论再掀波浪。

据报道，1998 年 7 月 8 日女大学生钱某在上海屈臣氏日用品有限公司四川北路店出门时，门口的警报器铃声大作，一位女保安要求检查其挎包，查无所获后，要求钱某穿行三处防盗门，警报器仍然鸣叫。女保安强行将钱某带至地下室商场办公室，用手提电子探测器对钱某作全身检查，认为其左髋部带有磁信号。于是，女保安将男店员请出门外后，责令钱某脱下裤子接受检查，仅剩一条内裤时，女保安竟将手伸进钱某内裤内检查，仍未发现可疑之物。女保安与门外经理商谈后，再一次入室要求钱某脱裤检查，仍未查出可疑物品。受尽屈辱的钱某遂向上海市虹口区人民法院起诉，将上海屈臣氏日用品有限公司作为被告告上法庭，法院作出一审判决：屈臣氏四川北路店侵权成立，必须在 10 日内登报向钱某赔礼道歉，并赔偿钱某 25 万元的精神损害等费用，被告上海屈臣氏日用品有限公司承担连带责任。被告对上海虹口区人民法院作出的一审判决不服，上诉至上海市第二中级人民法院，二审法院终审判决给付受害人钱某的精神损害赔偿金由 25 万元减为 1 万元。钱某不服该判决，于 1999 年 1 月 25 日委托《中国消费者报》向最高人民法院提出申诉，最高人民法院于当日受理了此申诉案。

关于精神损害赔偿，"屈臣氏案"并非首例，1998 年 3 月 15 日北京市海淀区人民法院公开宣判的"未成年少女贾某被卡式炉爆炸毁容案"，判处被告赔偿受害人精神损失费 10 万元，加上治疗费等共计 27 万元。江苏启东市一位消费者在请客时喝到了有 3 只苍蝇的啤酒，向生产厂家索赔 16.5 万元，其中 15 万元为精神损失费。可见，精神损害赔偿已在司法实践中得到了适用。那么，其法律依据是什么呢？在我国现行的法律中，除了《民法典》规定对人身损害给予赔偿外，我国《消费者权益保护法》第 49 ~ 51 条规定的残疾赔偿金、死亡赔偿金和对消费者人格尊严及人身自由侵害的损失赔偿，《产品质量法》第 44 条规定的残疾赔偿金、死亡赔偿金，都是关于精神损害赔偿的规定。

除了上述法律规定外，2001 年 2 月 26 日最高人民法院对精神损害赔偿作出了明确的司法解释，即《最高人民法院关于确定民事侵权精神损害赔偿责任若干问题的解释》（以下简称《精神损害赔偿司法解释》），该司法解释已于 2001 年 3 月 10 日起正式施行并于 2020 年 12 月 23 日作了大幅修订。这一司法解释的出台为我国各级法院审理侵犯消费者权益案中的精神损害赔偿提供了法律依据。现行《消费者权益保护法》第 51 条明确规定了精神损害赔偿，《民法典》在人格权编的第 996 条、侵权责任编第 1183 条也都明确规定了精神损害赔偿。

二、精神损害赔偿的含义和适用范围

精神损害，通常表现为人格形象和人体特征形象以及人体器官及其功能的毁损所造成的心理痛苦和生理痛苦以至思想、行为的变异，自我心理评价的失衡。精神损害虽是无形的，但所带来的精神创伤却很严重。因此，以有形有价的金钱弥补无形的精神损害，只能是对受害人及其家属进行精神抚慰而已。因为不论赔偿额多么巨大，都无法买回受害者失去的器官和永不会再生的生命，也很难挽回受损的人格形象。基于此，赔偿额的确定是次要的，重要的是这一法律制度符合《消费者权益保护法》保护弱者的核心原则和精神。

根据《精神损害赔偿司法解释》第1~4条的规定，作为消费者的自然人在消费过程中下列人格权利遭受非法侵害时，可以在向人民法院起诉时一并或者单独提出精神损害赔偿请求：因人身权益或者具有人格意义的特定物受到损害，受害人近亲属可以向人民法院起诉请求赔偿精神损害等。

上述人格权利遭受非法侵害造成严重后果的，人民法院除判令侵权人承担停止侵害、恢复名誉、消除影响、赔礼道歉等民事责任外，可以根据受害人一方的请求判令侵权人赔偿相应的精神损害抚慰金，包括残疾赔偿金、死亡赔偿金和其他损害情形的精神抚慰金。

对于精神损害赔偿额的确定，《精神损害赔偿司法解释》规定根据以下各因素确定：

1. 侵权人的过错程度，但是法律另有规定的除外。这里的"法律另有规定"是指法律规定的加害人承担严格责任的情形，如高度危险作业造成他人损害，高空坠落物造成他人损害，饲养的家畜造成他人的损害并且不是受害人自己的过错造成的，生产者生产的产品有缺陷造成他人损害又不具备免责情形的等。

2. 侵权行为的目的、方式、场合等具体情节。侵权的手段和行为方式是否低级、下流、卑劣或残忍直接决定受害人精神上受到损害的程度大小和心理创伤的深浅；而侵害的场合又决定侵害行为影响范围的大小。

3. 侵权行为所造成的后果。

4. 侵权人的获利情况。

5. 侵权人承担责任的经济能力。

6. 受理诉讼法院所在地平均生活水平。

关于具体的赔偿数额，《精神损害赔偿司法解释》没有作出具体规定，也不容易作出具体规定。在综合上述各种因素的基础上，具体案件的赔偿数额由法官裁量。但是，为使精神损害赔偿制度在我国确立和完善起来，并确保这一制度的应有价值，消费者不考虑上述因素动辄要求精神损害赔偿并提出过高的赔偿额，也是不可取的。下面的例子就是滥用精神损害赔偿的典型事例：

2001 年 8 月 3 日四川省广汉市人民法院公开审理了陶某诉肇事司机吴某侵害其"亲吻权"的案件。陶某称，在这次交通事故中自己的两颗门牙折断、牙齿松动以及上唇的裂伤，不仅破坏了身体的完整性，同时波及原本幸福美满的家庭生活。陶某说，由于车祸受伤，夫妻间情感交流受到了一定程度的阻碍。她嘴唇疼痛、干燥、麻木，既不能感受与丈夫亲吻的醉人甜蜜，也不能享受与女儿亲吻的天伦亲情。无可奈何之下，陶某将吴某诉至法院，称被告的行为侵犯了她的身体权、亲吻权、健康权、财产权等，请求法院判令吴某赔偿其损失人民币 3.9 万元，其中包括了 1 万元的精神损害赔偿。最后，法院在判决书中称，对原告不能亲吻的利益损失赔偿精神损害抚慰金 1 万元的请求不予支持。

本案虽然不是消费领域的判例，但从一个侧面说明滥用精神损害赔偿不会得到支持，消费领域也是如此。在本案中，消费者提出的诉讼请求的内容是我国法律所不予确认的内容，如"亲吻权"在我国法律没有规定，当然不会得到法院的支持，这明显属于对精神损害赔偿制度的滥用。

第二节　财产损害的惩罚性赔偿制度

一、惩罚性赔偿制度的由来

《消费者权益保护法》第 55 条第 1 款规定："经营者提供商品或者服务有欺诈行为的，应当按照消费者的要求增加赔偿其受到的损失，增加赔偿的金额为消费者购买商品的价款或者接受服务的费用的 3 倍；增加赔偿的金额不足 500 元的，为 500 元。法律另有规定的，依照其规定。"该条第 2 款规定："经营者明知商品或者服务存在缺陷，仍然向消费者提供，造成消费者或者其他受害人死亡或者健康严重损害的，受害人有权要求经营者依照本法第 49 条、第 51 条等法律规定赔偿损失，并有权要求所受损失 2 倍以下的惩罚性赔偿"。这一规定，在我国立法史上首次确立了惩罚性赔偿制度，是我国民事赔偿理论的一次革命，进一步发展和完善了我国的民事赔偿制度。这一条已成为《消费者权益保护法》的灵魂。在中国传统的民法理论中，惩罚性赔偿一直被忽视。实际上，这种与补偿性赔偿制度密切联系、相辅相成的一项民事法律制度，以其全面补偿受害人的损失，惩罚和遏制不法行为等多重功能，越来越对当今民法学领域，特别是损害赔偿法律制度的研究和实践产生积极影响——这种影响正由英美法系国家向大陆法系国家，由侵权纠纷向侵权纠纷与合同纠纷并重的方向延深和扩展。在我国，除了《消费者权益保护法》第55条加以确认之外，在《民法典》第179条、第1185条、第1207条中该制度也得到了进一步确认。有人建议，应适当地扩大惩罚性赔偿的适用范围，使之适用于侵权和合同纠纷、妨害民事诉讼等多个领域，并以侵权行为人或违约方的"故意欺诈"向"恶意违约"扩展。可见，在我国惩罚性赔偿已经从消费领域向更广泛的领域扩展适用。从惩罚性赔偿的功能来讲，其最大的功能不在罚而在惩，它能最大限度地发挥民事法的惩戒、教育和警示的功能，减少违法行为的发生，促使人们诚实、守信，促进社会主义市场经济的健康有序运行。

笔者认为，惩罚性赔偿规定不仅符合国际上的一般做法，也符合我国市场经济初期假冒伪劣商品及低质服务泛滥、消费者受损严重的普遍国情。在国外，惩罚性赔偿在立法上早有规定，美国等国家都在其相应的立法中明确了惩罚性赔偿金制度。如美国《统一产品责任示范法》第120条规定，原告通过明显的和令人信服的证据证明，由于产品销售者对产品使用者、消费者或可能受到产品伤害的其他人员的安全采取轻率漠视态度，致使原告遭受损害的，原告可以得到惩罚性损害赔偿。美国的惩罚性赔偿适用范围很广，除消费领域外，在专利侵权、商标侵权案中都适用该制度。从其判例来看，在殴打、诽谤中伤、欺诈、诬告、强行侵入、侵占等给受害人造成精神痛苦的侵权案件和不履行诚实和公平交易责任以及"公众性灾难"案件中，都适用惩罚性赔偿制度，而且关于赔偿额没有法律规定，完全由法官行使自由裁量权来确定，可能1倍，也可能几倍或十几倍。特别是进入20世纪90年代后，美国不断加大损害消费者权益的惩罚力度，赔偿额有时甚至无法用倍数来衡量，最为典型的事例是通用汽车赔偿案和福特汽车赔偿案。

1993年平安夜，美国加州的安德森太太刚刚将一辆通用汽车公司1979年生产的雪佛莱"玛利布"轿车停在路边，一辆汽车高速追来，撞在安德森太太的车尾上，立即引起了汽车油箱爆炸起火，坐在车里的6人包括4名儿童被严重烧伤，安德森太太11岁的女儿更是达到60%的烧伤。在此后的6个月内，她做了60次植皮手术，不仅花费惊人，而且使其经受了巨大的痛苦。最令人遗憾的是手术效果并不理想，医生说，她还需要作一两次植皮手术。该案起诉到洛杉矶法院并经陪审团一审裁定，1999年7月9日洛杉矶法院作出了美国有史以来金额最高的个人伤害赔偿裁决，引起了全球的关注。陪审团裁决通用公司赔偿安德森和她的4个孩子及一个家庭朋友提格尔1.07亿美元的伤害赔偿和48亿美元的惩罚性赔偿。理由是通用公司该款车油箱设计的位置不安全，而其为了每辆车节省6.19美元的成本而拒不召回更改设计。

继通用汽车赔偿案后，美国加州一陪审团又对福特汽车公司作出了一个巨额赔偿裁决。消费者罗莫在 1993 年 6 月的一天驾驶福特 Bronco 越野四驱车接载 5 名家人在公路上行驶时意外翻车，主要由塑料制成的车顶承受不了猛烈冲击而破碎，罗莫的父母及弟弟在车祸中死亡。他与侥幸生还的两个姐妹控告福特公司，起诉福特公司早知道 Bronco 越野四驱车的车顶经受不住撞击但仍继续生产，致使其亲人死亡。陪审团判处福特公司向翻车意外中丧生的夫妇及其家人赔偿 500 万美元，另外须付 2.95 亿美元惩罚性赔偿。

二、我国惩罚性赔偿的适用

（一）对欺诈行为的惩罚性赔偿

相对于美国惩罚性赔偿制度，我国《消费者权益保护法》对惩罚性赔偿金的规定还是慎重和保守的。《消费者权益保护法》第 55 条第 1 款是针对经营者欺诈行为适用惩罚性赔偿的规定，其提高了惩罚性赔偿的金额，由增加赔偿消费者购买商品的价款或接受服务的费用的 1 倍提高至 3 倍，且增加了最低增加赔偿额 500 元的规定。其中消费者购买商品的价款或者接受服务的费用仍指成交价。根据条文规定消费者想要最终获得惩罚性赔偿金必须同时满足以下两个条件：

1. 经营者提供商品或者服务必须存在欺诈行为。所谓"欺诈"，《最高人民法院关于贯彻执行〈民法通则〉若干问题的意见》中明确规定，一方当事人故意告知对方虚假情况或故意隐瞒真实情况，诱使对方作出错误的意思表示的为欺诈。2015 年 1 月 5 日国家工商行政管理总局令第 73 号发布的，自 2015 年 3 月 15 日起施行并于 2020 年修订的《侵害消费者权益行为处罚办法》也对欺诈行为做了具体的规定，它包括：①在销售的商品中掺杂、掺假，以假充真，以次充好，以不合格商品冒充合格商品；②销售国家明令淘汰并停止销售的商品；③提供商品或者服务中故意使用不合格的计量器具或者破坏计量器具准确度；④骗取消费者价款或者费用而不提供或者不按照约定提供商品或者服务；⑤不以真实名称和标记提供商品或者服务；⑥以虚假或者引人误解的商品说明、商品标准、实物样品等方式销售商品或者服务；⑦作虚假或者引人误解的现场说明和演示；⑧采用虚构交易、虚标交易量、虚假评论或者雇用他人等方式进行欺骗性销售诱导；⑨以虚假的"清仓价""甩卖价""最低价""优惠价"或者其他欺骗性价格表示销售商品或者服务；⑩以虚假的"有奖销售""还本销售""体验销售"等方式销售商品或者服务；⑪谎称正品销售"处理品""残次品""等外品"等商品；⑫夸大或隐瞒所提供的商品或者服务的数量、质量、性能等与消费者有重大利害关系的信息误导消费者；⑬以其他虚假或者引人误解的宣传方式误导消费者；⑭从事为消费者提供修理、加工、安装、装饰装修等服务的经营者谎报用工用料，故意损坏、偷换零部件或材料，使用不符合国家质量标准或者与约定不符的零部件或材料，更换不需要更换的零部件，或者偷工减料、加收费用，损害消费者权益的；⑮从事房屋租赁、家政服务等中介服务的经营者提供虚假信息或者采取欺骗、恶意串通等手段损害消费者权益的。

经营者在向消费者提供商品或者服务中，有下列情形之一，且不能证明自己并非欺骗、误导消费者而实施此种行为的，应当承担欺诈消费者行为的法律责任：①销售的商品或者提供的服务不符合保障人身、财产安全要求；②销售失效、变质的商品；③销售伪造产地、伪造或者冒用他人的厂名、厂址、篡改生产日期的商品；④销售伪造或者冒用认证标志等质量标志的商品；⑤销售的商品或者提供的服务侵犯他人注册商标专用权；⑥销售伪造或者冒用知名商品特有的名称、包装、装潢的商品。

2. 惩罚性赔偿必须经消费者主张才能适用。经营者提供商品或者服务实施欺诈，消费者因此遭受损害后，要想适用《消费者权益保护法》中有关惩罚性赔偿的条款，消费者在诉讼中则必须主动主张，消费者未主张的，法院不得直接适用，这也是对权利保护的一种限制规定，促使消费者自觉提高权利意识，主动维护自己的权益。

在我国，欺诈行为在消费领域十分普遍，大到商品房出售、出国旅游，小到小学生的橡皮、铅笔以及纽扣等。因此，欺诈不是只对某一个消费者，而是对所有消费者，已成为一种社会公害。同时，由于欺诈行为的分散性，行为人得逞的概率极高；而消费者受到欺诈后，恐于费用、时间、精力的耗费，又少有人去对欺诈者主张权利，即使通过合法途径索赔了，这些无形支出也难以得到补偿。因此，欺诈者承担责任的概率很低。对此，如果适用损一赔一原则处理欺诈案件，不足以起到惩治欺诈者的作用，也不利于鼓励消费者同欺诈行为作斗争，更有悖于《消费者权益保护法》的立法精神。

对于赔偿额的计算，《消费者权益保护法》在 2013 年的修订中做出了修改，增加赔偿的金额，从原来的消费者购买商品的价款或者接受服务的费用的 1 倍增至 3 倍，即所谓的"退一赔三"，退一是依据民法的填平原则将消费者购买商品或者接受服务的费用退还给消费者，赔三是指经消费者要求符合法定条件的应增加赔偿成交价的 3 倍，且第 55 条增加了对惩罚性赔偿金额的最低限制，即增加赔偿金额不足 500 元的，为 500元。如，A 从小贩 B 处买 5 斤精瘦肉，每斤 8 元钱，B 故意给 A 4.5 斤，收 A 40 元钱。依照《侵害消费者权益行为处罚办法》第 5 条第 10 项的规定，B 的行为属欺诈行为，应当加倍对 A 进行赔偿。具体的赔偿方式为：如果 A 要肉，B 补足所欠的半斤肉，同时支付给 A 40 元钱；如果 A 不要肉，将 4.5 斤肉退回，B 返还给 A 40 元钱，然后经 A 请求再支付给 A 500 元钱。这样，才符合《消费者权益保护法》第 55 条的立法精神。

（二）经营者实施侵权行为的惩罚性赔偿

2013 年《消费者权益保护法》的修订中，对惩罚性赔偿条款进行了修改，除将欺诈行为的惩罚性赔偿倍数提高外，在第 55 条还增加了第 2 款的规定："经营者明知商品或者服务存在缺陷，仍然向消费者提供，造成消费者或者其他受害人死亡或者健康严重损害的，受害人有权要求经营者依照本法第 49 条、第 51 条等法律规定赔偿损失，并有权要求所受损失 2 倍以下的惩罚性赔偿。"这一规定使得《消费者权益保护法》第 55 条成为继《侵权责任法》第 47 条（《民法典》侵权责任编第 1185 条）后，第二个明确使用"惩罚性赔偿"这一字眼的条文，同时也进一步表明了惩罚性赔偿制度在我国侵权责任体系中的地位。

其实我国很早就规定了惩罚性赔偿制度，上文也有相关阐述。1993 年《消费者权益保护法》第 49 条第一次规定惩罚性赔偿，随后的 2009 年《食品安全法》第 96 条第 2 款，2003 年《商品房买卖解释》第 8 条、第 9 条和第 14 条第 2 款都相继规定惩罚性赔偿。《消费者权益保护法》第 55 条第 2 款的规定对于惩罚性赔偿制度发展完善具有重要意义，这里有必要对条文进行细致解读。

1. 从第 2 款条文本身来看，其既有一般侵权损害赔偿之规定也有惩罚性赔偿之规定，条文前半部分经营者明知商品或服务存在缺陷仍向消费者提供，造成消费者或其他受害人死亡或健康严重受损后果的，受害人有权要求经营者按照第 49 条、第 51 条之规定赔偿损失。第 49 条是侵权损害赔偿之规定，第 51 条是精神损害赔偿之规定，这两条都是对于侵权行为损害赔偿的一般规定；第 55 条第 2 款的后半部分进一步规定了经营者侵权的惩罚性赔偿，即消费者或其他受害人有权要求所受损失 2 倍以下的赔偿。当然根据条文规定最终得到惩罚性赔偿款仍要同时满足以下条件：其一，经营者实施了侵权行为；其二，经营者存在主观故意；其三，造成了消费者或其他受害人死亡或健康严重损害的实际损害后果，健康严重损害一般指较重度的残疾；其四，需要受害人主张。

2. 要对条文做到准确解读。很大程度上来讲，《消费者权益保护法》第 55 条第 2 款之规定是对《民法典》第 1207 条规定的进一步细化和延伸，其大致体现在两个方面：其一，对于惩罚性赔偿适用客体范围的扩大。《民法典》第 1207 条是规定产品责任，结合到具体条文其适用客体就是有缺陷的产品，而《消费者权益保护法》将这一适用范围扩大，不止包括缺陷产品还包含了有缺陷的服务。其二，将惩罚性赔偿的数额范围予以限定。《民法典》第 1207 条只规定了"被侵权人有权请求相应的惩罚性赔偿",并没有进一步明确赔偿数额,而这一数额限制在《消费者权益保护法》中予以明确,法条规定"受害人有权要求所受损失 2 倍以下的惩罚性赔偿",而损失的确定则"依照本法第 49 条、第 51 条等法律规定"。客体范围的扩大以及赔偿数额的进一步限定都使得惩罚性赔偿的适用更具有现实操作性,这是这一制度在我国法律中得到发展的证明。

（三） 对侵犯知识产权的惩罚性赔偿

《民法典》首次在我国法律体系中规定了对侵犯知识产权行为处以惩罚性赔偿。其 1185 条规定:"故意侵害他人知识产权,情节严重的,被侵权人有权请求相应的惩罚性赔偿。"由于其内容并非本教材的内容,这里对此不再展开论述。

第三节 "三包"制度

一、"三包"概说

《消费者权益保护法》第 24 条第 1 款规定,经营者提供的商品或者服务不符合质量要求的,消费者可以依照国家规定、当事人约定退货,或者要求经营者履行更换、修理等义务。没有国家规定和当事人约定的,消费者可以自收到商品之日起 7 日内退货;7 日后符合法定解除合同条件的,消费者可以及时退货,不符合法定解除合同条件的,可以要求经营者履行更换、修理等义务。从这一规定可以看出,所谓"三包",即包修、包换、包退。

关于"三包",早在 1986 年,原国家经委、电子工业部、国家工商行政管理局等 8 部委局就联合发布了《部分国产家用电器"三包"规定》（已失效）,规定了 6 种国产家电实行"三包"制度。这 6 种国产家电为:电风扇、收录机、电冰箱、洗衣机、彩色电视机和黑白电视机。随着我国市场经济的确立和发展,以及《产品质量法》和《消费者权益保护法》的颁布实施,原"三包"规定已不适应经济社会发展需要。在这种情况下,国家经贸委、国家技术监督局、国家工商局、财政部于 1995 年 8 月 25 日颁布了《部分商品修理更换退货责任规定》（以下简称"新三包规定"）,将三包商品增加到 18 种,并同时制定了《实施三包的部分商品目录》。根据"新三包规定",我国实行谁经销谁负责的"三包"原则,经营者之间不得以合同方式免除"三包"的责任和义务。2001 年 11 月 15

日起实行了《移动电话机商品修理更换退货责任规定》《固定电话机商品修理更换退货责任规定》，2002 年 9 月 1 日起实行了《微型计算机商品修理更换退货责任规定》《家用视听商品修理更换退货责任规定》。根据这些规定，目前在我国国家级的涉及的消费者"三包"产品有 22 种；另外还有一个农机"三包"规定。"三包"是我国为了保护消费者权益而设立的一项事后补救制度，它在为消费者排忧解难、挽回损失、减少争讼等方面发挥了重要作用，并且已被我国《消费者权益保护法》《产品质量法》和《民法典》所吸纳，成为基本法律所确立的我国整个法律体系中的一项重要的制度。但这项制度发展到今天已为众多人诟病，而且实际上也在向着与当初所追求的目标相反的方向发展。即便如此，这项制度短期内仍不会被废止，它仍会继续存在下去，所以本教材对其作一较系统的介绍。这里仅就"新三包规定"、《移动电话机商品修理更换退货责任规定》和《微型计算机商品修理更换退货责任规定》所确立的制度加以介绍。

二、"新三包规定"确定的 18 种商品的"三包"制度

（一）18 种商品的"三包"期限和折旧费

自行车整车为 1 年，车架、变速器 2 年；电视机（包括彩色和黑白）整机 1 年，显像管、输出变压器、高频头和集成电路 3 年；摄像机整机和磁鼓电机、主导轴电机、加载电机、带盘电机、镜头、集成电路、磁头均为 1 年；家用录像机整机和磁鼓电机、主导轴电机、加载电机、集成电路均为 1 年；收录机（含音响）整机半年，电机、激光头、集成电路、电位器为 1 年；电子琴〔87 键（含）以上〕整机为 1 年；家用电冰箱（含冰柜）整机 1 年，压缩机、风扇电机、温控器、蒸发器、电磁阀、过滤器、冷凝器、毛细管为 3 年；洗衣机整机 1 年，电机、定时器、程控器、电容器为 3 年；电风扇整机 1 年，电机、定时器、程控器 3 年；微波炉整机 1 年，电机、磁控管、定时器为 2 年；吸尘器整机 1 年，电机 3 年；家用空调器整机 1 年，压缩机、风扇电机、温控器 3 年；吸排油烟机整机半年，电机 1 年；燃气热水器整机和电子打火部分均为 1 年；缝纫机 1 年；钟表（50 元以上）1 年；摩托车（所有三轮摩托车除外）1 年或行驶里程达 6000 公里两者之中先达到标准者。

折旧费以价款为基数按日扣除，彩色电视机、家用录像机、摄像机、家用空调器为 0.1%；摩托车为 0.2%；其余 13 种商品均为 0.05%。

（二）经营者的"三包"义务

1. 销售者的"三包"义务：①销售者不能保证实施"三包"规定

的，不得销售"三包"产品目录所列的 18 种产品。这里的"不能保证"包括主观上不愿保证和客观上无条件、无能力保证。②销售者应当保持其销售产品的质量。③销售者应严格执行进货检查验收制度，不符合法定标识要求的，一律不准销售，因过失或故意而未执行这一制度，销售了不合规定标记产品的，不免除"三包"责任。④在产品出售时，应当与消费者一同开箱检验，正确调试，详细介绍使用维护事项、"三包"方式及修理单位，提供有效发票和"三包"凭证。⑤妥善处理消费者的查询、投诉，并提供服务。

2. 修理者的义务包括：①修理者应依规定及约定承担修理服务业务。②在执行服务业务时，修理者应当维护销售者、生产者的信誉，不得使用与产品技术要求不符的元器件和零配件，修理时应认真记录故障及修理后产品质量状况，保证修理后产品能够正常使用 30 日以上。③修理者应当保证修理费用和修理配件全部用于修理，并接受销售者和生产者的监督、检查。④修理者对因自身修理失误造成的后果，承担责任和损失。⑤修理者应接受消费者有关产品修理质量的查询。

3. 生产者的义务包括：①生产者应按规定明确自己的"三包"方式，自行设置或者指定修理单位的，必须随产品向消费者提供"三包"凭证、修理单位的名单、地址、联系电话等。②生产者应向负责修理的销售者、修理者提供修理技术资料、合格的修理配件，对其负责培训，并提供修理费用，保证在产品停产后 5 年内继续提供符合技术要求的零配件。③妥善处理消费者直接或间接的查询，并提供服务。

（三）修理、更换、退货的适用条件，费用承担及不实行"三包"的情形

1. "三包"有效期自开具发票之日起计算，换货后的"三包"有效期自换货之日起重新计算。换货时，由销售者在发票背面加盖更换章并提供新的"三包"凭证或者在"三包"凭证背面加盖更换章。"三包"有效期间应扣除因修理占用和无零配件待修的时间。

2. 退货在以下情形下适用：①产品自售出之日起 7 日内，发生性能故障，消费者可以选择退货。退货时，销售者应当按发票价格一次退清货款。②在"三包"有效期内，修理两次仍不能正常使用的产品，消费者要求退货的，销售者应当退货。③在"三包"有效期内，符合换货条件但因无同型号同规格产品，消费者不愿调换其他型号、规格产品而要求退货的，或者有同型号规格产品，消费者不愿调换而要求退货的，销售者应当予以退货，对已使用过的商品在按规定扣除折旧费后，余下部分的货款全部返还消费者。

3. 换货及修理的适用条件：①产品售出后的 7 日内，发生性能故障，

消费者除要求退货外，也可以选择换货或修理，产品自售出之日起 15 日内，发生性能故障，消费者可以选择换货或修理。②在"三包"期限内，修理两次仍不能正常使用的产品，消费者可凭修理者提供的修理记录和证明要求换货。③在"三包"有效期内，因生产者未供应零配件，自送修之日起超过 90 日未修好的，修理者应当在修理状况中注明，消费者可以据此要求换货。换货时，销售者应当免费调换同型同规格的产品，然后再依法向生产者、供货者追偿或者按购销合同办理。④因修理者自身原因使修理期超过 30 日的，由其免费为消费者调换同型号同规格产品。换货时，凡属残次产品、不合格产品或者修理过的产品均不得提供给消费者。在"三包"有效期内，除因消费者使用保管不当致使产品不能正常使用外，由修理者免费修理（包括材料费和工时费）。对大件产品修理者还应当提供合理的运输费，然后再依法向生产者或者销售者追偿，或按合同办理。"三包"产品的修理费用一律由生产者提供，这部分费用指"三包"有效期内保证正常修理的待支费用。

4. 不实行"三包"的情形。属下列情况之一的，不实行"三包"，但是可以实行收费修理：①因消费者自己使用、维护、保管不当造成损坏的。②非承担"三包"修理者拆动造成损坏的。③无"三包"凭证及有效发票的。④"三包"凭证型号与修理产品型号不符或者涂改的。⑤因不可抗拒力造成损坏的。

（四）"三包"目录所列 18 种商品之外商品的"三包"

对于《实施"三包"的部分商品目录》之外的商品的"三包"应针对不同情况区别对待：

1. 根据《产品质量法》的规定，销售者售出的商品有下列情形之一的，应负责修理、更换、退货，给消费者造成损失的，还应负赔偿责任：①不具备产品应当具备的使用性能而事先未说明的；②不符合在产品或者其包装上注明采用的产品标准的；③不符合以产品说明，实物样品等方式表明的质量状况的。

2. 根据《消费者权益保护法》第 54 条的规定，依法经有关行政部门认定为不合格的商品，消费者要求退货的，经营者应当负责退货。经营者售出的商品合格与否，不是消费者自己判定的，其认定须经国家法定质量检验机构作出。

3. 经营者与消费者约定实行"三包"的，应当按约定履行。经营者与消费者可以就"三包"目录商品之外的商品约定"三包"，也可以就"三包"商品目录内的商品，约定高于国家规定标准的"三包"责任，但不得约定低于国家标准的"三包"责任，已约定的无效。经营者与消费者约定"三包"责任，可以采用口头形式，也可以采用书面形式，还包括经营者以各种明示方式作出的单方允诺，如生产商附在商品包装内的保修单或经营者在宣传广告、店堂告示中作出的单方承诺等。

4. 按照行业规定或商业惯例实行的"三包"。如消费者购买的服装不合体要求退换等。

（五）特价商品的"三包"

特价商品一般是指"打折""降价"及"处理"等低于原价出售的商品。因特价性质原因和动机不同，经营者承担的"三包"责任也不一样。

"打折商品""降价商品"都是经营者利用价格因素进行促销的手段，因而价格的降低与商品本身的质量、性能、用途无关，即价格的降低不是因为质量、性能、用途等贬损。所以，经营者不能因此免除承担"三包"义务，其"三包"责任与义务和正常价格的商品相同。

"处理商品"因原因不同，承担的"三包"义务与责任也不同。因商品存在缺陷但仍有使用价值而处理并事先向消费者声明的，经营者可不承担"三包"责任和义务；大件商品因某一或某几个部位的瑕疵或缺陷而处理，并事先告知消费者的，瑕疵或缺陷部分免除"三包"责任，其他部分仍承担"三包"责任。例如，一冰箱因外壳划痕而处理，只有外壳免除"三包"，其他部分如压缩机等不免除"三包"责任；如因搬迁、换季、出售样品而处理，与打折、降价相同，不免除"三包"责任。值得注意的是，市场上经常见到"三保""保修""保换"等字样，这里"保"不是"包"，"包"是无代价的，而"保"是有偿的。因此，消费者一旦发现经营者明示的是"三保"而不是"三包"，应慎重接受其提供的商品或服务，或要求经营者说明与"三包"有何异同，如确与"三包"无异再接受，以免上当。

三、移动电话机商品的"三包"

在中国境内销售的由无线接入的移动电话机商品（包括手持式移动电话机、车载移动电话机、固定台站电话机及其附件）均按照《移动电话机商品修理更换退货责任规定》实行"三包"。销售者与生产者或供货者、销售者与修理者、生产者或供货者与修理者之间订立的合同，不得免除该规定的"三包"责任和义务。

（一）销售者的"三包"责任和义务

1. 销售移动电话机商品，应当严格执行该规定；

2. 应当执行进货检查验收制度；

3. 应当采取措施，保持销售移动电话机商品的质量；

4. 销售时，应当符合以下要求：①开箱检验，正确调试，当面向消费者交验移动电话机商品；②核对移动电话机主机机身号（IMEI 串号）和进网标志、附件的出厂序号（批号）、产品商标和型号；③介绍产品的基本性能，使用、维护和保养方法，以及"三包"方式和修理者；④提供"三包"凭证、有效发货票，"三包"凭证应当准确完整地填写并加盖销售者印章，有效发货票应当注明主机机身号（IMEI 串号）、附件的出厂序号（批号）、产品商标及型号、销售日期、销售者印章、金额等内容；

5. 不得销售不符合法定标识要求、不符合说明书等明示性能及功能或者产品质量不合格的移动电话机商品；不得销售未标注生产日期的电池；

6. 在"三包"有效期内，移动电话机商品出现故障，销售者应当根据本规定承担"三包"责任，不得故意拖延或无理拒绝；

7. 妥善处理消费者的查询、投诉，并提供服务。

（二）修理者"三包"责任和义务

1. 修理者应当具有行业主管部门委托的维修资质审批机构颁发的证书，维修人员应当经培训考核，持证上岗；

2. 承担"三包"有效期内的免费修理业务和"三包"有效期外的收费修理业务；

3. 维护销售者、生产者的信誉，应使用与产品技术要求和质量标准要求相符的新的零配件；认真记录修理前故障情况、故障处理情况和修理后的质量状况；

4. 按有关修理代理合同或者协议的约定，保证修理费用和修理配件全部用于修理；接受销售者或者生产者的监督和检查；

5. 保持常用维修配件的储备量，确保维修工作正常进行，避免因零配件缺少而延误维修时间；

6. 向消费者当面交验修理好的移动电话机商品并如实完整地在"三包"凭证上填写修理者名称、地址、邮政编码、电话及维修记录；

7. 承担因自身修理过错造成的责任和损失；

8. 妥善处理消费者投诉，接受消费者有关商品修理质量的查询。

在"三包"有效期内，移动电话机主机出现质量问题的，由修理者免费修理。修理者应当保证修理后的移动电话机商品能够正常使用 30 日以上。

（三）生产者（进口者视同生产者）的"三包"责任和义务

1. 具有信息产业部颁发的电信设备进网许可证书；移动电话机主机

机身贴有进网许可标志，并随机携带该机型的产品使用说明书、合格证和"三包"凭证；产品说明书应当按国家标准 GB 5296.1–2012《消费品使用说明总则》规定要求编写，应当明确产品的功能特点、适用范围、使用、维护与保养方法、注意和警示事项、常规故障判断等；"三包"凭证应当符合《移动电话机商品修理更换退货责任规定》附录2《移动电话机商品三包凭证》的要求。

2. 保证移动电话机商品符合法定标识要求、符合产品说明书等明示的性能及功能，保证产品质量合格；应当明示待机时间，在电池显著位置清晰地标注生产日期。

3. 应当自行设置或者指定与销售规模相适应的具有维修资质证书的修理者负责"三包"有效期内的修理，并提供修理者的名称、地址、邮政编码、联系电话等；修理者名称和地址撤销或者变更的，应当及时公告。

4. 按照有关修理代理合同或者协议的约定，提供"三包"有效期内发生的维修费用；维修费用在产品流通的各个环节不得截留，应当最终全部支付给修理者。

5. 按照有关修理代理合同或者协议的约定，提供足够的合格零配件；保证能够在产品停产后2年内，继续提供符合技术要求的零配件。

6. 按照有关修理代理合同或者协议的约定，提供必需的维修技术软件、技术资料、技术培训等技术支持。

7. 妥善处理消费者的投诉、查询，并提供咨询服务。

（四）移动电话"三包"期限

移动电话机主机"三包"有效期为1年，电池为6个月，充电器（充电座）、数据接口卡、移动终端卡为1年，外接有线耳机为3个月。"三包"有效期自开具发货票之日起计算，扣除因修理占用、无零配件待修延误的时间。"三包"有效期的最后一天为法定休假日的，以休假日的次日为"三包"有效期的最后一天。

（五）移动电话换货的适用情形

自售出之日起7日内，移动电话机主机出现说明书所列功能失效、屏幕无显示/错字/漏划、无法开机、不能正常登录或通信、无振铃、拨号错误、非正常关机、SIM卡接触不良、无声响、单向无声或音量不正常和因结构或材料因素造成的外壳裂损等性能故障的，消费者可以换货。消费者要求换货时，销售者应当免费为消费者更换同型号同规格的移动电话机。

自售出之日起第8日至第15日内，移动电话机主机出现说明书所列功能失效、屏幕无显示/错字/漏划、无法开机、不能正常登录或通信、无振铃、拨号错误、非正常关机、SIM卡接触不良、无声响、单向无声或音量不正常和因结构或材料因素造成的外壳裂损等性能故障的,消费者可以选择换货或者修理。消费者要求换货时,销售者应当免费为消费者更换同型号同规格的移动电话机主机。

在"三包"有效期内,移动电话机主机出现上述性能故障,经两次修理,仍不能正常使用的,凭"三包"凭证中修理者提供的修理记录,由销售者负责为消费者免费更换同型号同规格的移动电话机主机。

在"三包"有效期内,移动电话机充电器不工作或工作不正常、使用指定充电器无法正常充电,电池充电后手机仍不能正常工作。判断依据为电池容量不小于80%,移动终端卡不能正常工作,外接有线耳机不能正常送受话,数据接口卡不能正常工作等性能故障的,销售者应当为消费者免费更换同品牌同型号同规格的附件。

因生产者未按合同或者协议提供零配件,使维修者延误了维修时间,并自送修之日起超过60日未修好的,凭发货票和"三包"凭证中修理者提供的修理记录,由销售者负责免费为消费者更换同型号同规格的移动电话机主机。

因修理者自身原因,使修理时间超过30日未修好的,凭发货票和"三包"凭证中修理者提供的修理记录,由销售者负责免费为消费者更换同型号同规格的移动电话机主机。

换货时,应当提供新的商品。

换货后,商品"三包"有效期自换货之日起重新计算。由销售者在发货票背面加盖印章,注明更换日期,并提供新的"三包"凭证。

(六)移动电话退货适用情形

"三包"有效期内,消费者有退货的权利,退货应当凭发货票和"三包"凭证办理。

自售出之日起7日内,移动电话机主机性能故障的,消费者可以选择退货;消费者要求退货时,销售者应当负责免费为消费者退货,并按发货票价格一次退清货款。

在"三包"有效期内,电池、充电器、移动终端卡、外接有线耳机、数据接口卡等移动电话机附件出现性能故障的,销售者应当为消费者免费更换同品牌同型号同规格的附件。更换两次仍不能正常使用的,销售者应当负责免费为消费者退货,单独销售的,按发货票价格一次退还货款;与主机一起销售的,按退货当时单独销售的价格一次退还货款。

符合换货条件,但销售者无同型号同规格商品,消费者不愿意调换其他型号规格的商品而要求退货的,销售者应当负责免费为消费者退货,并按发货票的价格一次退清货款。

符合换货条件，并且销售者有同型号同规格移动电话机商品，消费者不愿意调换而要求退货的，销售者应当予以退货，但对于使用过的商品应当按规定的折旧率即每日扣除价款的 0.5% 收取折旧费。折旧费的计算日期自开具发货票之日起至退货之日止，其中应当扣除修理占用和待修的时间。

（七）修理的适用情形

自售出之日起 7 日内，移动电话机主机出现性能故障的，消费者可以修理。自售出之日起第 8 日至第 15 日内，移动电话机主机出现性能故障的，消费者也可以选择修理。消费者丢失发货票和"三包"凭证，且不能提供发货票底联或者发货票（底联）复印件等有效证据，但依照主机机身号（IMEI 串号）显示的出厂日期推算仍在"三包"有效期内的，应当以出厂日期后的第 90 日为"三包"有效期的起始日期，销售者、修理者、生产者应当按照规定负责免费修理。

送修的移动电话机主机在 7 日内不能修好的，修理者应当免费给消费者提供备用机，待原机修好后收回备用机。

（八）移动电话不适用"三包"的情形

属下列情况之一的移动电话机商品，不实行"三包"，但可以实行合理的收费修理：

1. 超过"三包"有效期的；
2. 无"三包"凭证及有效发货票的，但能够证明该移动电话机商品在"三包"有效期内的除外；
3. "三包"凭证上的内容与商品实物标识不符或者涂改的；
4. 未按产品使用说明书要求使用、维护、保养而造成损坏的；
5. 非承担"三包"的修理者拆动造成损坏的；
6. 因不可抗力造成损坏的。

生产者、销售者、修理者破产、倒闭、兼并、分立的，其"三包"责任按国家有关法律、法规执行。

（九）消费者办理"三包"的手续和争议的解决

在"三包"有效期内，消费者依照该规定享受修理、更换、退货的权利，修理、换货、退货应当凭发货票和"三包"凭证办理。

消费者丢失发货票和"三包"凭证，但能够提供发货票底联或者发货票（底联）复印件等有效证据，证明该移动电话机商品在"三包"有效期内的，销售者、修理者、生产者应当依照该规定承担免费修理、更换的责任。

消费者因商品"三包"问题与销售者、修理者、生产者发生纠纷时，可以向消费者协会、信息产业部门移动电话机（电话机）产品质量投诉中心、质量管理协会用户委员会和其他有关组织申请调解，有关组织应当积极受理。

若销售者、修理者、生产者未按该规定承担"三包"责任的，消费者可以向产品质量监督部门申诉机构或者工商行政管理部门消费者申诉举报中心申诉，由产品质量监督部门或者工商行政管理部门责令其改正。销售者、修理者、生产者对消费者提出的修理、更换、退货的要求故意拖延或者无理拒绝的，由工商行政管理部门、产品质量监督部门、信息产业部电信管理机构依据有关法律法规的规定予以处罚，并向社会公布。

销售者、修理者、生产者未按该规定承担"三包"责任的，消费者也可以依照《仲裁法》的规定与销售者、修理者或生产者达成仲裁协议，向国家设立的仲裁机构申请裁决，还可以直接向人民法院起诉。

四、微型计算机商品的"三包"

微型计算机商品是指在中国境内销售的列入《实施三包的微型计算机商品目录》（见《微型计算机商品修理更换退货责任规定》附件1）的微型计算机主机、外部设备、选购件及软件（以下简称微型计算机商品）。微型计算机商品均按照《微型计算机商品修理更换退货责任规定》实行"三包"。销售者与生产者、销售者与供货者、销售者与修理者之间订立的合同，不得免除该规定的"三包"责任和义务。

（一）销售者的责任和义务

销售者依照规定应承担的责任和义务包括：

1. 应当严格执行该规定。

2. 执行进货检查验收制度。

3. 采取有效措施，保持销售商品的质量。

4. 销售时，应当符合以下要求：①应当说明微型计算机商品的配置，开箱检验，正确调试，保证商品符合产品使用说明明示的配置和产品质量状况，当面向消费者交验商品；②核对商品商标、型号和编号；③介绍产品的使用、维护和保养方法以及"三包"方式和修理者；④明示"三包"有效期，提供"三包"凭证、有效发货票、产品合格证和产品使用说明；⑤"三包"凭证应当按《微型计算机商品三包凭证》（见《微型计算机商品修理更换退货责任规定》附件2）的要求准确完整地填写，并加盖销售者印章；⑥有效发货票应当注明商品商标及型号、销售日期、销售者印章、金额等内容。

5. 不得销售不符合法定标识要求的，不符合产品使用说明所述的性能及功能的，或者不合格的微型计算机商品。

6. 随销售的微型计算机商品一起赠送的微型计算机商品，应当负责"三包"。

7. 预装软件、随机销售和随机赠送的软件应当明示软件名称、版本、使用有效期、生产者名称；不得销售盗版软件；不得赠送盗版软件。

8. 销售软件时，应当验证软件介质的完好性。

9. 应当积极主动地与生产者、修理者加强联系，建立用户档案，做好三包服务工作。

10. 妥善处理消费者的查询、投诉，并提供服务。

（二）修理者的责任和义务

修理者依照规定应承担的责任和义务包括：

1. 修理者应当具有维修资质证书，维修人员应当具有执业资格，持证上岗。

2. 承担"三包"有效期内的免费修理、软件维护业务和"三包"有效期外的收费修理业务。

3. 维护销售者、生产者的信誉，应使用新的、符合产品技术要求和质量标准要求的部件和元器件。

4. 按有关修理代理合同或者协议的约定，保证修理费用和修理用部件和元器件全部用于修理。

5. 接受生产者、销售者的监督和检查。

6. 保持常用维修部件和元器件的储备量，确保维修工作正常进行，避免因维修部件和元器件缺少延误维修时间。

7. 认真、如实、完整地填写维修记录，记录故障、修理情况和修理后的质量状况，向消费者当面交验修理好的微型计算机商品和维修记录。

8. 承担因自身修理失误造成的责任和损失。

9. 妥善处理消费者的投诉，接受消费者有关商品修理质量的查询。

（三）生产者（微型计算机商品的供货者和进口者视同生产者）的责任和义务

生产者依照规定应承担的责任和义务包括：

1. 微型计算机商品应当随机配有产品的中文使用说明、产品合格证和"三包"凭证；产品使用说明应按照国家标准 GB 5296.1-2012《消费品使用说明》和 GB 5296.2《家电和类似用途电器的使用说明》的规定编写；产品使用说明应当明确微型计算机商品硬件、软件的配置和兼容性，明示基本功能的操作程序；"三包"凭证应当符合该规定《微型计算机商品三包凭证》的要求。

2. 应当自行设置或者指定具有维修资质的修理单位负责"三包"有效期内的修理，并提供修理者单位的名称、地址、联系电话等；修理者名称、地址、联系电话撤销或者变更的，应当及时告知消费者。

3. 按有关修理代理合同或者协议的约定，提供合格的、足够的修理配件，满足维修的需求。

4. 按有关修理代理合同或者协议的约定，提供"三包"有效期内发生的修理费用；维修费用在产品流通的各个环节不得截留，应当全部支付给修理者。

5. 按有关修理代理合同或者协议的约定，提供技术资料，技术培训等技术支持。

6. 妥善处理消费者的投诉、查询，并及时提供咨询服务。

（四）微型计算机商品的"三包"期限

微型计算机商品的"三包"有效期分为整机"三包"有效期和主要部件"三包"有效期。"三包"有效期见该规定《实施三包的微型计算机商品目录》。"三包"有效期自开具发货票之日起计算，扣除因修理占用、无零配件待修延误的时间。"三包"有效期的最后一天为法定休假日的，以休假日的次日为"三包"有效期的最后一天。

（五）微型计算机商品换货和修理的适用情形

在"三包"有效期内，消费者凭发货票和"三包"凭证办理修理、换货。如果消费者丢失发货票和三包凭证，但能够证明该微型计算机商品在"三包"有效期内，销售者、修理者、生产者应当按照规定负责修理、更换。

在主要部件"三包"有效期内，主要部件出现故障，应当由修理者负责免费修理或者免费更换新的主要部件（包括工时费和材料费）。在整机"三包"有效期内，微型计算机商品出现质量问题，应当由修理者负责免费维护、修理，并保证修理后的商品能够正常使用30日以上。

自售出之日起7日内，微型计算机主机、外设商品出现该规定《微型计算机商品性能故障表》（见《微型计算机商品修理更换退货责任规定》附件3）所列性能故障时，消费者可以选择换货或者修理。售出后第8日至第15日内，微型计算机主机、外设商品出现该规定《微型计算机商品性能故障表》所列性能故障时，消费者可选择换货或者修理。消费者要求换货时，销售者应当负责为消费者调换同型号同规格的商品；同型号同规格的产品停止生产时，应当调换不低于原产品性能的同品牌商品。

在整机"三包"有效期内，微型计算机主机、外设商品出现该规定《微型计算机商品性能故障表》所列性能故障，经两次修理，仍不能正常使用的，凭修理者提供的修理记录，由销售者负责免费为消费者调换同型号同规格的商品；同型号同规格产品停产的，应当调换不低于原产品性能的同品牌商品。

因修理者自身原因使修理期超过 30 日的，凭发货票和修理记录，由销售者负责为消费者调换同规格同型号商品；销售者无原规格型号商品的，应当调换不低于原商品性能的同品牌商品。

在"三包"有效期内，因生产者未供应零配件，自送修之日起超过60 日未修好的，修理者应当在修理状况中注明，凭发货票和修理者提供的修理记录由销售者负责为消费者调换同规格同型号商品；销售者无原规格型号产品的，应当调换不低于原商品性能的同品牌商品。

整机换货时，应当提供新的商品。整机换货后的"三包"有效期自换货之日起重新计算。由销售者在发货票背面加盖印章，并提供新的"三包"凭证。更换主要部件时，应当使用新的主要部件。更换后的主要部件"三包"有效期自更换之日起重新计算，记录在维修记录的维修情况一栏中。

生产者提供"三包"有效期内发生的修理费用，各个流通环节均不得截留，最终应当全部支付给修理者。

（六）微型计算机商品退货的适用情形

在"三包"有效期内，消费者凭发货票和"三包"凭证办理退货。

自售出之日起 7 日内，微型计算机主机、外设商品出现《微型计算机商品性能故障表》所列性能故障时，消费者可以选择退货。消费者要求退货时，销售者应当负责免费为消费者退货，并按发货票价格一次退清货款。

在整机"三包"有效期内，符合换货条件的，销售者既无同型号同规格的商品，也无不低于原产品性能的同品牌商品，消费者要求退货的，销售者应当负责免费为消费者退货，并按发货票价格一次退清货款。

在整机"三包"有效期内，符合换货条件的，销售者有同型号同规格的商品或者不低于原产品性能的同品牌商品，消费者不愿意换货而要求退货的，销售者应当予以退货，并按《实施"三包"的微型计算机商品目录》规定的折旧率收取折旧费。折旧费的计算日期自开具发货票之日起，至退货之日止，其中应当扣除修理占用和待修的时间。

微型计算机主机商品符合退货条件时，销售者应当负责为消费者将与主机同时销售的显示器、键盘、鼠标器等商品一并退货。

在"三包"有效期内，选购件出现《微型计算机商品性能故障表》

所列性能故障，销售者应当负责为消费者免费调换新的选购件。选购件更换两次后仍不能正常使用的，销售者应当负责免费为消费者退货，并按发货票价格一次退清货款。

在"三包"有效期内，软件出现《微型计算机商品性能故障表》所列性能故障，销售者应当为消费者免费更换新的同样软件。更换后仍不能正常使用的，应当由销售者负责免费为消费者退货，并按发货票价格一次退清货款。性能故障的判断，应当按商品销售时的配置，并在产品使用说明规定的状态下进行。

（七）微型计算机商品不适用"三包"的情形

属下列情况之一的微型计算机商品，不实行"三包"：

1. 超过"三包"有效期的；

2. 未按产品使用说明的要求使用、维护、保管而造成损坏的；

3. 非承担"三包"的修理者拆动造成损坏的；

4. 无有效"三包"凭证及有效发货票的（能够证明该商品在三包有效期内的除外）；

5. 擅自涂改"三包"凭证的；

6. "三包"凭证上的产品型号或编号与商品实物不相符合的；

7. 使用盗版软件造成损坏的；

8. 使用过程中感染病毒造成损坏的；

9. 无厂名、厂址、生产日期、产品合格证的；

10. 因不可抗力造成损坏的。

（八）争议的解决

消费者因三包问题与销售者、修理者、生产者发生纠纷时，可以向消费者协会和其他消费者组织申请调解，有关组织应当积极受理。销售者、修理者、生产者未按该规定执行"三包"的，消费者可以向产品质量监督管理部门申诉机构申诉，由产品质量监督管理部门责令其按"三包"规定办理。

销售者、修理者、生产者对消费者提出的修理、更换、退货的要求故意拖延或者无理拒绝的，由产品质量监督管理部门予以处罚，并予以公告。

销售者、修理者、生产者未按该规定执行"三包"的，消费者也可以依照《仲裁法》的规定，与销售者、修理者或者生产者达成仲裁协议，向国家设立的仲裁机构申请裁决，或者直接向人民法院起诉。

附件1：实施三包的微型计算机商品目录

名　称		三包有效期（年）			折旧率（日）%	备　注
		整机	主要部件	主要部件名称		
主机	台式微型机主机	1	2	主板、CPU、内存、硬盘驱动器、电源、显示卡	0.25	
	笔记本微型机	1	2	主板、CPU、内存、显示屏、硬盘驱动器、键盘、电源适配器	0.25	
	手持式个人数字信息处理设备	1			0.25	含掌上电脑、电子记事簿、电子词典
外设	显示器	1	0.25			含液晶显示器
	扫描仪	1			0.25	
	针式打印机	1			0.25	
	喷墨打印机	1			0.25	
	激光打印机	1			0.25	
	UPS电源	1			0.25	含电池
	调制解调器	1			0.25	
	光盘刻录机	1			0.25	
	数码相机	1	1	专用充电池、存储卡	0.25	无微型计算机接口功能的除外
	投影机	2	0.5	灯泡	0.25	
	鼠标器	1			0.25	
	键盘	1			0.25	
	软盘驱动器	1			0.25	
	硬盘驱动器	1			0.25	
	手写板	1			0.25	
	电源	1			0.25	
	光盘驱动器	1			0.25	
选购件	内存条	1				
	主板	1				
	CPU	1				
	声卡	1				

续表

名　称		三包有效期（年）			折旧率（日）%	备　注
		整机	主要部件	主要部件名称		
选购件	显示卡	1				
	盘控卡	1				
	网卡	1				
	其他功能扩展卡	1				
软件	软件	3个月				
	预装软件	1				
	随机软件	3个月				含赠送软件

附件2：微型计算机商品三包凭证

微型计算机商品三包凭证是消费者享受三包权利的凭证。三包凭证应当包括下列内容，并由销售者负责填写：①微型计算机商品名称、商标、型号；②微型计算机商品出厂编号或批号；③商品产地；④销售单位名称、地址、邮政编码、联系电话；⑤销售者印章；⑥发货票号码；⑦销售日期；⑧安装调试日期；⑨消费者姓名、地址、邮政编码、联系电话；⑩修理单位名称、地址、电话及邮政编码；⑪维修记录。维修记录项目：送修日期、送修次数、送修故障情况、故障原因、故障处理情况、交验日期、维修人员签字。

附件3：微型计算机商品性能故障表

序号	商品名称	性能故障
1	台式微型机主机	在产品使用说明书规定状态下，经维护不能正常启动、死机。
2	笔记本微型机	在产品使用说明书规定状态下，经维护不能正常启动、死机。
3	手持式个人信息处理设备	在产品使用说明规定状态下，经维护不能正常启动，死机，显示屏白斑、花斑。
4	显示器	1. 正常加电，电源指示灯亮后无显示图像。 2. 显示器图像不能同步，画面扭曲、摆动、撕裂。 3. 显示器图像亮度不可调。 4. 显示器图像缺色。 5. 显示屏白斑、花斑。

序号	商品名称	性能故障
5	扫描仪	1. 开机电源不通，工作时灯管不亮或闪烁。 2. 扫描白纸出现明显条纹或者全黑； 3. 经维护，机械系统不归位。
6	针式打印机	1. 走纸异常。 2. 印字漏点，连点。 3. 打不上字。 4. 不能正常回车、归位。
7	喷墨打印机	1. 打印机不上纸。 2. 喷头不能定位、归位。 3. 由非消耗品引起的断线、漏字、缺色。
8	激光打印机	1. 墨粉不能固化在纸上。 2. 打印机不上纸、卡纸。 3. 由非消耗品引起的断线、漏字、缺色。
9	UPS 电源	持续供电时间、响应时间达不到产品使用说明明示的技术指标要求。
10	调制解调器	不能正常联机通讯。
11	光盘刻录机	不能刻录产品使用说明规定的光盘。
12	投影机	1. 无法加电。 2. 照明系统失效。 3. 功能键失效。 4. 接口故障。 5. 显示画面有固定暗点、亮点、色点。 6. 在规定使用条件下，显示亮度、对比度达不到使用说明书标明指标的要求。 7. 在使用说明书明示的环境条件下，投影中断。 8. 在使用说明书规定的距离内，投影图像模糊。
13	数码相机	1. 显示屏无显示。 2. 功能键失效。 3. 专用电池容量低于标称容量的80%。 4. 接口故障。 5. 照片缺色、偏色、色斑、色阶。 6. 存储容量达不到标称值。 7. 重现的死机。 8. 拍不上照片。 9. 机械故障。
14	鼠标器	不能正常使用。
15	键盘	不能正常使用。

续表

序号	商品名称	性能故障
16	内存条	不能正常使用。
17	硬盘驱动器	不能正常格式化。
18	光盘驱动器	不能读符合产品使用说明要求的光盘。
19	软盘驱动器	不能正常存取数据。
20	手写板	不能正常工作。
21	电源	电源输出电压、电流达不到产品使用说明规定的指标要求。
22	主板	在产品使用说明规定状态下，不能启动。
23	CPU	不能正常工作。
24	其他功能扩展卡	不能正常工作。
25	声卡	安装后无声。
26	显示卡	1. 安装后不能正常显示图像。 2. 图像色彩分辨率达不到产品使用说明明示的技术指标要求。
27	盘控卡	不能正常工作。
28	网卡	网络连接不能正常通讯。
29	软件产品	1. 硬件系统标准配置情况下不能工作。 2. 不支持产品使用说明明示支持的产品及系统。 3. 不支持产品使用说明明示的软件功能。

第四节　缺陷产品的召回制度

一、缺陷产品召回制度概述

缺陷产品召回制度是指产品的生产商、进口商或者经销商在得知其生产、进口或经销的产品存在可能危及人身、财产安全的缺陷时，依法向政府部门报告，及时通知消费者，并从市场和消费者手中收回有问题产品，予以修理、更换、赔偿的积极有效的补救措施，从而消除缺陷产品的危害风险。缺陷产品召回的目的一般包括三方面：①尽快确定缺陷产品的范围；②将缺陷产品从市场和消费者手中收回，以防止损害的发生、扩大；③以及时、准确、易懂的方式告知公众产品存在的缺陷、危害和企业的矫正措施。产品召回程序可以最大限度地减少有危险的缺陷产品引起的人身伤害，尽可能快地制止和转移风险，而在这过程中要尽量减少所需费用和给人们带来的不便。

缺陷产品召回制度，最早出现在美国，目前实行召回制度的国家还有日本、韩国、加拿大、英国和澳大利亚等国。美国的召回制度最先应用于汽车，1966 年制订的《国家交通与机动车安全法》中明确规定汽车制造商有义务召回缺陷汽车。此后，在多项产品安全和公共健康的立法中引入了缺陷产品召回制度，使其应用到可能对公众造成伤害的主要产品领域，特别是食品领域，例如，先后出台的《联邦肉产品检验法》（FMIA）、《禽类产品检验法》（PPIA）、《食品、药品及化妆品法》（FD-CA）等。美国等国家的实践表明，召回制度是产品质量和消费者权益的有力保证，实施召回制度有利于提高生产商和销售商的产品质量意识，有利于企业关注技术改造和环保问题，有利于规范市场竞争秩序。

产品召回大体上分为两种：一种是以美国为代表的"自愿认证，强制召回"；另一种是以欧、日为代表的"强制认证，自愿召回"。前者是指政府并不在产品制造过程中提出相关标准和要求，只需要产品企业或行业自律，按照企业自己的标准规范生产即可，政府只在产品进入市场前进行抽检，一旦在使用中发现产品存在缺陷，政府有权要求企业召回，所有的责任由企业承担；后者是指产品的生产和销售均由政府监督，在投放市场前也必须取得政府的认证，政府也承担产品的有限责任，保证投放市场的产品是符合安全要求的，一旦发现问题，由企业决定是否召回。近年来，两者有融合的趋势，趋向于向自愿召回的形式发展。

二、我国缺陷产品召回制度

我国《消费者权益保护法》第 19 条规定："经营者发现其提供的商品或者服务存在缺陷，有危及人身、财产安全危险的，应当立即向有关行政部门报告和告知消费者，并采取停止销售、警示、召回、无害化处理、销毁、停止生产或者服务等措施。采取召回措施的，经营者应当承担消费者因商品被召回支出的必要费用。"这一规定为我国缺陷产品召回制度的确立提供了法律基础。2004 年的 3 月 12 日由国家质量监督检验检疫总局（已撤销）、国家发展和改革委员会、商务部和海关总署共同制定的《缺陷汽车产品召回管理规定》（以下简称《召回管理规定》，已废止）颁布，《召回管理规定》是我国以缺陷汽车为试点首次实施的产品召回制度，于 2004 年 10 月 1 日起实施。其宗旨是加强对缺陷汽车产品召回事项的管理，消除缺陷汽车产品对使用者及公众人身、财产安全造成的危险，维护公共安全、公众利益和社会经济秩序。这标志着中国汽车消费市场进一步迈向规范和成熟。2007 年 7 月 26 日，国务院公布开始施行《国务院关于加强食品等产品安全监督管理的特别规定》（以下简称《特别规定》）。借鉴国外通行做法，《特别规定》规定了生产企业有召回存在安全隐患产品的义务。《特别规定》使得我国缺陷产品的召回制度的适用范围扩大至食品、药品等领域，这意味着，产品召回的根本制度已经确立。2012 年 10 月 22 日通过，2013 年 1 月 1 日实施了《缺陷汽车产品召回管理条例》）（以下简称《召回管理条例》）。

召回制度和"三包"制度都是针对问题产品而设立的，但召回与我国的"三包"规定有很大区别。"召回"针对的是非偶然性原因造成的产品缺陷，主要是设计缺陷、制造缺陷；"三包"则是针对个别产品的个别瑕疵问题。因此"召回"和"三包"的立法宗旨不同。产品召回对企业的损害很大；而"三包"的成本很小。"召回"是为了维护整个社会的共同利益，是事先预防；"三包"则是为了防止个体的消费者的利益的损害，是事后补救。

2019 年 11 月 26 日经国家市场监督管理总局 2019 年第 15 次局务会议审议通过了《市场监督管理投诉举报处理暂行办法》（以下简称《暂行办法》）并于 2020 年 1 月 1 日起施行。该《暂行办法》明确了投诉是指消费者为生活消费需要购买、使用商品或者接受服务，与经营者发生消费者权益争议，请求市场监督管理部门解决该争议的行为。同时，《暂行办法》对投诉的处理原则为，应当遵循公正、高效的原则，做到适用依据正确、程序合法。

（一）市场监管部门处理消费者投诉的管辖和受理时间

1. 地域管辖。根据《暂行办法》的规定，投诉由被投诉人（即经营者）实际经营地或者住所地县级市场监督管理部门处理。

对电子商务平台经营者以及通过自建网站、其他网络服务销售商品或者提供服务的电子商务经营者的投诉，由其住所地县级市场监督管理部门处理。对平台内经营者的投诉，由其实际经营地或者平台经营者住所地县级市场监督管理部门处理。这里因为网络经营商品或者服务突破了空间限制，受损害的消费者到经营者住所地或者实际经营地市场监督管理部门投诉有跨地域的难度，这里建议应有个变通办法，即先向受害消费者所在地市场监管部门投诉，这样更方便消费者。

2. 移送管辖。上级市场监督管理部门认为有必要的，可以处理下级市场监督管理部门收到的投诉。下级市场监督管理部门认为需要由上级市场监督管理部门处理本行政机关收到的投诉的，可以报请上级市场监督管理部门决定。

3. 管辖冲突处理。对同一消费者权益争议的投诉，两个以上市场监督管理部门均有处理权限的，由先收到投诉的市场监督管理部门处理。

4. 受理时间。具有本办法规定的处理权限的市场监督管理部门，应当自收到投诉之日起 7 个工作日内作出受理或者不予受理的决定，并告知投诉人。

（二）不予受理的情形

投诉有下列情形之一的，市场监督管理部门不予受理：①投诉事项不属于市场监督管理部门职责，或者本行政机关不具有处理权限的；②法院、仲裁机构、市场监督管理部门或者其他行政机关、消费者协会或者依法成立的其他调解组织已经受理或者处理过同一消费者权益争议的；③不是为生活消费需要购买、使用商品或者接受服务，或者不能证明与被投诉人之间存在消费者权益争议的；④除法律另有规定外，投诉人知道或者应当知道自己的权益受到被投诉人侵害之日起超过 3 年的；⑤未提供该办法第 9 条第 1 款和第 10 条规定的材料的；⑥法律、法规、规章规定不予受理的其他情形。

（三）投诉方式和材料提交

消费者应当通过市场监督管理部门公布的接收投诉举报的互联网、电话、传真、邮寄地址、窗口等渠道进行。

消费者可以自行投诉，也可以委托他人代为投诉，委托投诉的，还应当提供授权委托书原件以及受托人身份证明，授权委托书应当载明委托事项、权限和期限，由委托人签名。

消费者为两人以上投诉的，基于同一消费者权益争议投诉同一经营者的，经投诉人同意，市场监督管理部门可以按共同投诉处理。共同投诉可以由投诉人书面推选两名代表人进行投诉。代表人的投诉行为对其代表的投诉人发生效力，但代表人变更、放弃投诉请求或者达成调解协议的，应当经被代表的投诉人同意。

投诉应当提供下列材料：①投诉人的姓名、电话号码、通讯地址；②被投诉人的名称（姓名）、地址；③具体的投诉请求以及消费者权益争议事实。消费者采取非书面方式进行投诉的，市场监督管理部门工作人员应当记录上述信息。

（四）对投诉的处理

1. 处理方式。市场监督管理部门经消费者和被投诉人同意，采用调解的方式处理投诉，但法律、法规另有规定的，依照其规定。同时鼓励投诉人和被投诉人平等协商，自行和解。

市场监督管理部门除自行调解外，可以委托消费者协会或者依法成立的其他调解组织等单位代为调解。受委托单位在委托范围内以委托的市场监督管理部门名义进行调解，不得再委托其他组织或者个人。

调解可以采取现场调解方式，也可以采取互联网、电话、音频、视频等非现场调解方式。采取现场调解方式的，市场监督管理部门或者其委托单位应当提前告知消费者和被投诉人调解的时间、地点、调解人员等。调解由市场监督管理部门或者其委托单位工作人员主持，并可以根据需要邀请有关人员协助。

调解实行回避制度，调解人员是消费者或者被投诉人的近亲属或者有其他利害关系，可能影响公正处理投诉的，应当回避。消费者或者被投诉人对调解人员提出回避申请的，市场监督管理部门应当中止调解，并作出是否回避的决定。

需要进行检定、检验、检测、鉴定的，由消费者和被投诉人协商一致，共同委托具备相应条件的技术机构承担。

2. 终止调节的情形。有下列情形之一的，终止调解：①消费者撤回投诉或者双方自行和解的；②消费者与被投诉人对委托承担检定、检验、检测、鉴定工作的技术机构或者费用承担无法协商一致的；③消费者或者被投诉人无正当理由不参加调解，或者被投诉人明确拒绝调解的；④经组织调解，消费者或者被投诉人明确表示无法达成调解协议的；⑤自投诉受理之日起 45 个工作日内消费者和被投诉人未能达成调解协议的；⑥市场监督管理部门受理投诉后，发现存在该办法第 15 条规定情形的；⑦法律、法规、规章规定的应当终止调解的其他情形。终止调解的，市场监督管理部门应当自作出终止调解决定之日起 7 个工作日内告知消费者和被投诉人。

（五）调解协议的达成

经现场调解达成调解协议的，市场监督管理部门应当制作调解书，但调解协议已经即时履行或者双方同意不制作调解书的除外。调解书由消费者和被投诉人双方签字或者盖章，并加盖市场监督管理部门印章，交消费者和被投诉人各执一份，市场监督管理部门留存一份归档。未制作调解书的，市场监督管理部门应当做好调解记录备查。

市场监督管理部门在调解中发现涉嫌违反市场监督管理法律、法规、规章线索的，应当自发现之日起 15 个工作日内予以核查，并按照市场监督管理行政处罚有关规定予以处理。特殊情况下，核查时限可以延长 15 个工作日。法律、法规、规章另有规定的，依照其规定。

对消费者权益争议的调解不免除经营者依法应当承担的其他法律责任。

□ 小 结

《消费者权益保护法》不同于我国其他现有的法律规范，出于对弱者的保护，它首开先河创设了一系列特殊的法律制度，这些制度的创设不仅使《消费者权益保护法》有了自身独有的特征，也为其他法律的完善奠定了很重要的基础，同时为我国整个法治的发展和完善丰富了内容。这些特殊制度包括：精神损害赔偿制度；惩罚性赔偿制度；"三包"制度和缺陷产品的召回制度。这些制度是《消费者权益保护法》的灵魂和精神所在。希望广大学习者认真掌握和领会。

□练习与思考

一、名词解释

1. 精神损害与精神损害赔偿

2. 惩罚性赔偿

3. 召回制度

二、简答题

1. 精神损害赔偿的适用范围有哪些？

2. 惩罚性赔偿的种类有哪些？

3. 本章所列 3 种"三包"有何异同？

4. 我国缺陷产品召回制度的特点是什么？

三、思考题

谈一谈"三包"制度和召回制度在价值取向和功能上有何异同。

第十章

《消费者权益保护法》与
其他法律规范的关系

■学习目的和要求

通过本章学习，要求学生

● 重点掌握：《消费者权益保护法》与《产品质量法》、《消费者权益保护法》与《民法典》、《消费者权益保护法》与《反不正当竞争法》的关系。

● 掌握：《消费者权益保护法》与《产品质量法》的联系与区别；《消费者权益保护法》与《反不正当竞争法》的联系与区别。

● 《消费者权益保护法》与其他法律规范的关系。

第一节 《消费者权益保护法》与
《产品质量法》的关系

《消费者权益保护法》与《产品质量法》具有密切的联系。《产品质量法》对《消费者权益保护法》有重要的补充作用，在保证《消费者权益保护法》的实施方面可以起到积极的配合作用。

《产品质量法》所规定的"产品"与《消费者权益保护法》所规定

的"商品"虽然称谓和范围不尽一致，但是，《消费者权益保护法》所规定的"商品"都被《产品质量法》所规定的"产品"所涵盖。因此，《产品质量法》在调整因产品质量而产生的法律关系的同时，也必然对消费者权益保护起到直接或间接的作用。

《产品质量法》于1993年2月22日第七届全国人民代表大会常务委员会第三十次会议通过，并于同年9月1日起实施，该法共有51条。其对建立和维护正常的市场经济秩序，打击制售假冒伪劣商品的违法行为，保护消费者免遭侵害都发挥了十分重要的作用。但是，随着经济全球化的迅猛发展以及我国加入WTO带来的机遇和挑战，加之长期以来我国难以解决的产品档次低、质量差、假冒伪劣屡禁不止的现实，原《产品质量法》在执行中暴露出了一些不足，因此，对其进行重新修订已成为形势发展的迫切的客观要求。基于此考虑，2000年7月8日第九届全国人民代表大会常务委员会第十六次会议通过了《产品质量法》修正案，对1993年的《产品质量法》作了全面修订，使该法由原来的51条增加到74条，其中新增加了25条，删除32条，修改了20条，近2/3的条文有所修改。2018年，该法经十三届全国人民代表大会常务委员会第七次会议再次修改后实行。

修改后的《产品质量法》有些规定与《消费者权益保护法》的相关规定更为接近或相同。如关于"残疾赔偿金"和"死亡赔偿金"的规定，修改后的《产品质量法》和《消费者权益保护法》对于这一问题的规定完全相同。

我国的《产品质量法》同国外的产品责任法相比较，它既不是一部完完全全的产品质量监督管理行政法，也不是一部单纯的产品侵权责任法。我国的《产品质量法》用一半以上的篇幅详细、全面地规定了产品质量的监督管理部门及其职责、产品质量行政管理手段、行政处罚措施及行政责任；同时又详细地规定了经营者的产品质量义务、缺陷产品的归责原则、缺陷产品的民事损害赔偿责任，另外还原则地规定了刑事责任。因此，我国的《产品质量法》在调整市场交易主体之间所产生的产品质量法律关系的同时，更主要的是调整产品质量的行政管理法律关系，明显地体现了国家对微观经济活动的干预，属于典型的经济法范畴的法律规范。而国外的产品责任法主要是解决因产品存在瑕疵而造成他人人身和财产损害后的损害赔偿问题，相当于我国《民法典》侵权责任编的产品责任部分，属于民事特别法。

《消费者权益保护法》与《产品质量法》的联系

《产品质量法》主要规定：①各级政府在产品质量工作中的责任；②建立企业产品质量的约束机制；③生产者、销售者对产品质量应负的义务；④国家市场监督管理部门对产品质量的监督管理职责；⑤执法手段以及必要的行政强制措施；⑥因产品质量引起的民事责任、行政责任和刑事责任。其中，对民事损害赔偿作了十分具体的规定，如民事责任的归责原则、不同情况下承担责任的主体、损害赔偿范围、诉讼时效、除斥期间、争议的解决途径等。可以说，《产品质量法》也是保护消费者合法权益的一部重要的法律。

从另一个角度来讲，正是由于产品质量与消费者保护问题的密切联系，使得《消费者权益保护法》不可能不直接涉及与产品质量有关的问题。为了妥善处理好与《产品质量法》的关系，又能体现《消费者权益保护法》作为消费者保护领域的地位及其应包括的内容，该法作了以下几点技术处理：

1. 对于经营者向消费者提供商品或服务应承担的义务，《消费者权益保护法》没有作面面俱到的具体规定，只规定了一些其他法律、法规中没作明确规定的内容。《消费者权益保护法》第16条第1款规定："经营者向消费者提供商品或者服务，应当依照本法和其他有关法律、法规的规定履行义务。"这些规定表明，经营者应承担的义务不仅仅是《消费者权益保护法》中所规定的那些义务，还包括《产品质量法》以及其他法律规范规定的义务。

2. 对承担民事责任的情形，《消费者权益保护法》第48条第1款规定，经营者提供商品或者服务有下列情形之一的，除本法另有规定外，应当依照其他有关法律、法规的规定，承担民事责任。这就说明，在经营者未履行法定义务给消费者造成损害而追究其民事责任时，《产品质量法》中的相同规定仍然可以在解决消费者权益损害赔偿中适用。

3. 在行政责任的承担上，《消费者权益保护法》第56条第1款规定："经营者有下列情形之一，除承担相应的民事责任外，其他有关法律、法规对处罚机关和处罚方式有规定的，依照法律、法规的规定执行；……①提供的商品或者服务不符合保障人身、财产安全要求的；②在商品中掺杂、掺假，以假充真，以次充好，或者以不合格商品冒充合格商品的……"对于其中所列举的侵犯消费者权益同时应承担行政责任的行为，仍然规定优先适用《产品质量法》等法律、法规，只有在这些有关法律、法规对处罚机关和处罚方式未作规定时，才依照该法的规定，由工商行政管理机关采取《消费者权益保护法》所规定的行政处罚措施。

4. 关于"缺陷"，因《产品质量法》第46条作出了规定，即"本法所称缺陷，是指产品存在危及人身、他人财产安全的不合理的危险；产品有保障人体健康和人身、财产安全的国家标准、行业标准的，是指不符合该标准"。因此，《消费者权益保护法》第19条在使用"缺陷"一词时，未加进一步解释，而是直接使用。

由此可见，《产品质量法》是与《消费者权益保护法》关系最为密切的一部法律。

《消费者权益保护法》与《产品质量法》二者虽然关系密切，但二者的立法目的及宗旨毕竟不同，因此，二者在很多方面具有显著的区别。两法的主要区别包括：

1. 《消费者权益保护法》所涉及的领域远远大于《产品质量法》所涉及的领域。《产品质量法》所涉及的领域是十分有限的，仅仅涉及产品质量方面的问题，而这只是消费者保护诸多方面的内容之一。《消费者权益保护法》作为消费者保护领域里的基本法，其采用原则规定与具体规定相结合的方法，对《产品质量法》及其他现行法律、法规中未予以规定的内容作了具体规定，如赋予消费者的监督权和结社权。《产品质量法》不可能有这方面的规定，而且除《宪法》外，其他法律、法规也很少有此规定。对经营者义务的规定，《消费者权益保护法》范围也远远超出了《产品质量法》对经营者义务规定的范围，如接受监督的义务、出具购货凭证和服务单据的义务等。因此，《消费者权益保护法》适用于消费者保护领域的各个方面，而《产品质量法》不可能也没有必要做到这一点。

2. 两法所适用的范围不同。《产品质量法》第 2 条第 2 款、第 3 款规定："本法所称产品是指经过加工、制作，用于销售的产品。建设工程不适用本法规定；但是，建设工程所使用的建筑材料、建筑构配件和设备，属于前款规定的产品范围的，适用本法规定。"现行《产品质量法》较原《产品质量法》扩大了适用范围，明确地将建筑材料、建筑构配件和设备纳入了其调整范围。从这一规定可以看出，《产品质量法》和《消费者权益保护法》所确定的产品的范围是不同的：①《产品质量法》中的"产品"，既包括用于生产消费的产品，也包括用于生活消费的产品；《消费者权益保护法》中所规定的"商品"，一般仅指用于生活消费的商品，至于农民购买、使用直接用于农业生产的生产资料，是作为参照该法执行的特殊情况。从这一角度看，《产品质量法》规定的产品的范围大于《消费者权益保护法》规定的商品的范围。②《产品质量法》规定的产品专指经过加工、制作，并且是用于销售的产品，不包括自然状态下形成的经过拣选而由流通领域推出的产品，也不包括初级农产品和建设工程；《消费者权益保护法》所规定的商品包括所有具有使用价值，为生活消费所需要，并且由流通领域推出的商品，不论是经过加工、制作的，还是拣选的，也不论是初级农产品，还是建设工程，如商品住房。从这一角度看，《产品质量法》规定的产品的范围小于《消费者权益保护法》规定的商品的范围。③《消费者权益保护法》规定的消费客体除商品外，还包括服务；《产品质量法》不可能将服务纳入其适用范围，因此，两法关于"经营者"的规定的范围也不一样。《产品质量法》所规定的经营者只包括生产者、销售者，而《消费者权益保护法》规定的经营者包括生产

《消费者权益保护法》与《产品质量法》的区别

者、销售者和服务的提供者。

3. 在民事赔偿制度上，两法的规定存在较大的差异。《产品质量法》对因产品缺陷造成受害人人身伤害、死亡、财产损失的赔偿范围作了明确的规定；《消费者权益保护法》对经营者提供商品或者服务造成消费者或其他受害人人身伤害、残疾、死亡以及财产损失后的赔偿范围作了具体规定，相比《产品质量法》有所发展，增加了一些赔偿项目。此外，《消费者权益保护法》还规定了惩罚性赔偿金。《消费者权益保护法》中的这些特别规定在法律适用中应优先适用。

第二节　《消费者权益保护法》与《民法典》的关系

民法是调整平等民事主体之间的财产关系和人身关系的法律规范。《民法典》是所有民事法律规范中的基本法，它所确立的民事活动的基本原则以及各项民事法律制度，是处理平等主体之间民事权利和义务关系的基本依据。由于《消费者权益保护法》涉及消费者与经营者之间横向的法律关系，并且是在其基本原则指导之下制定的，因而，两法存在密切的联系。总的来说，没有《民法典》的一般性规定，《消费者权益保护法》所确认的一些消费者的权利也无保障；反之，没有后者，仅有《民法典》中的一般性规定，消费者应有的权利便不可能真正得到落实。

一、《民法典》是处理消费者与经营者之间法律关系的基础，也是《消费者权益保护法》的重要立法依据之一

从消费领域中的法律关系的性质来看，消费者购买、使用商品或接受服务而与经营者之间发生的法律关系，主要是合同法律关系以及因受到人身、财产损害而形成的损害赔偿关系。而这正是民事法律所要解决的问题。

《消费者权益保护法》与《民法典》的联系

从我国的实践来看，在《消费者权益保护法》还没有出台之前，是根据《民法通则》来处理消费者与经营者之间的争议的。原《民法通则》中规定的当事人在民事活动中地位平等，民事活动应当遵循自愿、公平、等价有偿、诚实信用的原则，公民合法的民事权益受法律保护，任何组织和个人不得侵犯的原则，以及关于民事法律行为、财产权和人身权、民事责任制度等内容的具体规定，都是处理部分消费争议的法律依据。尤其是《民法通则》第111条规定："当事人一方不履行合同义务或者履行合同义务不符合约定条件的，另一方有权要求履行或者采取补救措施，并有权要求赔偿损失"，以及《民法通则》第122条规定："因产品质量不合格造成他人财产、人身损害的，产品制造者、销售者应

当依法承担民事责任。运输者、仓储者对此负有责任的，产品制造者、销售者有权要求赔偿损失。"该条更是经常被运用于解决消费者购买不合格产品后引起的争议。事实上《民法通则》对于解决消费者争议所起的作用是无须赘言的。

《民法典》关于平等的民事主体权利及争议的解决方式的规定，如果完全照搬并适用在消费者与经营者之间的法律关系上，由于消费者与经营者地位与生俱来的不平等，会使消费者的权益不可能真正得到有效的保护。可以说，由于民法本身固有的特性，其在对消费者这一永远处于弱者地位的特殊主体保护方面存在无法弥补的缺陷，有其辐射不到的死角。正因为如此，《消费者权益保护法》是在消费者的消费活动中经常遭受处于强者地位的经营者违法活动的侵害而得不到有效救济的情况下制定的。该法确立的消费者与经营者在交易活动中应遵守的原则，以及侵犯消费者合法权益后应承担的民事责任，都是根据《民法通则》的规定发展而来的。从民事法律的范畴上讲，可以说，《民法通则》是《消费者权益保护法》的奠基石，如果没有民法理论和民法原则的充分发展与完善，没有"主体地位平等""契约自由""意思自治"的理念为众人所接受并成为普遍原则的前提，就不可能形成今天独立于民事权益的消费者权益，也不可能有今天独立于民法的《消费者权益保护法》。

二、《消费者权益保护法》和《民法典》关于保护消费者权益的规定既有众多交叉之处又有很多不同

《消费者权益保护法》和《民法典》关于保护消费者权益的规定有众多交叉之处，但是《消费者权益保护法》关于保护消费者权益所特有的规定，如该法赋予消费者的监督权、结社权等具有政治权利内容的权利，对消费者行政保护的规定，对经营者侵犯消费者权益给予行政制裁、刑事制裁的规定等，是永远都不能成为《民法典》的内容的。因此，不能简单说《消费者权益保护法》是对《民法典》的进一步完善和发展，更不能认为《消费者权益保护法》是《民法典》的特别法。从我国的《民法典》在整个民事法律中的地位及其具体内容来看，它涉及的是民事活动领域中的基本问题，适用于各类不同的民事主体进行各种不同的民事活动，具有普遍的指导作用。当然，对消费领域的消费活动，这种指导作用也是不能否认的，但不能据此即肯定《消费者权益保护法》和《民法典》是一个法律框架内特别法与普通法的关系。实质上，《消费者权益保护法》和《民法典》是两个不同范畴的法律规范。《消费者权益保护法》是通过民事手段、行政手段和刑事手段来调整以保护消费者合法权益为核心和根本出发点的消费法律关系，通过对这种法律关系的调整，体现的是国家对微观经济生活的干预，其最终目的是维护正常的市场经

济秩序，属于经济法范畴的法律规范；而《民法典》是调整平等的民事主体之间的人身关系和财产关系，其目的是保护平等的民事主体在民事活动中的合法权益，属于典型的民法范畴的法律规范。我国《民法总则》于2017年10月1日开始实施，《民法总则》的制定和实施并没有影响《民法通则》中部分条款的效力，《民法总则》适用后，《民法通则》中与其内容冲突的部分，适用《民法总则》的规定，不冲突的部分以及《民法总则》中未规定的内容，《民法通则》仍然适用。《民法总则》的内容现已纳入我国《民法典》的总则部分，发挥着重要的作用，而消费者权益保护的内容没有被纳入《民法典》的分则部分。但这些并不影响对《消费者权益保护法》和《民法典》区别与联系的阐述。《消费者权益保护法》在消费者权益方面作了不同于《民法典》对民事主体民事权益的规定。

在民事责任的承担上，《消费者权益保护法》有不少规定与《民法典》关于民事责任的规定实现了一致。最主要的几项是：①经营者提供商品或服务，造成消费者或其他受害人身体残疾的，《消费者权益保护法》增加规定了3项赔偿费用，即残疾者生活辅助具费、生活补助费、残疾赔偿金。②对于造成消费者和其他受害人死亡的，《消费者权益保护法》中规定还要支付死亡赔偿金。③对于经营者提供商品或者服务有欺诈行为的，除承担一般的民事责任外，《消费者权益保护法》规定，经营者应当按照消费者的要求增加赔偿其受到的损失，增加赔偿的金额为消费者购买商品的价款或者接受服务的费用的3倍或者构成严重侵权的全部损失的2倍，即承担惩罚性赔偿责任。这一规定与《民法典》中的规定是一致的，尽管《民法典》只是原则规定，但是第179条已经做出了适用《消费者权益保护法》的指引。此外，《消费者权益保护法》对《民法典》中承担民事责任的方式进一步具体化到特定消费领域：包括经营者承担的"三包"责任，以邮寄方式提供商品，以预收款方式提供商品或服务的情况下发生的违约责任等都作了明确的规定。

《消费者权益保护法》与《民法典》的区别

1. 明确了消费者享有13项基本权利。《民法典》规定了公民享有财产所有权、债权、知识产权、人格权、用益物权、亲属权等基本权利，并围绕这些权利规定了使其得以落实的法律手段。那么，公民作为消费者进入消费领域后，这些基本的权利如何体现呢？这是《民法典》所不能解决的问题。《消费者权益保护法》第一次全面地概括了消费者在消费活动中的13项权利，这些权利在本书的第3章已有详细阐述。在这些权利中，有些是对消费者在消费领域所享有的民事权利的细化、延伸和补充，有些是《消费者权益保护法》赋予消费者这一特殊的主体特别享有的权益，例如，《消费者权益保护法》第12条规定的消费者的结社权，第13条规定的消费者的获得知识权，第15条规定的消费者的监督权等，这些权益都不是民事权益。对消费者基本权利，特别是消费者特有的权益作出明确的规定，使消费者的利益受到损害时有了可靠的法律保护依据，便于消费者依法全面保护自己的权益。

2. 在经营者损害消费者权益承担民事责任的基础上，《消费者权益保护法》同时又规定了责令改正、警告、没收违法所得、罚款、责令停业整顿和吊销营业执照等行政责任以及刑事责任。

鉴于《消费者权益保护法》与《民法典》的上述关系，在处理消费者与经营者的关系时，应优先适用《消费者权益保护法》的有关规定。《消费者权益保护法》对民事关系范畴内的某些问题未作规定的，才适用《民法典》中的相关规定。

第三节　《消费者权益保护法》与《反不正当竞争法》的关系

《消费者权益保护法》与《反不正当竞争法》都是规范市场主体行为，维护正常的市场秩序的法律规范。两法从不同的角度，通过对侵犯经营者和消费者权益的行为予以制裁，达到维护正常的市场秩序的目的。

《反不正当竞争法》是 1993 年 9 月 2 日第八届全国人民代表大会常务委员会第三次会议通过，1993 年 12 月 1 日生效的，共有 5 章，33 条。它是我国第一部专门的市场竞争法律规范。其后经历了 2017 年和 2019 年两次修改。现行有效的《反不正当竞争法》自 2019 年 4 月 23 日开始实施。由于该法同《消费者权益保护法》一样，都对经营者的义务作出了明确的规定，因而，二者在保护消费者权益方面具有密切的关系。

一、《消费者权益保护法》与《反不正当竞争法》的联系

在市场经济条件下，经营者的违法行为具有多重危害性。经营者的一些违法行为，从经营者角度讲，是一种不正当竞争行为；从消费者角度讲，就是一种侵害消费者权益的行为。所以，经营者的任何违法行为，都不仅直接或间接地侵犯经营者的利益，而且也会直接或间接地侵犯消费者的权益。即使有些表面上对消费者有利的行为，如经营者以低于成本的价格倾销商品或服务，最终仍将损害消费者的权益。因为低价倾销的结果必将排挤竞争对手，一旦这一目的达成，必然形成垄断，该经营者就会以垄断价格控制市场，从而强迫消费者进行不公平交易。在一般情况下，不正当竞争行为都直接损害消费者的权益，如限制竞争行为、混淆行为、虚假宣传行为等。以消费者保护为目的的《消费者权益保护法》和以制止不正当竞争行为为目的的《反不正当竞争法》在内容规定

和调整对象方面既有交叉，又有重叠，具体表现在以下方面：

1. 立法目的相近。《消费者权益保护法》第1条规定："为了保护消费者的合法权益，维护社会经济秩序，促进社会主义市场经济健康发展，制定本法。"《反不正当竞争法》第1条规定："为了促进社会主义市场经济健康发展，鼓励和保护公平竞争，制止不正当竞争行为，保护经营者和消费者的合法权益，制定本法。"二者在"保护消费者合法权益，保障、促进社会主义市场经济健康发展"的立法目的上完全一致，这就决定了为实现这一共同目的的途径、手段、措施必然相同或相近，导致这两部法律在有些条文的规定上一致。因此，《反不正当竞争法》成为我国消费者权益保护法律体系的一个重要的组成部分。

2. 法律原则相同。《消费者权益保护法》第4条规定："经营者与消费者进行交易，应当遵循自愿、平等、公平、诚实信用的原则。"《反不正当竞争法》第2条第1款规定："经营者在生产经营活动中，应当遵循自愿、平等、公平、诚信的原则，遵守法律和商业道德。"自愿、平等、公平、诚信的原则是民法所确立的一般原则，是市场经济条件下交易主体在交易活动中必须遵守的基本准则，只要交易各方特别是经营者严格遵守了这些原则，就既不会损害其他经营者的权益，也不会损害消费者的利益。正因为如此，这两部法律才规定了相同的立法原则。在相同的原则指导下规定的法律制度和措施也必然有密切的联系，所以，在经营者的义务方面的规定有很多相同之处。

3. 一些具体内容的规定相近。《消费者权益保护法》和《反不正当竞争法》关于经营者义务的规定的交叉情况十分明显，从这些规定可以看出，经营者实施的不正当竞争行为既违反《反不正当竞争法》，同时也违反《消费者权益保护法》。这些规定主要体现在以下方面：

（1）关于假冒及混淆行为的禁止性规定。《消费者权益保护法》第20条、第21条规定了经营者负有向消费者提供真实信息的义务和标明真实名称和标记的义务。《反不正当竞争法》第6条规定经营者在从事市场交易时负有下列义务：①不得擅自使用与他人有一定影响的商品名称、包装、装潢等相同或者近似的标识，以避免造成和他人的知名商品相混淆；②不得擅自使用他人有一定影响的企业名称（包括简称、字号等）、社会组织名称（包括简称等）、姓名（包括笔名、艺名、译名等），引人误认为是他人的商品或者与他人存在特定联系；③不得擅自使用他人有一定影响的域名主体部分、网站名称、网页等；④不得实施其他足以引起人误认为是他人商品或者与他人存在特定联系的混淆行为。《消费者权益保护法》和《反不正当竞争法》之所以都对假冒及混淆行为作出如此相近的禁止性规定，是因为这些行为既侵害其他经营者的权益构成不正当竞争行为，又侵害消费者的知情权构成对消费者的侵权行为。

（2）关于限制竞争及侵害消费者自主选择权的禁止性规定。《消费者权益保护法》第9条的规定明确地赋予消费者进行生活消费时享有对商品和服务的自主选择权，其中包括消费者有权选择经营者，有权选择商品品种和服务方式，有权自主决定购买或不购买任何一种商品、接受或不接受任何一种服务，有权对商品或服务进行比较、鉴别和挑选。《反不正当竞争法》第7条至第12条对限制、破坏、排除竞争行为作出了禁止性规定。《消费者权益保护法》和《反不正当竞争法》对这一问题规定的角度是完全不同的。前者是从消费法律关系的一方——消费者角度，从正面对消费者的自主选择权作出的规定；后者可以说是从消费法律关系的另一方——经营者以及市场管理者角度，从侧面规定了消费者的自主选择权的保护。

（3）关于虚假宣传的禁止性规定。《消费者权益保护法》第20条规定："经营者向消费者提供有关商品或者服务的质量、性能、用途、有效期限等信息，应当真实、全面，不得作虚假或引人误解的宣传。经营者对消费者就其提供的商品或者服务的质量和使用方法等问题提出的询问，应当作出真实、明确的答复。经营者提供商品或者服务应当明码标价。"《反不正当竞争法》第8条规定："经营者不得对其商品的性能、功能、质量、销售状况、用户评价、曾获荣誉等作虚假或者引人误解的商业宣传，欺骗、误导消费者。经营者不得通过组织虚假交易等方式，帮助其他经营者进行虚假或者引人误解的商业宣传。"从两部法律的规定可以看出，二者对虚假宣传作出的禁止性规定，虽然出发点各不相同，但在保护消费者免受虚假宣传的欺诈方面是一致的。

（4）关于"经营者"的规定。《消费者权益保护法》虽然没有通过下定义的方式直接界定"经营者"，但在第3条中规定："经营者为消费者提供其生产、销售的商品或者提供服务……"从这一规定可以明确：经营者包括商品的生产者、销售者和服务的提供者。《反不正当竞争法》对经营者作了明确的界定，《反不正当竞争法》第2条第3款规定："本法所称的经营者，是指从事商品生产、经营或者提供服务（以下所称商品包括服务）的自然人、法人和非法人组织。"从这一规定也可以看出，该法所称的经营者也包括商品的生产者、销售者和服务的提供者。

从对《消费者权益保护法》和《反不正当竞争法》的上述分析中可以看出，《反不正当竞争法》在保护消费者权益方面对《消费者权益保护法》具有重要的补充作用，二者在通过保护消费者权益而维护正常的市场经济秩序目的的实现方面是相辅相成的。《消费者权益保护法》是消费者保护的基本法，它通过规定消费者依法享有的权利和经营者必须履行的义务，为消费者的权益提供正面的、系统的、全面的、直接的保护；《反不正当竞争法》作为一部重要的竞争法律规范和消费者权益保护法律体系中的重要构成部分，通过限制、制裁各种不正当竞争行为，维护公平的竞争环境和良好的市场秩序，为消费者提供侧面的、间接的保护。

二、《消费者权益保护法》与《反不正当竞争法》的区别

法律规范都有自己相对独立的调整对象和适用范围，这是法律规范之间相互区别的根本界限。《消费者权益保护法》和《反不正当竞争法》因其有各自的立法目的、宗旨和不同的调整对象和适用范围，尽管二者联系密切，但其不同之处仍是显而易见的。其区别主要表现为以下方面：

1. 立法目的不同。《消费者权益保护法》和《反不正当竞争法》所追求的最高目标虽然都是维护正常的市场经济秩序，但是这一目标的实现途径因二者的立法目的不同而有差异。《消费者权益保护法》的立法目的是立足于消费领域，通过对消费者权利和经营者义务的设定，以及对经营者在提供商品或者服务过程中侵害消费者权益的行为进行制裁以实现保护消费者的权益；而《反不正当竞争法》的立法目的是立足于经营领域，通过规范经营者在市场交易活动中的竞争关系，对不正当竞争行为给予禁止和制裁，以实现维护经营者的权益。因此，简单地说，《消费者权益保护法》的立法目的是保护消费者的权益；《反不正当竞争法》的立法目的主要是保护经营者的权益。

2. 调整的法律关系不同。《消费者权益保护法》调整的是消费法律关系，即消费者为生活消费需要而购买、使用商品或者接受服务的过程中与经营者之间发生的关系，这种关系是基于消费者与经营者之间的交易行为而建立起来的合同关系；法律关系主体——消费者与经营者之间存在交易行为是这种关系产生的前提和基础。《反不正当竞争法》调整的是竞争法律关系，这种法律关系的特点是：法律关系的主体——经营者与经营者（平等的竞争主体）之间以及政府及其所属部门与经营者（非竞争主体）之间不存在交易行为，也不存在合同关系，只因其处于同一经营领域并经营同种或者同类的商品或服务而具有竞争性质的关系。

综上所述，《消费者权益保护法》和《反不正当竞争法》既有密切的联系又有明显的区别，但是，不能因其密切联系而将这两部法律混为一谈，它们毕竟各有自己的适用范围和调整对象；也不能因其有明显的区别而否认它们是消费者保护法律体系中的不同组成部分，在保护消费者权益方面，它们具有相辅相成的作用。

第四节　《消费者权益保护法》与其他法律规范的关系

改革开放 20 年来，随着经济体制改革的步步深入和民主法制建设的

推进，我国陆续颁布实施了一大批涉及经济生活的法律规范。这些法律规范不仅对于打击经济领域中的各种违法行为，维护社会经济秩序起了重要的作用，而且对于保护消费者的权益也具有十分重要的意义。

由于消费者权益保护问题牵涉面十分广泛，这些法律在不同角度，不同程度上涉及了消费者利益保护的内容。据不完全统计，现行法律、法规和部分规章中涉及消费者权益保护的约有180多部。在这里，仅简单介绍一下《食品安全法》《药品管理法》《商标法》《计量法》《广告法》《价格法》和《消费者权益保护法》的关系。

首先，这些法律、法规所涉及的领域与消费者利益关系极为密切。这一点前面已经加以阐述了。

其次，这些法律、法规中的某些具体规定，直接涉及了消费者利益的保护问题。例如，《食品安全法》十分详细地规定了食品的卫生标准，禁止生产的食品品种，以及造成食物中毒事故或其他食源性疾患应负的民事责任。《药品管理法》明确规定禁止生产、销售假药、劣药，对药品的包装和分装作了具体规定："药品包装应当按照规定印有或者贴有标签并附有说明书。标签或说明书上必须注明药品的通用名称、成份、规格、上市许可持有人及其地址、生产企业及其地址、批准文号、产品批号、生产日期、有效期、适应症或者功能主治、用法、用量、禁忌、不良反应和注意事项。标签、说明书中的文字应当清晰，生产日期、有效期等事项应当显著标注，容易辨识。麻醉药品、精神药品、医疗用毒性药品、放射性药品、外用药品和非处方药的标签、说明书，应当印有规定的标志"。《商标法》中明确规定使用注册商标粗制滥造、以次充好、欺骗消费者的，要承担民事责任和行政责任。《计量法》第26条规定："使用不合格的计量器具或者破坏计量器具准确度，给国家和消费者造成损失的，责令赔偿损失……"《广告法》第3条规定："广告应当真实、合法，以健康的表现形式表达广告内容……"第4条第1款规定："广告不得含有虚假或者引人误解的内容，不得欺骗、误导消费者。"很显然，上述这些法律都从各自不同的角度规定了对消费者的保护。可以说，这些规定是整个消费者保护法律体系的组成部分。

《消费者权益保护法》作为消费者保护领域的基本法，制定于这些法律、法规之后。因此，该法不可能对涉及消费领域的各个方面的问题，如食品、药品、商标、广告、价格、计量等作全面的规定，为避免与这些法律、法规内容的重复，只能在这些法律、法规的基础上对消费者保护问题加以规范。因而对于《消费者权益保护法》未作规定而涉及上述几个法律规范所调整领域的有关事项，应依照这些法律、法规的相关规定。但是，仅有这些法律、法规还不足以有效地保护消费者的权益，它们其中的任何一部法律规范都不能取代《消费者权益保护法》以达到充分保护消费者权益的目的，也不能对经济领域中的消费法律关系进行全面调整和规范。这些法律、法规所反映出来的显著特征是国家运用行政法律手段对经济生活的干预，体现国家行政管理机关与行政管理相对人之间管理与被管理的关系。

由于这些法律、法规对消费者的权利和经营者的义务没有作具体规定，而且对因经营者的侵权行为引起的民事责任只作了原则性的规定，消费者的利益受到损害后仍难以获得赔偿。《消费者权益保护法》在此方面作了具体规定，这样，一旦这些领域中发生了侵害消费者权益的事件，在涉及民事责任的问题上就依照《消费者权益保护法》的规定处理。

□小　　结

广义的消费者权益保护法律规范是一系列法律规范的综合体，狭义的消费者权益保护法律规范是指《消费者权益保护法》这一部法典。因此，《消费者权益保护法》与《产品质量法》《民法典》《反不正当竞争法》等具有十分密切的关系，但是这些法律规范都不能替代《消费者权益保护法》在消费者权益保护方面独有的地位。了解它们之间的相互关系，对学生准确地认识和把握《消费者权益保护法》的地位具有重要的意义。

□练习与思考

思考题

1. 《消费者权益保护法》与《产品质量法》在调整消费法律关系方面有哪些共同点和不同点？
2. 《消费者权益保护法》与《民法典》相比较，其地位如何？
3. 简述《消费者权益保护法》与《反不正当竞争法》的相互关系。

□参考书目

1. 张为华：《美国消费者权益保护法》，中国法制出版社2000年版。
2. 毛玉光编著：《消费者权益损害赔偿》，人民法院出版社2000年版。

3. 工商行政管理法律理解与适用丛书编委会编：《消费者权益保护法律理解与适用》，工商出版社1998年版。

4. 贾俊玲、张智勇：《中国消费者权益保护法讲座》，改革出版社1995年版。

5. 李昌麒、许明月：《消费者保护法》，法律出版社1997年版。